유럽연합(EU)의 법과 제도

이 호 선

세창출판사

머 리 말

유럽연합은 인류가 시도하는 가장 큰 실험 중의 하나이고 이것은 아직도 진행 중이다. 이 실험 중에서 경제적 분야에서의 통합은 이미 상당부분 완성되었다고 해도 과언이 아니다. 몇몇 주요국가에서의 비준실패로 유럽연합 헌법의 제정이 난항에 부딪치고 있기는 하지만 지금까지 진행된 유럽단일시장 및 경제공동체 형성의 흐름을 되돌리거나 막지는 못할 것이다.

그 동안 우리나라에서의 유럽통합에 관한 연구는 주로 정치와 경제분야에 초점을 맞추어 이루어져 왔고 법률과 제도 쪽으로는 충분한 연구가 부족하였다고 할 수 있다. 그러나 유럽통합은 법의 실험무대이기도 하다. 대륙법계와 영미법계의 뿌리를 두고 있는 유럽은 양대 법체계의 차이만큼이나 두 번에 걸친 세계대전의 진원지라는 역사가 말해 주듯이 각 지역과 민족간의 정서와 이해관계의 갈등도 깊은 곳이다. 이런 갈등을 최종적으로 조정해내는 것은 제도이고, 그 구체적인 표현은 법이다. 법과 법률가들의 사회 조정자로의 적극적 역할이 가장 역동적으로 나타나고 있는 곳 중의 하나가 유럽연합이라고 할 수 있다.

한편 경제적인 관점에서 사람, 재화, 서비스의 이동의 자유로 대표되는 유럽단일시장은 우리에게 매력적인 시장확대의 기회를 주고 있을 뿐 아니라, 글로벌 경제 시대에 있어서 화두가 되고 있는 '자유무역협정'(FTA)의 궁극적인 목적과 방향, 그 과정에서 법률과 정책이 무엇을 미리 대비해야 할지에 대한 매우 유용한 시사점을 던져준다. 이 책은 유럽연합, 그 중에서도 유럽경제공동체(EC)의 법과 제도에 대한 이해를 돕기 위한 입문서의 역할을 할 수 있도록 구성되었다. 특별히 법학 전공자에게는 유럽재판소의 주요 판례들, 정책 연구자들에게는 사람·재화 및 서비스의 이동의 자유, 기업가들에게는 경쟁법, 그리고 일반인들의 경우에는 용어정리 부분이 더 흥미 있고 유용하지 않을까 여겨진다.

필자의 공부가 일천한데다 국내에서도 충분한 연구가 축적되어 있다고 할 수 있는 분야가 아닌 탓에 이 책에 미흡하거나 잘못된 점들이 더러 있을 것인데, 이 점은 앞으로 더 보완해나갈 것이다. 이 책이 나오기까지 많은 사람들의 도움을 입었다. 출판의 시장성보다는 역할과 그 기능에 힘을 쏟는 세창출판사의 이방원 사장님과 꼼꼼한 교정으로 원고를 봐 주신 임길남 상무님이 없었으면 이 책은 적어도 필자의 강의 스케줄에 맞추어 세상에 나오기 어려웠을 것이다. 아내 역시 원고 집필과 출간 방향에 이르기까지 많은 조언을 통해 진정한 동역자로서의 역할을 해 주었다. 그러나 무엇보다도 이 책은 수 년 전 같은 로펌에서 근무하던 필자에게 영국 유학의 기회를 주셨던 김성기 대표 변호사님이 뿌리셨던 씨앗의 열매라고 할 수 있다. 졸저(拙著)로나마 보고서를 올리게 되어 기쁘게 생각한다. 그리고 배후에서 이 모든 것을 가능케 하신 그 분께 감사와 영광을 돌려드린다.

2006년 8월
저 자 씀

내 용

차 례

제1장 유럽연합(EU)의 역사적 배경

제2장 유럽연합의 기관들

제3장 유럽연합의 법원(法源)

제4장 공동체 법규와 회원국들의 관계

제5장 공동체 법률의 이행

제6장 재화의 자유이동

제7장 사람과 서비스의 자유이동

제8장 공동체와 경쟁법

제9장 공동체 주요판례

제 1 장

유럽연합(EU)의 역사적 배경

1.1. 신화로 본 유럽(Europe)의 어원

현재 유럽연합 공식 홈페이지 주소는 http://europa.eu.int이다. 여기에서 엿볼 수 있듯이 유럽(Europe)이라는 말은 '에우로파'(Europa)라는 말에서 나온 것이다.

그리스 신화에 의하면 에우로파(Europa)는 티로(Tyro)의 왕이자 포세이돈의 아들인 아게노아(Agenor)의 딸인데 그녀의 아름다움에 빠진 제우스가 그녀를 흰 소로 만들어 크레테 섬으로 납치한다. 제우스와의 사이에 낳은 세 명의 자식 중 하나인 미노스(Minos)는 미노아 문명의 터를 닦았다는 전설의 인물이다. 한편 실종된 딸을 찾기 위해 아게노아는 자신의 아들인 푀닉스(Phoenix), 실릭스(Cilix) 및 카드무스(Cadmus)를 내보냈다. 이 중 푀닉스는 지중해 연안 및 홍해 쪽에 걸쳐 있었다고 추정되는 푀니키아, 실릭스는 지금의 키프러스 북쪽에 있는 터키 지역에 속해 있는 실리시아, 그리고 카드무스는 그리스의 테베를 각각 세웠다고 전해진다. 고대 유럽과 아시아의 주요 문명지에 세운 에우로파 가문의 기념비가 꽤 되는 셈이다. 그러나 원래 에우로파의 친정이 지금의 아시아와 아프리카를 잇는 페니키아 지방이었다는 점을 놓고 보면 유럽에서 이 '에우로파'를 자신들의 어원으로 삼는 것은 부적절하다고도 볼 수 있다. 분명하게 밝혀진 것은 아니나 고대 페니키아의 후손으로 추정되는 민족들로 레바논인, 몰타인, 리비아인 심지어 일부 소말리아 인종까지 꼽는 걸 보면 유럽 사람들에게 있어서 '에우로파'라는 어원은 오히려 정체성의 혼돈을 가져온다고 할 수 있다.

제우스는 그의 정부인 에우로파에게 세 가지 선물을 주었다고 한다. 하나는 탈로스(Talos)라고 하는 청동으로 만든 로봇과 같은 작동 기계이고, 또 하나는 사냥감을 보았다 하면 어김없이 놓치지 않는 전설적인 사냥개 라엘랍스(Laelaps), 그리고 마지막으로는 한 번도 빗나간 적이 없다는 투창이었다. 유럽에서 선도할 기계문명의 발전을 예고하는 것이라고 할까. 그러나 그 기계문명 뒤에 도사리고 있는 전쟁의 잔혹함과 파괴적 기질 역시 역사의 한 페이지로 드러났다는 점에서 반드시 좋은 선물만은 아니었던 것 같다.

1.2. 정치적, 지리적 의미에서의 유럽

유럽을 정의 내림에 있어서는 유럽이 아닌 쪽을 먼저 정의하고 나머지를 유럽으로 구획짓는 소극적인 방법이 이용되기도 하였다.[1] 특히 이 때 유럽을 지역적으로는 아시아와 구분하고 정서적으로는

1) J. Derrida, *The Other Heading: Reflections on Today's Europe* (Bloomington: Indiana University Press, 1992).

기독교를 중심으로 하면서 유럽 이외의 지역을 야만(Barbarians), 이교도(heathen) 또는 독재(despotism)로 특징지으면서 자신들의 정체성을 확립해 가기도 한다.[2)]

비(非)유럽 지역에서는 2차 대전 후 냉전시대 미국의 지원을 얻는 서유럽만을 유럽으로 보는 시각도 있었다. 실례로 서독의 수상이던 아데나워(Konrad Adenauer, 1876-1967)는 1946년에 엘베강까지 아시아가 뻗쳐 있다고 한 적이 있는데 이는 동부 독일을 점령한 소비에트 연방을 염두에 둔 것이었다. 러시아의 경우 우랄 산맥을 경계로 하여 유럽쪽과 아시아쪽을 구분하기도 하였으나 이는 아무런 정치적 의미가 없는 것으로서 지금 러시아가 유럽회의(Council of Europe)에 가입하여 유럽인권협약까지 적용받고 있는 것을 감안하면[3)] 유럽의 한 부분으로 보아야 할 것이다. 러시아가 EU의 한 회원국이 된다면 우리는 바로 EU와 국경을 맞대는 상황이 벌어지게 되는데 이는 EU가 우리에게 먼 나라 이야기가 아니라는 사실을 깨우쳐 준다.

1.3. 2차 세계대전 이전의 유럽통합운동

현대적 의미의 범유럽주의운동(pan-European movement)은 유럽연방을 주창하였던 쿠덴후브 칼러지(Richard Coudenhove-Kalergi)백작이 1926년에 펴낸 『범유럽』(Pan Europe)이라는 책이 그 효시라고 할 수 있다. 그는 이 책에서 유럽이 연방 체제를 갖지 못하고 쪼개져

---

2) P.Burke, "Did Europe exist before 1700?" (1980) 1 History of European Ideas 22.

3) Tom Kennedy, *Learning European Law* (London, Sweet & Maxwell, 1998), p.99.

있는 한 언젠가는 모든 식민지를 잃고 파산에 빠져 결국은 외부 세력에 굴복하는 상황이 올 것이라고 경고하였다.[4)]

당시 제국주의 열강들의 식민 지배를 받던 약소 민족이나 국가들의 입장에서는 달갑지 않은 주장이나 유럽인들의 입장에서는 꽤나 예지력이 있는 호소였음에 틀림없다. 이들 범유럽을 꿈꾸는 그룹 속에는 2차 대전 이후 프랑스의 대통령이 되는 퐁피두(Pompidou)와 서독의 수상이 된 아데나워(Adenauer)도 있었다. 범유럽주의자들은 한때 파리와 베를린에 경제협의체(Economic Councils)를 두기까지 했었다.

1930년 5월에 프랑스 외무장관인 브리앙(Briand)은 국제연맹(The League of Nations)에 유럽통합에 관한 비망록을 제출하였다. 그는 이 비망록에서 지역적으로 공존해야만 되는 유럽인들이 안정과 번영을 누리기 위해서는 유럽 차원에서 책임을 공유하는 합리적인 상설기구를 만들어야 할 필요성을 강조하면서 이 새로운 조직이 국제연맹의 통제하에서 유럽 각국의 이해관계를 조정해 나가기를 희망하였다. 이 비망록을 받은 국제연맹은 유럽연맹을 위한 조사위원회를 구성하여 유럽통합연방(European Federal Union)안까지 제시하였다. 이 안의 골자는 각국의 주권을 그대로 유지하는 국가간의 연합 형태였는데 본격적으로 논의도 되기 전에 나치와 파시즘의 대두로 사장되고 말았다. 물론 위 안에 대하여는 그 자체로 실효성이 없었다는 비판이 많이 제기되었었다.[5)]

그러나 비록 전전(戰前)의 유럽통합 운동이 가시적인 성공을 거두지는 못했다 하더라도 2차 세계대전을 거치면서 지금의 유럽연합이라는 열매를 맺기 위한 단서를 제공하였다는 데 그 중요한 의미가 있다고 하겠다.

---

4) R. Coudenhove-Kalergi, *Pan Europe* (New York: Knopf, 1926), p.24.

5) Sionaidh Douglas-Scott, *Constitutional Law of The European Union* (Edinburgh, Pearson Education, 2002), p.9.

1.4. 2차 세계대전과 유럽통합의 필요성

유럽공동체(European Communities)가 등장한 것은 제2차 세계대전 이후지만 그 씨앗은 위에서 본 바와 같이 이미 2차 대전 발발 이전부터 뿌려져 있었다. 그 배경에는 범유럽주의라는 정치가들의 관념적 이상 외에도 경제적 및 사회적 안정이라는 실리적 측면도 크게 자리잡고 있었다.

오스트리아-헝가리 제국 및 오토만 제국의 멸망을 가져온 1차 세계대전은 적어도 유럽에 있어서는 외면적으로 시민의식의 성장과 민주주의의 확장이라는 희망을 가져왔지만 그 내면에 있어서는 전승국들이 1919년에 체결한 베르사이유 조약(The Treaty of Versailles)으로 인해 패전국들뿐만 아니라 전승국에게조차 암울한 그림자를 지니고 있었다. 독일에게 부과된 전쟁배상금은 신생 바이마르 공화국이 지불하기에는 너무나 벅찬 금액이었다. 살인적인 인플레이션에 이은 1929년의 대공황은 독일의 중산층들을 일거에 붕괴시키면서 실업률 40%라는 가공할 결과를 초래하였다. 이런 경제적, 사회적 불안정은 극우 나치당의 발호를 가져왔고 결과적으로 제2차 대전으로까지 이어지게 되었다. 바르세이유 조약의 기초를 놓았던 프랑스, 영국 및 이탈리아 역시 이런 영향으로부터 자유로울 수 없었다. 관세장벽을 만들어 자국 경제를 보호하려고 시도하였던 모든 노력은 2차 대전 전까지 이들을 괴롭혔던 스태그플레이션을 극복하는데 별 소용이 없었다. 그것은 해외에 식민지를 갖고 자원을 조달하던 프랑스나 영국도 마찬가지였다. 결국 이들은 이웃 국가의 경제적, 정치적 상황과 무관하게 자국만 번영을 누린다는 것은 불가능하다는 사실을 깨닫게 된 것이었다. 1차 세계대전과 그 이후에 벌어진 일련의 상황들로부터 유럽 국가들이 깨달은 것 중의 또 하나는 순한 불가침조약과 선언이 경제와 제도로 뒷받침되는 실질적인 우호관계가 없이는 한낱 구두선(口頭善)에 불과하고 언제든지 휴지조각이 될 수 있다는 사실이었다. "약속은 깨어지기 위해 있다"는 이기적이며 냉혹한 국제 사회의 현실은 6,800만명이나 되는 인명의 희생을 가져온 2차 세계대전을 겪고 난 뒤에야 값비싼 교훈으로 다가왔던 것이다. 여기에 동부와 중앙유럽을 점령하면서 급팽창하는 소비에트 정권으로부터 느끼는 안보 위협은 1949년 북대서양조약기구(North Atlantic Treaty Organization: NATO)를 통해 서유럽의 민주주의 국가들을 결속시켰고 이것은 다시 유럽공동체를 만들어내는 한 동인(動因)이 되었다.

전후 유럽공동체의 구상은 영국 수상 윈스턴 처칠(Winston Churchill)이 1946년 9월 스위스의 취리히에서 행한 연설을 계기로 본격적으로 언급되기 시작하였다고 할 수 있다. 이 연설에서 그는 유럽 국가들이 한 틀 안에서 평화와 공존을 누리는 '가족적인 유럽'을 만들 것을 제안하면서 '유럽합중국'(United States of Europe)의 건설을 주창하였다. 특히 그가 강조한 부분은 한 세기 이상 치명적인 전쟁을 서로 주고받으면서 회복불능에 빠진 프랑스와 독일 사이의 적대감을 불식시키고 동지적인 관계를 정립하는 것이 바로 유럽통합으로 가는 첫 번째 단계라는 것이었다. 그리고 처칠이 지적한대로 유럽통합은 오랫동안 숙적이었던 프랑스와 독일의 화해와 협력에서 출발하게 된다.

1.4.1. 유럽석탄철강공동체(European Coal and Steel Community : ECSC)

프랑스와 독일 간의 화해에서부터 시작되어야 했던 유럽 통합의 실질적인 걸음은 프랑스의 경제 기획분야를 책임지고 있던 장

모네(Jean Monnet)와 로버트 슈만(Robert Schumann)에 의하여 시작되었다. 슈만은 1950년 5월 9일 이른바 '슈만선언'을 통해 세계 평화를 위해서는 유럽의 단합이 중요하고 이를 위해서는 프랑스와 독일 간의 한 세기에 걸친 적대적 관계를 청산해야 한다는 점을 역설하면서 아울러 그 구체적인 실행의 첫 번째 단계로 프랑스와 독일에서 생산되는 석탄과 철강 전량을 단일 기구의 관리하에 두고 유럽 내의 다른 국가들도 원하면 여기에 같이 참여할 수 있는 기구를 만들 것을 제안하였다.[6] 여기에 호응하여 프랑스, 독일, 이탈리아와 베네룩스 3국(벨기에, 네덜란드 및 룩셈부르크)이 슈만의 제안을 원칙적으로 받아들이기로 하고 기구 창설을 위한 협상에 들어가 1951년 4월 18일 파리에서 유럽석탄철강공동체설립조약을[7] 체결하고 위 6개국의 자국 내 비준을 거쳐 1952년 7월 25일부터 발효시켰다. 슈만선언은 유럽연합의 토대를 놓은 것으로 평가되는데 슈만 선언이 있었던 5월 9일이 그 후 '유럽의 날'로 기념되고 있는 데서도 위 선언의 역사적 중요성을 알 수 있다.

유럽석탄철강공동체(ECSC)는 유럽공동체 중에서 가장 먼저 태어난 맏이와도 같은데 뒤에서 보는 바와 같이 EEC(European Economic Community)가 시장공동체[8]라면 이것은 일종의 자원공동체라고 할 수 있다. 이 조약에서는 5개의 주요기구가 만들어졌는데, 집행 기구인 고등국(高等局 : High Authority), 고등국에 부속된 자문위원회(Consultative Committee), 특별각료회의(Special Council of Ministers), 공회(Assembly) 및 재판소(Court of Justice)가 그것이다.

---

6) 표면적인 이유는 제한된 자원을 양국이 합리적으로 이용함으로써 불필요한 자원충돌을 막자는 것이었지만, 그 내면에는 군수물자 생산에 없어서는 안 될 가장 중요한 이 두 가지 자원을 공동 관리함으로써 양측의 군비확장을 견제하자는 의도가 중요하게 작용하고 있었다.

7) 공식명칭은 'The Treaty Establishing The European Coal and Steel Community'이다.

8) EEC는 우리 말로 '유럽경제공동체'이나 그 실질적 의미를 본다면 '시장공동체'로 해석되어야 옳다. 자세한 내용은 1.4.4. 참조.

가장 특기할 만한 것은 이 석탄철강공동체는 독립된 법인격을 가진 주체로서 그 기관 중의 하나인 고등국이 회원국들의 석탄 및 철강 산업에 관련된 정책에 책임을 지고 회원국 정부들의 의사와는 독립적으로 해당 분야의 정책에 관하여 직접 영향을 미칠 수 있는 결정을 내리는 권한을 갖게 되었다는 점이다. 이 기관들은 공동체의 확장에 따라 그 역할과 명칭도 변화를 겪게 된다.

1.4.2. 유럽시장공동체(European Economic Community:EEC) 및 유럽원자력에너지공동체(European Atomic Energy Community : Euratom)

석탄철강공동체의 기초에 참여하였던 베네룩스 3국, 즉 벨기에, 네덜란드 및 룩셈부르크는 이 공동체에 가입하기 전인 1948년 1월부터 이미 베네룩스 관세동맹(Benelux Customs Union)을 맺어 이들 국가 간의 관세 장벽을 철폐하고 제3국과의 관계에 있어서는 단일 관세를 부과하여 왔다. 이들은 더 나아가 1954년에는 이들 역내에 투자의 자유와 통화의 자유로운 이동을 골자로 하는 자본의 자유이동체제를 만들었고 이어 1956년에는 인력의 자유이동까지 가능하도록 하였다. 그 결과 이 3개국 역내의 교역은 1948년부터 1956년 사이에 무려 50%나 증가하였다. 다른 유럽 국가들 사이의 교역량 증가에 비하면 월등한 것이었다. 이들 '꼬마공동시장'(mini-common market)의 성공은 전 유럽적인 차원에서 근린국가 간의 공동시장을 만들어 내보자는 야심찬 계획에 큰 자극제가 되었다.

1957년 3월 25일 로마에서 ECSC의 회원국인 위 6개 국가들이 상품, 노동력, 자본 및 서비스에 관한 유럽시장공동체(European Economic Community: EEC)설립을 목적으로 하는 조약에 서명하였다. 이 때 원자력 에너지의 이용에 관한 협조를 내용으로 하는 유럽원자력에너지공동체설립조약(Treaty Establishing The European Atomic Energy Com-munity)도 같이 체결되어 위 두 조약은 1958년 7월 1일부터 발효되었다.

같은 날에 태어난 이 두 개의 공동체는 석탄철강공동체와 같이 지금의 유럽경제공동체(European Communities: EC)를 이루고 있다. 이 세 개의 공동체는 각 고유의 영역을 갖고 있는데 회원국들간의 국가간 거래에 관하여 석탄철강공동체나 원자력공동체의 영역에 속하는 부분을 제외하고는 모두 시장공동체조약에 의하여 만들어진 공동시장에 의하여 규율됨으로써 시장공동체조약이 보다 더 광범하고 일반적인 기능을 수행하게 되었고, 이는 후술하는 바와 같이 경제공동체조약의 모태가 된다.

1.4.3. 기관 간의 통합

시장공동체와 원자력공동체에 관한 새로운 조약들이 체결된 결과 3개의 공동체가 존재하게 되었다. 따라서 엄밀하게 말하면 '유럽공동체'(Europe Community: EC)가 아니라 '유럽공동체들'(Europe Communities: ECs)이 된 것이다. 그 결과 각 공동체에는 '각료회의'와 '집행위원회'[9]가 각각 설치되어 별개로 기능을 수행하게 되었다. 이런 기관 중복으로 인한 불편함과 비능률의 문제를 해결하기 위해 1965년 4월 8일 공동체들 간의 기관통합을 위한 조약(Merger Treaty)이 체결되어 위 3개의 공동체들을 통괄하는 단일 각료회의와 집행위원회의 체제를 출범시켰다. 각료회의와 집행위원회의 경우와는 달리 재판소와 의회의 경우에는 시장공동체조약과 원자력공동체 조약을 체결할 당시 이미 단일 법원과 의회를 두기로 하였기 때문에 통합 문제는 생길 여지가 없었다.

9) 석탄철강공동체에서는 '고등국'이 정책결정 및 집행업무를 담당하고 있었다.

1.4.4. EEC, EC 및 EU 용어의 정리

여기에서 용어의 번역과 관련하여 짚고 넘어가야 할 부분이 있다. EEC가 마스트리히트 조약을 통해 EC(European Communities)로 바뀌고 EU(European Union)가 새로 생기면서 많은 사람들이 EC와 EU에 관하여 혼동하는 경향이 있는데 이는 당초 EC를 '유럽 또는 구주(歐洲) 공동체'라고만 번역한 데서 기인한다. EU를 '유럽연합'으로 해석하는 데는 문제가 없지만, EC를 '유럽공동체'라고만 할 때는 '유럽연합'과의 관계에서 개념상 혼동이 생길 수 있다. '연합'은 '공동체'보다 구성원들의 특성이 더 강조되면서 느슨한 관계이고, '공동체'에서는 각 구성원들의 독자성이 오히려 엷고 그만큼 결속력이 더 강하다고 할 수 있다. 이것은 유럽공동체를 포괄하는 상위 개념이 유럽연합이고, 궁극적으로 유럽이 지향하는 바가 'EU'임을 생각할 때는 논리적으로 적절하지 않다고 할 수 있다. 따라서 EC는 단순한 공동체가 아니라 기능적으로 경제 측면에서의 결속력이 가시화되어 있다는 의미에서 '경제공동체'로 해석해야 할 것이다. 다만, 이 책에서는 편의상 EC를 '공동체' 내지 '유럽공동체'로만 부르기로 한다. 경우에 따라 '유럽연합'과 '유럽공동체'가 뒤섞여 사용되는 경우가 없지 않지만, 일반적으로 '공동체'라고만 할 때는 그 앞에 '경제'라는 한정적 개념을 붙여서 생각하는 것이 혼동을 막는 길임을 잊지 말기 바란다.

제도적으로 EU와 EC는 엄연히 다른 별개의 존재이고 법률적으로도 양자는 각 별개의 인격을 갖고 있다. EC는 EU를 이루는 제일 중심이 되는 기둥이다. 나머지 두 기둥은 공동외교안보, 사법치안공조라는 두 기둥으로서 EU의 개념이 만들어질 때 새로 들어온 것이다. 다시 말해 EU라는 집을 새로 지으면서 기존에 있던 EC라는 기둥에 나머지 두 개의 기둥을 새로 세웠다고 보면 된다. EU를 만든 조약의 정식명칭은 「유럽연합조약」(The Treaty on European Union: TEU)

이고 EC 조약의 명칭은 「유럽(경제)공동체설립조약」(The Treaty Establishing The European Community: TEC)이다. EC의 전신은 EEC(European Economic Community)이다. EC를 '경제공동체'의 의미로 해석한다면 EEC는 어떻게 해석되어야 할까? 문면으로만 보자면 EEC가 '경제공동체'로 번역되어야 옳을 것이기 때문이다.

유럽공동체의 우선의 목표는 단일시장(common market)의 형성에 있었다. 그런 점에서 EEC를 '시장공동체'로 보는 것이 타당하리라 여겨진다. 이 시장공동체에 유럽석탄철강공동체(ECSC)와 유럽원자력공동체(Euratom)이 더하여 경제적 분야에서의 공동체, 즉 EC가 된 것으로 이해하면 쉬울 것이다. 다시 한 번 이들의 관계를 정리하자면 이렇다.

유럽연합(EU)은 유럽경제공동체(EC)의 상위 개념이고, 유럽경제공동체(EC)는 시장공동체(EEC)를 포괄하는 개념이다. 유럽경제공동체(EC)는 시장공동체(EEC)와 석탄철강공동체(ECSC)와 원자력공동체(Euratom)를 구성요소로 한다.

유럽연합이라는 하나의 집을 떠 받치는 세 개의 기둥이 있고 그 중에 가장 오래 된 기둥이 '경제공동체'(EC)이며, '시장공동체'(EEC)는 '석탄철강공동체'(ECSC), '원자력공동체'(Euratom)과 함께 EC를 이루고 있는 3형제 중의 하나라고 할 수 있다.

《그림 1》 유럽연합

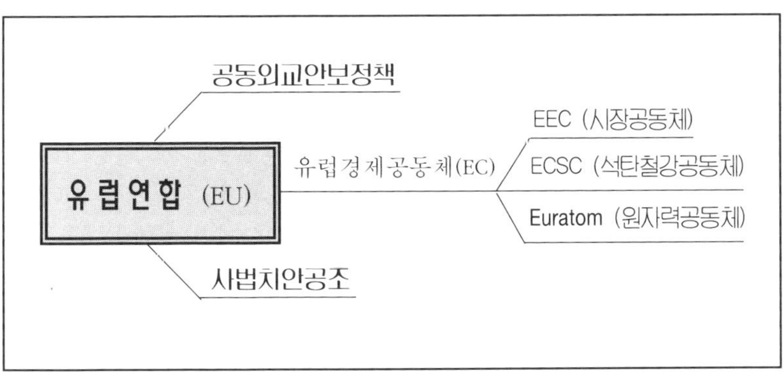

《그림 2》 신규 회원국 가입단계[10)]

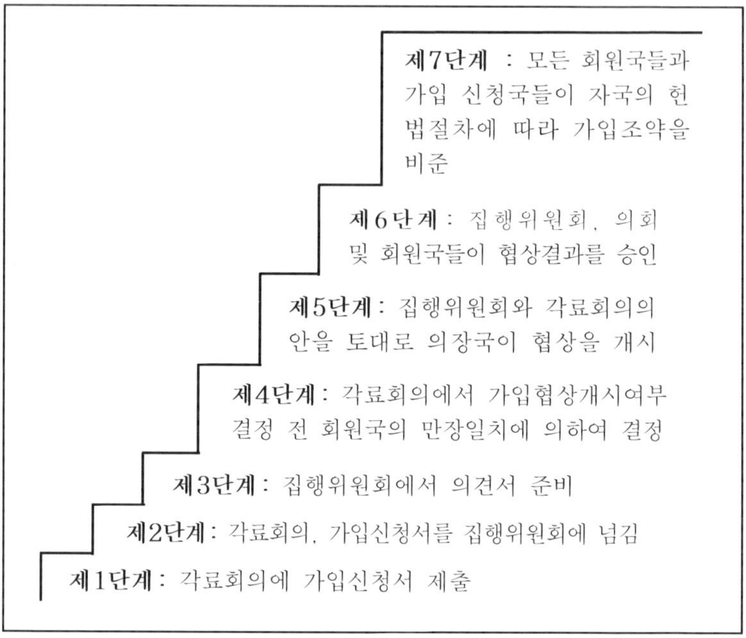

1.5. 단일유럽조약(Single European Act)

단일유럽조약(Single European Act)은 공동체들이 점점 발전해감에 따라 근거조약들(founding Treaties), 다시 말해 석탄철강공동체, 시장공동체 및 원자력공동체 조약에 대하여 처음으로 시도하는 본격적인 개정작업이라 할 수 있다. 여기서 영문으로 'Act'라고 표기되어 국내법률로 착각하기 쉬우나 이것은 어디까지나 유

10) Lykke Friis, 'EU EnlargementAnd Then There Were 28?' in Elizabeth Bomberg and Alexander Stubb (eds.) *The European Union: How Does it Work?* (Oxford, Oxford University Press, 2003), p.181.

럽 공동체 회원국들 사이에 체결된 국제조약의 하나임을 잊지 말아야 한다.

《그림 3》 단일유럽조약(The Single European Act 1986)

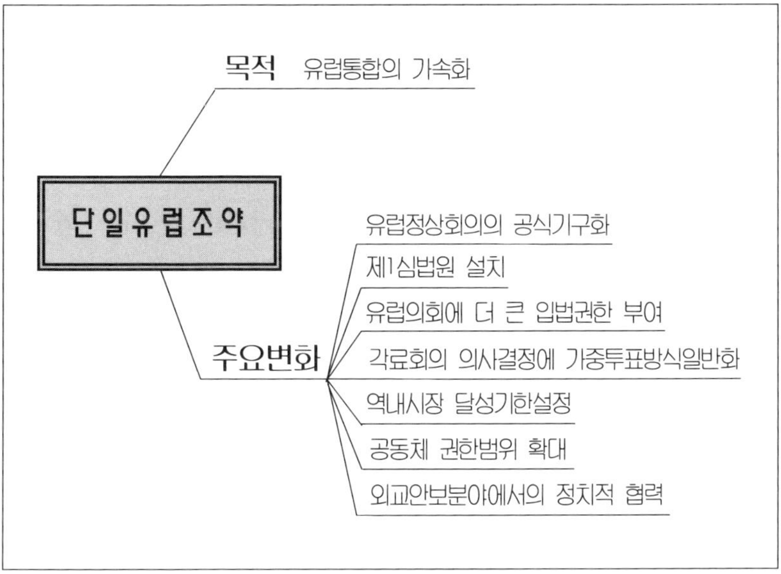

1.5.1. 유럽연합으로 가는 문

단일유럽조약은 1986년 2월에 체결되어 1987년 7월 1일부터 발효되었다. 이 조약은 회원국들로 하여금 단순한 경제적 이해관계 못지않게 정치적 협력관계의 중요성을 강조하면서 '하나의 유럽'(European Union)을 예정하고 있다는 점에서 중요한 의미를 가진다고 할 수 있다. 이 조약은 정치적 협력과 관련된 부분과 경제적 통합 부분에 관련된 부분을 서로 분리하여 전자는 기존 조약의 틀 밖에서 논의토록 하고, 후자는 근거 조약들의 개정을 통하여 강화시키는 입장을 취하였다. 특히 정치적 협력은 각국의 정부 수반이나 국가 원수들, 경우에 따라서는 외무 장관들이 정기적으로 만나 공통의 정치적 목표를 도출해 내기로 하였다. 이러한 회동을 '유럽정상회의'(The European Council)라고 하는데 이를 유럽공동체 내의 한 기관인 '각료회의'(Council of The European Union)와 혼동하지 않도록 주의하여야 한다. 따라서 이 때부터 경제적 차원에서는 유럽공동체라는 틀 속에서 그 자체가 갖고 있는 독특한 의사결정과 집행의 방식으로 경제통합이 이루어지면서, 정치적으로는 회원국들간의 협력이라는, 정부간 조정(inter-governmental arrangement)이라는 이중구조로 유럽통합이 진행되기 시작하는 것이다. 정치적 협력과 관련하여서는 전 회원국들의 동의에 의하지 않은 결정에는 기속력이 없다.

1.5.2. 역내시장의 확립과 신정책목표

1973년에 세계를 강타한 오일쇼크로 인해 각국의 경제침체로 대량실업의 문제가 생기고 그 밖에도 소비자 보호, 환경문제 등이 대두되자 각 회원국들은 자체적으로 산업생산품에 다양한 규제를 만들어 자국의 경제적, 사회적 이익을 보호하려는 움직임을 보였다. 이런 이중 삼중의 서로 다른 규제가 유럽공동체가 추구하는 공동시장 구축에 걸림돌이 되는 것은 명약관화한 일이었다. 이에 단일유럽조약은 1985년 집행위원회에 의하여 제출된 '역내시장수립'(Completing The Internal Market)이라는 백서에서 제시된 권고안을 이행하기 위한 방편을 두 가지로 가닥 잡아 추진하기로 하였다. 우선은 시장공동체(EEC)로 하여금 공동체의 환경문제, 경제적 및 사회적 결합, 보건과 건강, 소비자 보호, 학술 및 전문 직업인증, 정부입찰, 부가가치세, 관세부과 및 국경통제, 임상실험과 연구개발 등 전 영역에 걸쳐 관련 입법을 할 수 있도록 하였다. 그 다음은 1993년 1월 1일까지를 시한으로 정하여 상품, 인력, 서비스 및 자본의 자유로운 이동에 장애가 되는 모든 법적, 기술적 및 물리적 요소들을 제거하여 완전한 공동시장(Common Market)을 확립한다는 목표를 설정했다. 이러한 목표는 위 조약에 의해 EEC 조약의 '제8조 a'로 추가되었다가 조항 개정을 거쳐 현재는 제14조로 남아 있다.

1.5.3. 유럽의회의 입법권 강화 및 다수결원리 도입

1979년까지 유럽공회(European Assembly)의 구성원들은 각 회원국들의 의회가 지명한 사람들로 구성되어 있었다. 이것이 유럽의회(European Parliament)라는 새로운 이름을 얻어 직선으로 의원들을 뽑은 것은 1979년 6월이었다. 사실상 이 때까지 집행위원회에서 법안을 제출하여 각료회의에서 이를 채택하면 확정되고, 여타 기관, 특히 대의적 기관이 개입할 여지가 없어 시장공동체(EEC)의 비민주성과 관료들 주도의 밀행성에 비판의 소리가 높아지던 터였다. 단일유럽조약은 국적을 이유로 하는 차별금지(EC 조약 제12조), 노동자의 자유이동(동 조약 제40조), 기업설립의 자유(동 조약 제44조), 역내시장 수립을 위한 조치(동 조약 제95조) 이상 4가지 분야에 관하여 입법을 할 경우 각료회의와 의회의 협력절차를 거치도록 함으로써 의사결정의 민주성을 꾀하였다. 직선 의원들로 이루어진 의회가 의사결정에 공식적으로 개입할 수 있게 됨으로써 유럽통합으로 가는 길에 국경을 초월한 유럽 시민들의 참여가 형식적으로나마 보장되었다고 할 수 있다. 한편 위 네 가지 분야에 관하여 법안을 결정함에 있어 전원일치가 아닌 '가중투표에 의한 다수결'(qualified majority)에 의하여 의안채택이 가능하도록 함으로써 특정한 한두 회원국의 비토권 행사로 법안이 무산되는 일이 없도록 하였다. 전 회원국의 만장일치제가 갖고 있는 비능률과 불편을 고려할 때 이것은 상당한 진전이라고 하지 않을 수 없다.

영국과 프랑스, 영원한 앙숙?

유럽연합의 확대과정에서 흥미 있게 보아야 할 것은 각국들의 시샘과 견제, 특히 영국과 프랑스 사이의 해묵은 대립이다. 영국이 처음부터 EEC에 흥미 없어 했던 것은 아니었다. 영국도 처음에는 EEC와 Euratom 조약을 위한 협상과정에 참여했었으나 주권제한에 대한 두려움과 소위 대영 공동체(Common Wealth) 국가들 (오스트레일리아, 뉴질랜드, 캐나다, 남아프리카공화국 등)과의 교역에서 오는 이점을 잃지나 않을까 하는 걱정에서 협상 테이블에서 빠져 나왔다.[11] 사실 영국은 이 과정에서 EEC보다는 좀더 유연하고 느슨한 형태의 자유무역지대(free trade area)를 자국의 안으로 제출하였으나 기존 ECSC 회원국들로부터 환영받지 못하였다. 결국 이 자유무역구상안은 1959년에 영국을 비롯한 오스트리아, 덴마크, 노르웨이, 포르투갈, 스웨덴 및 스위스를 묶어 EEC에 대응하는 조직으로서 유럽자유무역연합(The European Free Trade Association: EFTA)으로까지 발전하였으나 EEC와 같은 독자적인 구조와 긴밀한 체제를 갖추지 못한 상태에서 국가들간의 교역 증대에는 한계가 있을 수밖에 없었다. 1960년대 초 EFTA 회원국들의 경제성장률은 EEC 국가들의 그것과 비교할 때 많이 떨어지고 있었는데 영국의 경우 EEC 국가들의 경제성장률의 절반에 그치고 있었다. 1961년 영국의 맥밀란 내각은 EEC에 가입하지 않았던 것이 실책이었음을 인정하고 가입신청을 했다. 하지만 2년간의 지루한 가입협상 끝에 돌아온 것은 프랑스의 드골 대통령이 기자회견을 통해 보여준 깜짝 비토권 행사였다. 당시 드골은 다른 기존 회원국들과 상의 없이 일방적으로 기자회견을 통해

11) Chris Vincenzi and John Fairhurst, *Law of The European Community* (Longman, 2001), p.6.

"영국은 유럽 이외의 시장을 통해 교역하는 섬 나라"[12]라면서 프랑스가 가진 비토권을 행사하였다. 영국을 은연중에 유럽 대륙과 분리시키는 듯한 드골의 말에서 양국간의 오래된 역사적 감정, 특히 제국주의 깃발 아래 식민지쟁탈전을 벌이는 과정에서 영국에게 숱하게 당한 프랑스의 시샘과 견제를 읽기 어렵지 않다. 이런 감정의 골 외에 프랑스가 영국의 EEC 가입을 꺼려했던 주요한 이유 중의 하나는 정치적으로 유난히 미국과 밀접한 관계를 맺고 있는 영국이 유럽공동체에 들어옴으로써 미국이 배제된 독자적인 유럽방위공동체를 만들려는 프랑스의 구상에 장애가 될까 하는 점이었다.[13] 어쨌건 이런 수모에도 불구하고 영국은 1967년에 다시 가입신청을 하였으나 이번에도 프랑스의 비토권 행사로 인해 쓴 맛을 보아야 했다. 결국 1970년 세 번째 가입신청을 해서야 비로소 시장공동체 안으로 들어오는 것이 허용되었다. 그러나 삼수(三修) 합격의 조건은 만만치 않아 영국은 시장공동체 예산 중의 상당부분을 분담하여야 했다. 1972년 1월 22일 가입조약을 체결하고 1973년 1월 1일부터 EEC 의 정식회원국이 된 영국이 그 때부터 1978년까지 부담한 예산은 3억 파운드.

사실상 스웨덴보다도 적은 분담금을 내는 프랑스의 경우를 볼 때 영국은 자릿세를 준 것 치고는 톡톡히 덤터기를 썼다고 보아야 할지 모르겠다.[14] 설상가상으로 영국이 가입하기 전까지 EEC 는 초기 10년간 경제적 측면에서 성공했으나 영국이 가입할 무렵인 1970년대의 오일쇼크로 인해 회원국들이 스태그플레이션을 겪으면서 실업문제 해결을 위해 자국 산업에 대한 보조 등 비관세장벽을 높이는 바람에 위기를 맞게 되었다. 공동시장의 매력이 크게 감소한 것이었다. 속된 말로 영국은 그렇게 체면을 구기면서 삼수 끝에

12) Sionaidh Douglas-Scott, *op.cit.,* p.17.
13) Chris Vincenzi and John Fairhurst, *op.cit.,* pp.7-8.
14) L. Sidentop, *Democracy in Europe* (Penguin, 2000), p.33.

EEC에 들어갔으나 실속은 없었다고 할 수 있다. 이 떨떠름한 경험이 지금 영국의 경제지표가 여타 EU 국가보다 괜찮다는 현실적인 이유와 함께 유로화(貨) 사용에 대한 소극적 정서를 형성하고 있는지도 모른다.

2003년 이라크 전쟁을 계기로 불거진 영국의 친미 경향 및 탈유럽의 정치적, 외교적 행보는 드골의 우려가 현실로 드러난 것으로도 볼 수 있다. EU와 영국, 특히 프랑스와 영국 사이에 있는 숨은 긴장은 EEC 초기로부터 지금까지 계속 현재 진행형이라 할 수 있다. 국외자의 입장에서 향후 EU의 방향과 미래에 대한 전망은 이런 역학관계 속에서 찾아볼 수 있을 것이다.

영국과 함께 EEC의 추가 회원국이 된 나라는 덴마크와 아일랜드이다. 이들과 같이 노르웨이도 가입협상을 하였지만 국민투표에서 가입이 부결되었다. 1973년 1월 1일의 영국, 덴마크 및 아일랜드의 회원국 자격 취득에 이어, 1981년에는 그리스가, 1986년에는 스페인과 포르투갈이 EEC의 회원국이 되었다. 기존의 EFTA 국가들 중 남은 세 나라, 즉 핀란드, 오스트리아와 스웨덴은 1995년 1월 1일자로 회원국이 되었다. 노르웨이는 한번 더 성공적으로 가입협상을 매듭지었지만 국민투표에서 또 한번 부결되었다. 소위 서유럽 국가들 중에서 EEC에 가입하지 않은 나라들은 노르웨이, 스위스, 아이슬란드 및 리히텐슈타인이다.

1.6. 마스트리히트 조약

1990년 유럽공동체 회원국들은 정부간회담(Intergovernmental Conference: IGC)를 열어 경제 및 통화연합(economic and monetary union: EMU)

구성을 논의하였다. 두 번째 정부간회담(IGC)에서는 정치적 연합(political union: EPU) 문제가 논의되었는데 회원국들 중에서도 특히 프랑스와 독일은 효율적으로 경제 및 통화의 연합을 추진하기 위해서는 정치적 연합(EPU)이 이루어지지 않고서는 어렵다는 입장을 취하고 있었다.[15] 이렇게 하여 두 가지 형태의 연합을 정하고 있는 유럽연합조약(The Treaty on European Union: TEU)이 1991년 12월 마스트리히트에서 체결되었다. 유럽공동체에서 유럽연합으로 넘어가는 전기가 된 이 조약은 체결지의 이름을 따서 마스트리히트 조약이라고 부르기도 한다. 이 때 영국과 덴마크는 조약에 부속된 의정서(Protocol)를 통하여 세 단계로 이루어지는 경제 및 통화연합의 단계 중 의무적 시행을 담고 있는 세 번째 단계에서는 선택적 유보(opting out)를 해 두어 경제통화연합의 진행에 있어 다른 회원국들과 보조를 달리하기로 하였다.

마스트리히트 조약은 1) 세 개의 유럽공동체(ECSC, EEC 및 Euratom), 즉 EC, 2) 공동외교안보정책(Common Foreign and Security Policy: CFSP), 3) 사법 및 치안공조라는 세 개의 기둥으로 구성되어 있는데, 위 세 기둥 중 단지 EC만이 유럽공동체 차원의 법률에 의하여 규제되고, 나머지 두 개의 기둥은 정부간 협의에 의하여 지탱되도록 되어 있다.[16] 다시 말해 나머지 두 개의 기둥에 관련된 의사결정은 회원국들간의 정치적 타협으로 이루어지는데 설령 그러한 의사결정이 된다 하더라도 법적인 구속력이 없어 강제할 수 없고 유럽재판소의 사법심사의 대상이 되지도 않는다는 데 그 특징이 있다.

---

15) Penelope Kent, *Law of The European Union* (3rd ed., London, Pearson Education), p.8.

16) 이 책에서 공동체의 법규 또는 법률이라고 할 때는 일반적으로 유럽(경제)공동체의 법규범을 뜻한다.

《그림 4》 **유럽연합조약**(Treaty on European Union 1992)

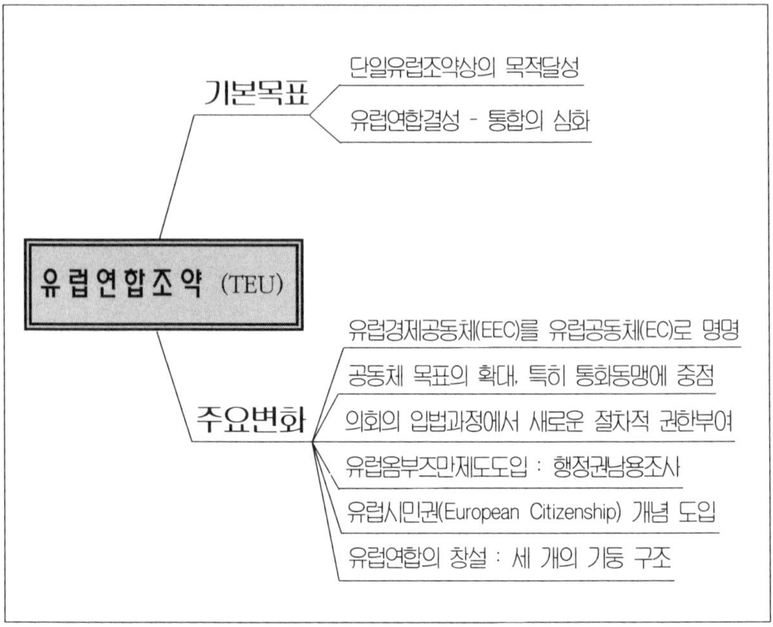

모두 일곱 파트로 나뉘어져 있는 유럽연합조약의 표제들을 전체적으로 훑어보면 공동체와 유럽연합의 구조에 대하여 좀더 쉽게 이해할 수 있을 것이다.

제1절 공통

제2절 유럽시장공동체(European Economic Community : EEC) 조약에 대한 개정

제3절 유럽석탄철강공동체(European Coal and Steel Community : ECSC) 조약에 대한 개정

제4절 유럽원자력에너지공동체(European Atomic Energy Community : Euratom) 조약에 대한 개정

제5절 공동외교안보정책(Common Foreign and Security Policy : CFSP)

제6절 사법치안공조(Cooperation in Justice and Home Affairs : CJHA)

제7절 말미

한편 위 조약은 유럽의회의 권한을 더욱 강화하여 의회에 일정한 요건하에서 법안에 대한 비토권을 부여하였는데, 1990년 통일된 독일이 유럽의회 내에서 가장 많은 의석을 차지하게 되었나

1.7. 암스테르담 조약

암스테르담 조약(Treaty of Amsterdam : ToA)은 1996년 3월 29일 투린 유럽정상회의(Turin European Council)의 산물로서 1997년 6월 16, 17일에 걸친 암스테르담 유럽정상회의에서 채택되어 1997년 10월 2일 서명을 거친 뒤 1999년 5월 1일자로 발효되었다. 위 조약은 향후 20개국 이상으로 몸집이 불어나는 유럽연합의 상황을 고려할 때 당초 6개국으로 출발하면서 두었던 유럽연합내의 각 기관들에 대하여도 개혁이 불가피하다는 인식 아래 시작되었으나 이런 민감한 결정들을 담아내지는 못하였다.

그러나 그럼에도 불구하고 위 조약에는 여러 가지 중요한 내용이 들어 있다.

위 조약은 EU의 목적을 경제적 관점을 넘어 확대시키면서 특정 분야를 구체적으로 적시하였는데 연합시민권에 따르는 권리와 의무, 연합의 인권과 시민권 존중에 대한 특별한 강조를 그 예로 들 수 있다. 그리고 유럽연합 안에서 이루어지는 의사결정과정을 될 수 있는 대로 공개하여 투명성을 확보하고 유럽연합 시민들에게 직

접 다가서기 위한 노력을 경주하기로 하였다. 위 조약은 인권 존중 등에 대한 선언적 의미를 넘어 유럽연합의 바탕이 인권, 민주주의, 법의 지배 및 이와 관련된 원칙들이라는 점을 확인하고 이런 점들에 대한 존중을 신규 회원국의 가입조건으로 하였다. 아울러 유럽연합조약(TEU) 제7조를 신설하여 어느 회원국이 시민권, 정치적 권리 및 인권과 관련된 의무를 '심각하고도 지속적으로 위반'(serious and persistent breach)하였다고 각료회의에 의하여 인정되는 경우 회원국으로서의 권리가 중단되도록 하였다.

또 유럽공동체조약(TEC) 제2조는 남녀의 양성 평등을 공동체의 한 목표로 정해 놓는 한편, 조약 제13조를 통해 공동체 차원에서 성별, 인종별, 종교별, 장애유무, 연령 및 성적 취향에 따른 차별을 철폐하는 입법권을 예정해 놓았다. 환경보호 역시 중요한 공동체의 목표로 되었다.

《그림 5》 암스테르담 조약(Treaty of Amsterdam 1997)

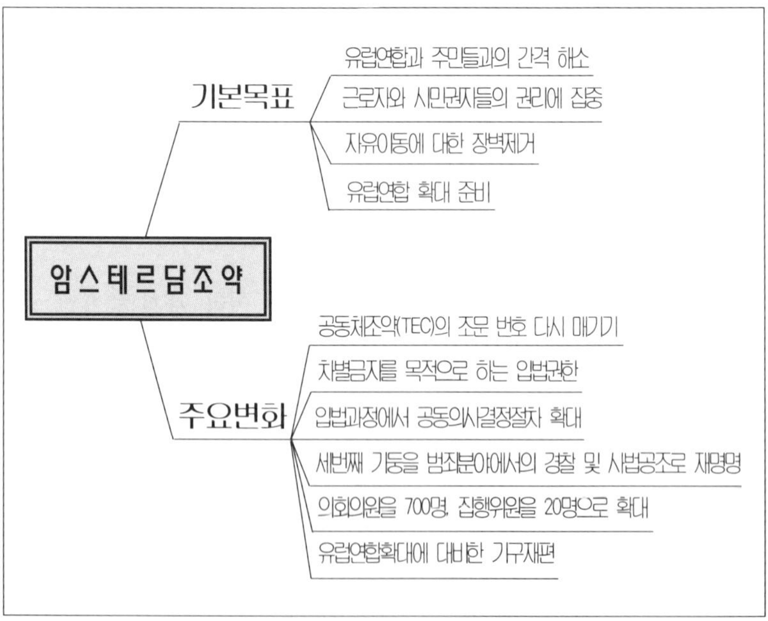

우리는 위에서 유럽연합조약(TEU)이 세 개의 기둥으로 유럽연합의 구조를 만들어 내면서 그 중 유럽공동체(EC)를 제외하고 정부간 협의로 이루어지는 나머지 두 개의 기둥과 관련된 의사결정은 회원국들에 대한 법적 강제력이 없다는 점을 보았다. 그러나 암스테르담 조약에 와서는 이러한 구분이 모호하게 된다. 특히 세 번째의 기둥인 사법치안공조 (CJHA)의 많은 부분들이 첫 번째 기둥인 공동체(Communities) 안으로 편입되게 된다. 이것은 당초 '사법치안공조'(CJHA)로 되어 있던 표제가 '범죄문제에 있어서의 경찰, 사법공조'(Police and Judicial Cooperation in Criminal Matters)로 바뀐 데서도 쉽게 엿볼 수 있다. '사법치안공조'라는 넓은 개념에서 비자, 망명, 이민 기타 사람의 자유이동에 관한 정책들이 따로 떨어져 나와 공동체조약으로 편입되면서 이 기둥에는 조직범죄, 마약, 밀수, 테러, 아동상대 범죄, 무기밀매 등을 단속하고 예방하는 목적만이 남게 된 것이다. 이것은 인권 문제에 관하여 보다 실효성 있는 공동체 차원의 입법 및 사법심사와 통제가 가능케 되었다는 사실을 말해 준다.

또 하나 암스테르담 조약에서 특기할 만한 것은 '부분적 결속'(Closer cooperation) 제도의 도입이다. 위 조약으로 유럽연합조약의 제7절로 신설된 이 제도는 특정 회원국들끼리 유럽연합조약 및 공동체조약(TEC)상의 기관, 절차 및 기타 메커니즘을 이용하여 보다 밀접한 협력관계를 만들어 내는 것을 허용한다. 그러나 자칫 전 회원국들간의 결속을 해할 우려가 있는 이 제도는 다른 방법으로는 조약의 목적을 달성할 수 없는 경우에만 허용되는 최후의 수단로만 이용될 수 있다.[17]

암스테르담 조약은 무엇보다도 기존 조약들의 각 조항의 번호를 다시 매김(re-numbering)해 놓은 것으로 유명하다. 기존 조약들의 조항이 번잡하여 이를 보다 단순화할 필요가 있는 것이 사실이었으

---

17) 유럽연합조약 제43조 C.

나 어쨌든 이로 인해 유럽연합 관련 조약이나 유럽재판소에서 인용하는 조항들을 대할 때 개정전의 것인지, 후의 것인지 잘 구분해야 한다.

《그림 6》 유럽연합의 확대과정

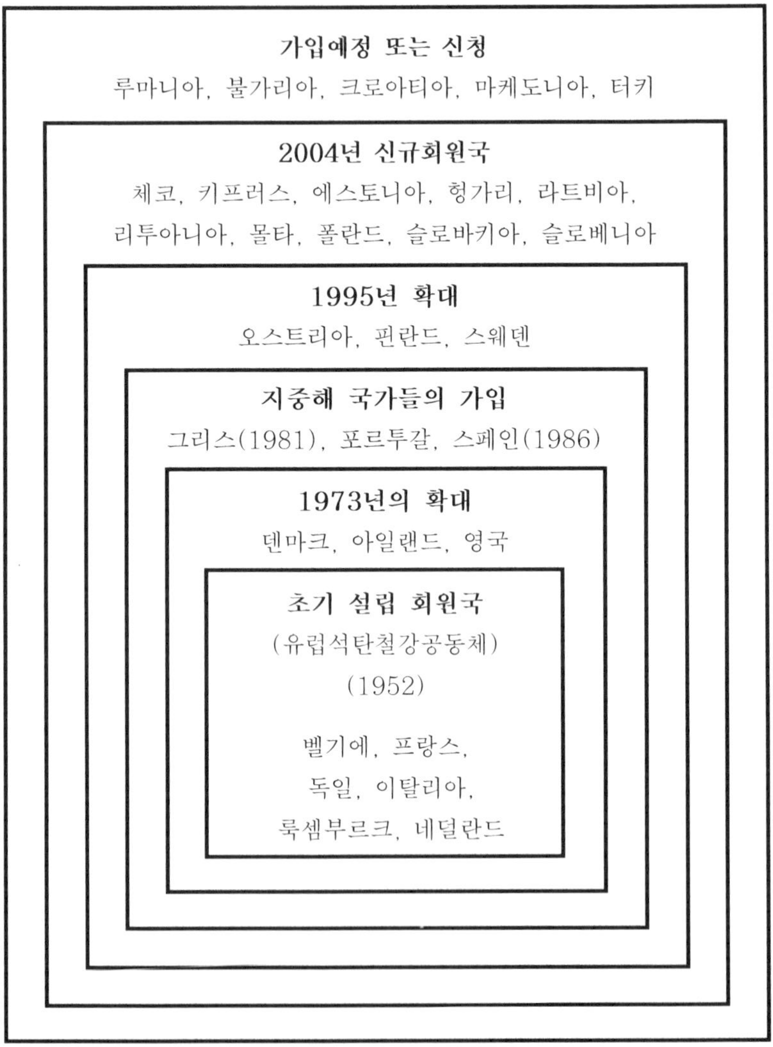

예를 들면 유럽연합조약의 개정 전 A조는 지금의 제1조, J.10조는 지금 제20조로 바뀌었다. 공동체 조약의 경우 개정 전 3 a 조는 지금의 제4조로, 제85조는 지금의 제81조로 바뀌었다. 조문을 인용할 경우 사람에 따라서 개정전의 조항을 쓰고 개정후의 것을 따로 표시하는 방법—예컨대, EC 조약 제85조 (현, 제81조)[18]—을 쓰거나 반대로 현재 조문을 먼저 쓰기도 한다. 후자의 경우 "EC 조약 제81조 (구, 제85조)"[19]와 같이 된다. 여기에서는 특별한 사정이 없는 한 설령 개정 전의 유럽재판소 판결을 인용할 경우에도 현재 조문 체제에 따르기로 한다. 따라서 따로 표시되어 있지 않으면 암스테르담조약으로 개정된 현 조약 체제에 따른 조문번호로 보면 될 것이다.

1.8. 니스 조약(Treaty of Nice: ToN)

니스 조약은 2000년 12월 니스 유럽정상회의에서 채택되어 2001년 2월 26일 서명을 마치고 각국의 비준을 거쳐 2003년 2월 1일부터 발효되었다.

이 조약은 기본적으로 EU의 신규 회원국 가입으로 인한 규모 확대에 걸맞게 유럽연합의 기구를 개편하는 데 그 목적을 두고 있다. 여기에는 집행위원회의 구성과 규모를 제한하고 가중투표의 원리를 확대시행하며 각료회의 내에서의 가중투표 제도를 다시 손보는 내용이 들어가 있다. 이 외에도 기존 조약들의 단순화, 권한에 대한 정의, 회원국의 의회의 역할에 관한 규정도 포함되어 있다. 기

18) 영어의 경우 "Article 85 (ex. 81)" 또는 줄여서 "Art. 85 (ex. 81)" 로 표기한다.

19) 위와 반대로 Article 81 (now. 85) 또는 "Art. 81 (now. 85)".

본권헌장(Charter of Fundamental Rights)의 경우 1999년 12월부터 초안 작업에 들어가 니스 유럽정상회의에서 선포되었으나 유럽연합 제도로 편입하는 문제를 놓고 정부간회의에서 의견조율이 이루어지지 않아 결국 조약으로까지 이어지는 데는 실패하였다.

《그림 7》 니스 조약(Treaty of Nice 2000)

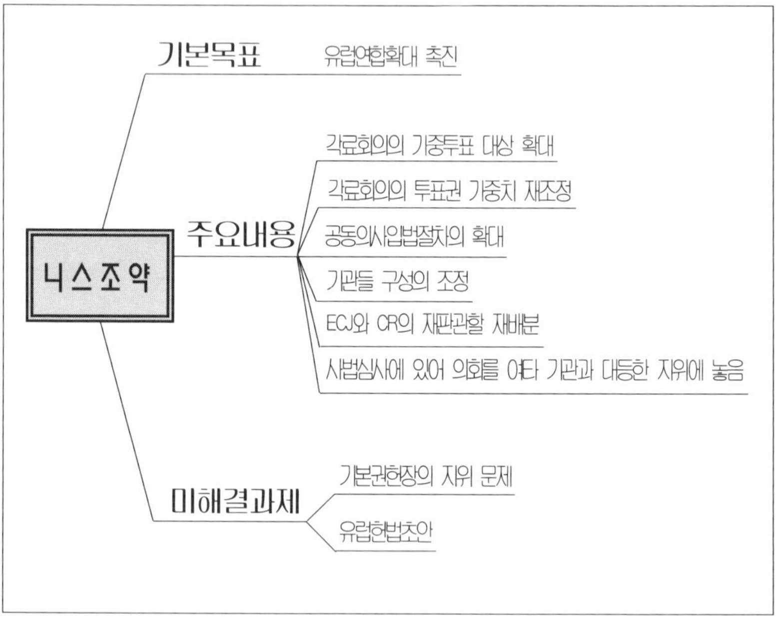

《유럽연합 연혁[20]》

1946. 9. 19 윈스턴 처칠, 취리히에서 유럽연방(a United States of Europe) 창설 주창

1947. 1. 5 마샬, 하바드 대학에서 유럽의 경제재건이 유럽인들의손에 의하여 가능하도록 미국의 재정원조 호소

1948. 5. 7-11 헤이그 회의, 800여 명의 유럽 정치인들이 모여 유럽회의(The Council of Europe) 창설을 논의

20) Tom Kennedy, *op.cit,* pp.339-342.

1949. 5. 5　유럽의 10개국이 유럽회의(The Council of Europe)를 설립, 스트라스버그(Strasbourg)에 기구를 두기로 함(런던조약)

1950. 5. 9　프랑스 외무장관인 로버트 슈만이 유럽석탄철강공동체(ECSC) 설립을 제안(슈만선언). 그 후 매년 5월 9일을 유럽의 날로 기념해 옴

1950. 11. 4　유럽인권협약(The European Convention on Human Rights: ECHR)이 로마에서 서명됨

1951. 4. 18　유럽석탄철강공동체설립조약(The Treaty establishing European Coal and Steel Community)이 벨기에, 독일, 프랑스, 이탈리아, 룩셈부르크 및 네덜란드에 의하여 서명됨(파리조약)

1952. 12. 4　유럽석탄철강공동체법원(Court of Justice of The ECSC)이 룩셈부르크에 설치됨

1954. 10. 23　서유럽동맹(Western European Union: WEU) 창설됨

1957. 3. 25　ECSC의 6개 회원국이 유럽시장공동체조약(EEC 조약) 및 유럽원자력에너지공동체조약(Euratom 조약)에 각 서명

1958. 10. 7　단일 유럽공동체법원(Court of Justice of The European Communities) 발족

1959. 7. 21　유럽경제협의회(Organization for European Economic Co-operation)의 7개 회원국들이 유럽자유무역연합(European Free Trade Association: EFTA)을 결성하기로 합의

1959. 9. 18　유럽인권재판소(European Court of Human Rights) 설립

1960. 5. 3　유럽자유무역연합(EFTA) 조약 발효

1965. 4. 8　유럽공동체들 간의 단일 각료회의(a single Council) 및 단일 집행위원회(a single Commission) 설립에 관한 조약이 브뤼셀에서 서명됨

1967. 7. 1　단일 각료단 및 단일 집행위원회 설립조약 발효

1968. 7. 1　관세동맹수립 및 유럽공동체 회원국들 사이에 대외 단일관세 체제 확립

1970. 4. 21 EC 각료단, 1975년부터 예산을 위한 자체 재원을 확보키로 결정

1972. 1. 22 덴마크, 아일랜드, 노르웨이 및 영국과 EC사이에 가입조약체결

1972. 9. 25 노르웨이, 국민투표에서 EC 가입안 부결

1973. 1. 1 덴마크, 아일랜드 및 영국의 회원국 자격 취득 및 역내 통상적인 무역정책에 관한 EC의 독점적 권한 인정

1974. 12. 9-10 파리에서 회원국 원수 및 정부 수반들이 모여 유럽정상회의(The European Council)를 구성키로 합의

1975. 6. 5 영국, 국민투표를 통해 계속 EC에 잔류키로 결정

1979. 5. 28 그리스와 가입조약 체결

1979. 6. 7-10 EC의 9개 회원국내에서 최초로 유럽의회(European Parliament)를 구성하는 직접투표 실시

1981. 1. 1 그리스, EC 회원국 자격 취득

1982. 2. 23 주민투표를 통해 그린랜드(Greenland)는 EC를 탈퇴

1985. 6. 12 스페인과 포르투갈, 가입조약 체결

1985. 6. 14 쉔겐 협정(Schengen Agreement) 체결. 단일시장 달성을 위한 집행위원회의 백서(White Paper) 출간, 1992. 12. 31.까지 재정적 장벽과 국경통제를 없애는 캠페인을 시작

1985. 12. 2-3 룩셈부르크 유럽정상회의, EC의 권한을 확대하는 기구개혁과 외교정책에 있어서의 협력을 위한 법률적 장치를 확대키로 합의. 개정되는 조약들을 모두 단일유럽조약(Single European Act)으로 묶기로 함

1986. 1. 1 스페인과 포르투갈, 회원국 자격취득

1986. 2. 17 및 2. 28 단일유럽조약이 12개 회원국들에 의하여 서명됨

1987. 7. 1 단일유럽조약 발효

1988. 10. 24 각료회의, 제1심법원(Court of First Instance: CFI) 설립키로 결정

1989. 6. 19 룩셈부르크에서 쉔겐 이행협약(Schengen Implementation

Convention) 체결

1989. 10. 11 유럽재판소 (ECJ), 제1심법원(CFI)이 적법하게 발족하였음을 선언

1990. 10. 3 서독과 동독의 통일에 따라 옛 동독 지역이 EC 역내로 편입

1991. 6. 25 스페인과 포르투갈, 쉥겐 협정에 가입

1992. 2. 7 유럽연합조약(Treaty on European Union)이 마스트리히트에서 체결됨(마스트리히트 조약)

1992. 5. 2 EC와 EFTA의 외무장관들이 유럽경제지대(European Economic Area: EEA)를 만들기로 합의

1992. 12. 6 스위스, 국민투표로 유럽경제지대 회원국 반대 결정

1993. 1. 1 단일시장 상당한 정도로 달성

1993. 10. 12 독일헌법재판소, 유럽연합조약에 대한 합헌결정. 전 회원국 비준달성

1993. 11. 1 유럽연합조약 발효

1994. 1. 4 EFTA 법원, 제네바에서 출범

1994. 3. 16 노르웨이, 오스트리아, 핀란드 및 스웨덴과 가입협상 마무리

1994. 6. 24 노르웨이, 오스트리아, 핀란드 및 스웨덴의 가입조약 체결

1994. 11. 27-28 노르웨이, 국민투표로 다시 EU 가입안 부결(반대 52.2%)

1995. 1. 1 오스트리아, 핀란드 및 스웨덴, EU 회원국 자격 취득

1995. 3. 26 쉥겐협정 발효

1996. 9. EFTA 법원, 룩셈부르크로 이주

1997. 10. 20 유럽연합조약(TEU), 유럽공동체조약(TECs) 및 기타 관련 조약들에 대한 개정조약체결(암스테르담 조약: ToA)

2002. 1. 1. 경제통화동맹(EMU) 유로화 도입

2004. 5. 1. 동유럽 10개국 추가 신규 회원국 자격취득

제2장 유럽연합의 기관들

2.1. 유럽통합: 연방주의인가, 정부간주의인가

유럽석탄철강공동체(ECSC)가 설립된 이래 회원국들은 그들을 대신하여 공동체를 운영해 갈 다양한 초국가기관(super-national institutions)을 만들어 왔다.

기관들 중에는 각료회의와 같이 유럽연합(EU)과 공동체(EC) 모두의 기관인 경우도 있지만 상당수의 기관들이 '공동체'의 기구이긴 하지만 유럽연합에는 속하지 않는 경우도 있음을 유의해야 한다. 회원국들은 여전히 유럽연합의 설립근거가 되는 각종 조약의 제정 및 개정의 권한을 갖고 있고 유럽공동체(EC) 외의 문제에 관하여는 이들만이 결정권을 갖고 있기 때문이다. 물론 이들 기관은 설치조약에서 주어진 수권범위 내에서만 그 권한을 행사할 수 있다.

지난 50년 동안 회원국들과 연합 또는 공동체의 기관들 간에 분배되는 권한이 무엇인지, 그리고 그 권한 배분은 어떻게 이루어지는지의 문제를 둘러싸고 다양한 이론들이 제기되어 왔는데, 특히 연방주의(Federalism)가 유럽 공동체의 지배 구조에 가장 깊은 영향을 미쳤다고 볼 수 있다. 사실 연방주의가 무엇인가 하는 문제에 관하여도 정확한 개념 정의가 어렵고 역사적으로나 현실적으로 다양한 형태의 모델이 있으나 가장 기본적으로 정의를 내린다면 계층이 다른 정부 사이에 권한 배분이 이루어지는 것을 말한다고 할 수 있다.1)

이러한 연방주의 개념이 유럽연합관련조약들에 들어와 있는 것은 분명하다. 유럽공동체의 기관들이 일정 분야에 있어 상당한 정도의 자율권을 부여받고 있다는 점이 이를 말해 준다. 연방주의 원리가 공동체조약에 있어 중요하다는 점은 위 조약에 나타나 있는 보충성의 원리(subsidiarity principle)에 의하여서도 확인된다. 유럽연합조약에 의하여 공식적으로 인정되었고 지금은 공동체 조약 제5조에 규정되어 있는 위 원리는 공동체(EC)와 회원국 정부 모두 관할권을 갖고 있는 분야에 있어서 어떤 결정을 내릴 경우에는 그것이 효율성을 저해하지 않는 한 유럽연합 주민들의 입장에서 가장 적정하다고 생각되는 기관에서 이를 수행한다는 것이다. 이것은 권한이 초국가적 기관, 회원국 정부 및 회원국 정부 아래 차원의 지역 (regional level) 사이에서 배분되어야 한다는 점을 보여준다.

2.2. 정부간주의(Intergovernmentalism)

연방주의가 모든 회원국들에게 매력적인 것은 아니다. 영국이 대표적인 사례이다.

1) Karen Davies, *Understanding European Union Law*(2nd ed., London, Cavendish Publishing Limited, 2003), p.17.

영국은 비록 일부 분야에 국한되긴 하지만 주권이 제한되는 점에 대하여 민감하게 반응한다. 연방주의통합이론을 대치하는 것이 정부간주의이다. 정부간주의는 유럽연합 차원보다는 개별 국가들의 이해관계에 더 주안을 두게 되고 회원국들 사이에 합의를 도출하는 데 어려움이 있다는 점에서 많은 비판을 받기도 한다. 현재의 유럽연합은 위 두 가지 이론적 요소를 모두 갖고 있다고 할 수 있다. 첫 번째 기둥인 공동체(EC)가 회원국들을 기속하는 결정을 내릴 수 있는 초국가적인 기관들에 의존하고 있다면 두 번째와 세 번째 기둥은 정부간 협의에 기초를 두고 있다. 그 결과 초국가적 기관들 중 각료회의를 제외한 나머지 기관들이 두 번째와 세 번째 기둥에 속한 분야를 직접 다룰 여지는 적다고 할 수 있다.

2.3. 초국가적 기관들의 종류

공동체 조약이 '공동체에 위임된 업무를 수행하기 위한 목적(조약 제7조 1항)'으로 처음에 만들었던 초국가적 기관들은 집행위원회(European Commission), 각료회의(Council of Ministers), 유럽의회(European Parliament), 그리고 재판소(European Court of Justice) 이상 4개였다. 그 후 감사원(Court of Auditors)이 다섯번째 기구로 1993년 유럽연합조약에 의하여 들어왔고 그 밖에 경제사회위원회(Economic and Social Committee)와 지역위원회(Committee of The Regions)가 공동체(EC)조약 제7조 제2항에 명시되어 있으나 이들은 의사결정과정에 있어서 단지 자문의 기능을 수행하는 데 그친다.

2.3.1. 집행위원회(Commission)

공동체 집행위원회는 유럽연합 기관들 중에서 전통적으로 가장 초국가적인 성격을 가진 것으로 알려져 있다. 약 2만 1천명의 직원을 거느리고 있어 유럽연합 최대 기관이기는 하지만 각 회원국의 정부에 비하면 적은 규모라 할 수 있다. 집행위원회는 조약의 수호자라는 말이 함축적으로 그 지위와 역할을 나타내듯이 유럽연합의 정책입안과 집행의 핵심기관이라고 할 수 있다.

집행위원회는 유럽공동체 내의 세 개의 공동체가 출범하면서 각기 산재하던 집행기구들을 1965년의 기관통합조약(Merger Treaty)으로 묶어내면서 생긴 기관이다.[2)]

집행위원회는 공동체(EC)조약 제211조부터 219조까지에 그 설립 근거를 두고 있는데 가장 중요한 기능은 문자 그대로 공동체 차원의 집행 행위이다.

2.3.1.1 집행위원회의 일반적 기능

집행위원회는 공동시장의 적정한 기능과 발전을 위해 조약에서 명시하고 있거나 명시되지 않았더라도 그 목적과 관련이 있다고 인정되는 사안에 관하여 권고안을 제출하거나 의견을 제시할 수 있고 일정한 요건하에 각료회의로부터 부여받은 권한을 행사하여 필요한 조치를 취할 수 있다.[3)] 또 매년 늦어도 유럽의회 개원 한 달 전에 공동체 활동에 관한 전반적인 연례 보고서를 만들어 발간하여야 한다.[4)]

집행위원회는 집행 업무를 주로 하지만 입법의 기능도 갖고 있는 등 그 성격이 다소 모호한 면도 없지 않다. 유럽연합(EU) 및 유럽공동체(EC) 조약은 집행위원회에 대하여 연합 차원의 정책을 주도

2) ECSC의 경우에는 고등국(High Authority)이 그 역할을 수행하고 있었다.
3) 조약 제211조.
4) 조약 제212조.

하고 그 이익을 대변하며 연합 법률의 적정한 적용을 통해 조약의 수호자(guardian)의 역할을 하도록 하는 데 그 주안점을 두고 있다.[5] 그 외에도 집행위원회의 주요한 역할 중의 하나로 유럽연합 역외의 국가들과 무역관련 협상을 하고 협정을 체결하는 것을 들 수 있다. 현실적으로 집행위원회의 행정적 역할이 두드러지는 분야는 기업합병에 관하여 가부를 결정하는 등 공정거래 정책분야와 국제통상회담 그리고 정책제안이라고 할 수 있다.

2.3.1.2. 집행위원회의 구성 및 독립성

위원회 내의 집행위원은 모두 25명으로 적어도 한 회원국에서 한 명씩의 집행위원이 나와야 하는데 이 숫자는 각료회의 만장일치의 의결에 증감될 수 있다.

집행위원들은 회원국 정부들이 협의를 거쳐 의회의 동의를 받아 임명되는데 이들의 임기는 5년으로 연임이 가능하다.[6] 집행위원장 역시 같은 절차를 통해 임명된다. 집행위원회는 위원들 중에서 한 명 또는 두 명의 부위원장을 두게 된다.

집행위원들이 각 회원국에서 골고루 나오지만 이들은 자국의 이익을 대변하는 대표자가 아니라 유럽연합의 집행기관이라는 성격상 업무 수행에 있어서 독립성을 띤다. 위 조약 제213조 제2항은 아예 이러한 독립성을 명문으로 못박아 놓고 있다. 회원국 역시 이러한 자국 출신의 집행위원의 직무 수행의 독립성에 영향을 주는 어떠한 행동도 하여서는 안 된다. 그러나 이와 같은 규정에도 불구하고 현실은 그렇지 못하다. 어떻게 보면 집행 위원들에게 자국의

---

5) Elizabeth Bomberg, Laura Cram, and David Martin, "The EU's Institutions"in Elizabeth Bomberg & Alexander Stubb (eds) *The European Union: How Does it Work?* (Oxford, Oxford University Press, 2003), p.44.

6) 조약 제214조 제1, 2항.

이해관계를 완전히 도외시하라고 기대하는 것 자체가 비현실적인 무리한 요구라 할 수 있다.

집행위원들에게는 겸직금지의무 외에 직무 수행과 관련하여 일정한 의무가 있는데 이러한 의무를 위반한 경우 각료회의나 집행위원회는 재판소(ECJ)에 제소할 수 있고 법원은 강제퇴직을 명하거나 연금과 같은 기타 혜택을 철회하는 결정을 내릴 수 있다.[7] 집행위원회의 의사결정은 구성원들의 과반수 찬성으로 이루어진다.

이들은 새로운 정책개발과 제안을 위해 일주일에 한번씩 회합을 가지는데 여기에서 어떤 결정이 내려지면 그것은 그대로 정책이 된다. 비록 결정을 내리는 과정에 과반수 의결이라는 제도가 있지만 실제로 표결을 통하여 결정이 내려지기 보다는 합의를 통해 결론이 도출되는 것이 보통이다. 그러나 이런 합의정신은 일부 집행위원들간의 불화로 1999년 3월 집행위원장이 강제로 사직하는 등 호된 시련을 맞기도 하였다. 암스테르담 조약을 통해 추가된 공동체 조약 제219조는 "집행위원회는 위원장의 정치적 지도에 따라야 한다"라고 규정하고 있다. 따라서 위원장은 집행위원회를 이끌어나갈 권한을 가지고 있는 셈인데 이것은 집행위원장의 개인적인 영향력과 역량에 달려 있다고 할 수 있다.

1980년대 집행위원장을 지냈던 자끄 들로(Jacques Delors)가 강력한 추진력으로 집행위원회를 명실상부한 유럽공동체의 핵심 기구로 만들었다면 1999년 3월에 사직한 자끄 산떼(Jacques Santer) 같은 사람은 취약한 리더십을 보였다고 할 수 있다.[8]

2.3.1.3. 집행위원회의 이중적 성격

집행위원회에는 두 가지의 성격이 혼재되어 있는데 이는 일반

7) 조약 제213조 제2항.
8) Chris Vincenzi and John Fairhurst, *op.cit*, p.49.

적인 국가의 행정부에서는 볼 수 없는 특징이라 할 수 있다.

하나는 위에서 보는 바와 같이 모든 집행위원들이 모인 하나의 집합체(College of Commissioners)로서 협의와 다수결의 원리에 의하여 결정을 내리는 것이다.

다른 하나는 행정적 또는 관료적 성격을 띤 것이다(administrative Commission).

집행위원회는 각료회의의 결정을 집행하는데 행정의 효율을 위해 농업, 공정거래, 환경 등 여러 이사국(理事局, Directorates General: DG)으로 나뉘어져 있다. 예를 들면 제4국(DG IV)은 공정거래정책을 담당한다는 식이다. 각 이사국의 업무는 이사국장(director-general)이 관장하고 이들은 관할 집행위원에게 직접 보고하게 된다.

각 집행위원마다 한 분야씩 맡게 되는 이런 임무는 집행위원장이 배당하게 된다.

이런 행정적 기구에 속해 있는 인원은 약 15,000명인데 그 중 직접 정책 입안과 관련된 종사자는 약 4,000명에 불과하고 나머지 인원들은 집행위원회에서 나오는 각종 자료의 번역, 리서치 등에 종사하고 있다고 한다.[9] 회원국들이 평균 주민 10,000명당 332명의 공무원들을 확보하고 있는 데 비해 유럽연합 차원에서는 10,000명당 0.8명꼴이다.

2.3.1.4. 자국이기주의와 독립성의 문제

행정업무 분장을 둘러싸고 회원국마다 이해관계가 중요하게 달린 분야에 자국 출신 집행위원 배정을 위해 정치적인 신경전을 벌인다. 아무리 집행위원회 업무의 독립성을 강조한다 하더라도 팔은 역시 안으로 굽을 수밖에 없다는 점을 보여주는 것이다. 실제로 프랑스는 수 년 동안 자국 출신 집행 위원으로 하여금 농업분야를 통

9) Elizabeth Bomberg, Laura Cram, and David Martin, *op.cit,* p.48.

제하도록 하는 데 성공하였고 독일 국적 집행위원들은 전통적으로 공정거래 분야를 책임지고 있다.[10)]

집행위원장은 이렇게 업무 분장을 할 뿐 아니라 일단 업무 분장을 했더라도 회원국들 사이에 정치적인 분쟁이 벌어지면 경우에 따라 이를 다시 조정할 수 있는 권한도 갖고 있다. 집행위원들은 각각 개인적으로 보좌직원들을 둘 수 있을 뿐 아니라 고문단 (cabinet)으로 불리는 위원회 내에 있는 공식적인 여섯 개의 자문 그룹의 조력을 받을 수도 있다.

자국 정부가 아닌 유럽연합의 공동이익을 위해 헌신한다는 선서가 무색하게 집행위원들은 이 고문단에 자국민들을 끼워 놓으려고 치열한 신경전을 벌이는 것으로 유명하다.[11)] 1999년에 취임한 로마노 프로디 집행위원장(전 이탈리아 수상)은 이런 현실에 종지부를 찍기 위한 노력의 일환으로 고문단 임명에 관한 새로운 규정을 만들고 그 시범으로 아일랜드인을 그의 고문단의 수석으로 임명한 바 있다. 결국 나중엔 프랑스 사람으로 바뀌고 종국에 가서는 이탈리아 사람으로 대치되었지만 말이다. 행정 업무 분장과 고문단 직원 임명을 둘러싸고 벌어지는 이러한 현상은 집행위원회 내에서의 국가주의가 완전히 종식되는 것이 힘들다는 점을 보여준다. 그러나 지나친 국가주의는 역효과를 가져온다. 일례로 2002년 스페인 출신으로서 운송분야 업무를 관장하던 한 집행위원은 집행위원회의 어업정책을 지나치게 자국에 유리하게 만들려고 시도하다가 다른 위원들로부터 십자포화를 맞은 적이 있다. 반대로 자국의 이익을 고려하지 않는다고 집행위원에 대하여 비난하는 경우도 있는데 1980년대 영국의 대처 내각은 영국 출신 집행위원이 본국의 이해관계를 등한시한다며 심한 불만을 토로한 적이 있다. 자국의 이해관계에 대하여도 어느 정도 관심을 가지면서 전체적인 유럽연합의 이익을 해하지 않기 위해서는 상당한 균형감각이 있어야 한다는 점을 보여준다.

---

10) *Ibid.*
11) *Ibid.*

《그림 8》 집행위원회(Commission)

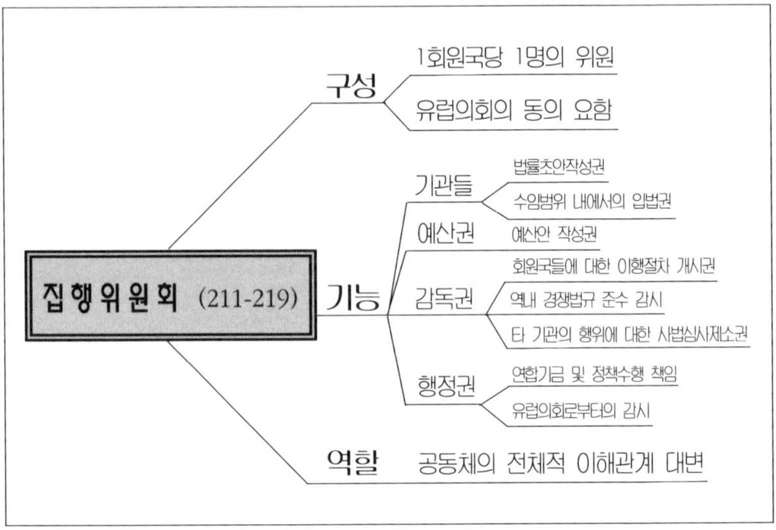

2.3.2. 유럽정상회의(The European Council)

유럽정상회의는 유럽연합 회원국들의 정부 수반이나 국가 원수들의 정기적 모임을 지칭하는 말이다. 이 정상회의와 각료회의를 뜻하는 Council of European Union 또는 Council of Ministers를 혼동하지 않도록 주의하여야 한다. 유럽정상회의의 목적은 유럽연합 조약 제4조에 "유럽연합의 발전에 필요한 계기를 마련해 주고 일반적인 정치적 지침을 내리는 데 있다"고 규정되어 있다. 정상회의가 처음으로 출범하게 된 계기는 1974년 12월 파리에서 회원국 정상들이 만난 데서 비롯되는데, 이 자리에서 정기적인 회의체를 출범시키기로 하였고 그 첫 번째 회의가 1975년 3월 10일과 11일 이틀에 걸쳐 아일랜드의 수도인 더블린에서 개최되었다.

그 전인 1961년부터 1974년에 이르는 동안에도 몇 번 정상회담이 있었으나 이것은 유럽공동체 내의 한 기관으로 인식되지는 않았었다. 이 회의가 조약상의 한 기관으로 자리잡은 것은 유럽연합조약에 의한 것이지만 법적인 지위를 최초로 인정 받은 것은 단일유럽조약(SEA)에 의해서였다. 이 회의는 최소한 일년에 두 번 이상 열리도록 되어 있고 집행위원장은 정식회원자격으로 참석하게 된다.

《그림 9》 유럽정상회의(European Council)

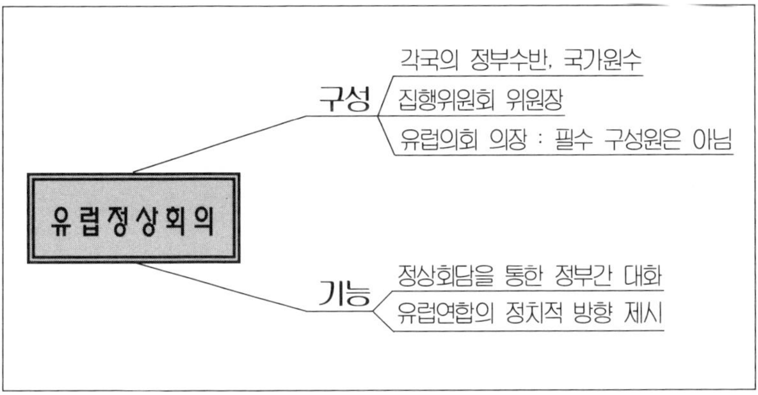

정상회의의 의제는 발칸반도 위기에 대한 외교정책, 화폐시장에서의 자국통화 운용문제 또는 환경재앙과 같이 회의 당시의 대다수 회원국들에게 이슈가 되어 있는 정치적인 요소가 무엇인가에 달려 있다. 이런 특정한 이슈 외에 전반적인 경기상황, 실업문제 및 단일시장 달성의 진척 정도 등과 같은 문제들도 정기적으로 의제에 오른다. 종종 집행위원회는 새로운 정책을 결정하여 제안하는데 여기에는 보통 각료회의의 주재권을 갖고 있는 회원국이 지원을 하게 된다.[12] 1989년의 스트라스부르그 정상회의에서 이루어진 사회헌장(Social Charter)의 채택과 1992년에 체결된 유럽연합조약(TEU), 1997년의 암스테르담 조약(ToA), 2000년의 니스 조약(ToN)에 이른 일련의 프로그램들이 이런 방식에 의하여 추진되었다.

---

12) Chris Vincenzi and John Fairhurst, *op.cit.*, p.45.

2.3.3. 각료회의(Council of European Union)

공동체 조약(TEC) 제202조부터 210조는 각료회의에 관한 내용을 담고 있다.[13] 위 조약상에는 'The Council'로만 되어 있는데 1993년 11월 각료회의의 명칭은 'Council of European Union'으로 바뀌었다. 이 배경에는 각료회의야말로 유럽연합의 세 가지 기둥을 총괄하는 유일한 기관이라는 점이 작용하였다. 다른 기관들, 즉 집행위원회나 유럽재판소의 주요한 기능이 공동체(EC) 기둥에만 관련되어 있는 것과는 대조적이라 할 수 있다.[14] 따라서 각료회의는 초 국가적 기관이라기보다는 일차적으로 자국의 입장을 반영하는 정부간기관의 성격을 가진다. 반면 수시로 공식, 비공식 모임을 통해 의견을 조율해 나가는 과정에서 회원국 실무자들 사이에 지속적이고 밀접한 상호이해와 협력이 깊어짐으로써 이들은 단순한 국가적 이해관계의 경연장 이상의 집단적 동질성을 만들어내기도 한다. 이것이 유럽통합의 과정을 심화시키는 데 도움이 되어 왔음은 물론이다.[15]

2.3.3.1. 구 성

각료회의는 각 회원국들의 대표자들로 이루어진다. 물론 각국 정부의 수반이나 국가 원수들은 유럽정상회의를 통해 한 기관을 이루고 있으므로 이들은 예외이다. 각료회의의 구성은 다루는 의제가 무엇이냐에 따라 달라지고 특별한 성격의 각료회의는 별도의 명칭을 갖고 있기도 하다. 상무각료회의(General Affairs Council)의 경우엔 각국의 외무 장관들이 모여 기관과 정책 이슈를 다루고, 경제재무각

13) 유럽공동체이사회 또는 각료이사회 등으로 번역되기도 하는데, 이사회는 고정된 멤버들에 의한 상설회의체라는 뉘앙스를 갖고 있어, 필요한 때마다 각 분야별로 해당국의 각료들이 모여서 결정하는 회의체라는 의미에서는 '각료회의' 정도로 보는 것이 좋지 않을까 싶다.

14) Chris Vincenzi and John Fairhurst, *op.cit.*, p.45.

15) Elizabeth Bomberg, Laura Cram, and David Martin, *op.cit.*, p.55.

료회의(Council of Economic and Finance Ministers: ECOFIN)는 매달 한 번씩 회동을 갖고 회원국들 간의 경제정책에 관한 협력과 금융장벽 철폐문제를 다룬다. 이 밖에 농업장관, 운송장관 기타 관련 분야의 각료들이 만나 해당 분야의 정책과 입법 문제를 논의한다. 집행위원회의 위원장은 각료회의의 회원이 아니고 투표권도 없지만 이 회의에 옵저버로 참여하거나 다른 집행위원으로 하여금 대신 참여토록 할 수 있다. 비록 각료회의는 장관급 모임으로 이루어지는 것이 통상적이나 필요에 따라서는 그 아래 단계의 실무급에서 회의가 이루어지는 경우도 있다.

2.3.3.2. 각료회의의 의장국

공동체 조약 제203조는 각료회의에서 만장일치로 정하는 순서에 따라 6개월마다 의장국이 바뀌어지도록 정해 놓고 있다. 공식적으로 의장국에 무슨 특별한 권한을 부여하고 있지는 않으나 실제로는 의장이 각료회의에서 다룰 의제를 준비하기 때문에 주재국의 경우 자기에게 중요한 사항들을 중심 의제에 올려 놓을 수 있는 기회를 갖는 셈이다. 올려 놓은 의제가 얼마나 통과되는지는 다른 회원국들이 새로운 의제에 따라 주도록 얼마나 설득해내는지에 달려 있다. 회원국들끼리 의제 선정을 놓고도 경합이 치열하기 때문에 어떤 의장국이 잘했는지 못했는지의 여부는 의사 진행권을 갖고 있던 기간 중에 통과된 법안의 양이 얼마인지 보면 알 수 있다. 회의 무산과 같은 일이 벌어지면 그것이 의장국에게 실질적인 원인이 있는 것이 아니라 하더라도 회의를 주재했던 입장에서 보면 평판에 손상을 입는 것은 자명하다.

각료회의의 소집은 보통 의장국이 하게 되나 경우에 따라서는 집행위원회나 다른 회원국들이 회의 소집을 요구할 수도 있다. 의장국은 각료회의 및 이에 부속된 각종 위원회의 활동에 필요한 제반 준비를 제공할 의무가 있다. 사실 6개월이란 기간은 의제를 준비하고 진행하기에는 충분하지 못한 기간이라 할 수 있다. 그래서 6개월씩 기계적으로 순환하기보다는 실제로 연회기 일수를 계산하여 의장국을 교체하자는 주장도 있다.

2.3.3.3. 기 능

의사결정은 각료회의의 가장 핵심 기능이라 할 수 있다. 의사결정의 방식은 다양한데 그 중에서도 이제 일반화된 것은 가중다수결투표(qualified majority vote: QMV)방식이라고 할 수 있다. 각국이 한 표씩 행사하여 다수결로 정하는 단순다수결(simple majority) 방식은 주로 의사진행절차와 관련된 경우에 이용된다. 정치적으로 민감한 사안, 예컨대 조세정책, 신규회원국의 가입여부 결정 또는 기관간의 권한 조정과 같은 민감한 문제에 대하여는 여전히 만장일치제가 적용된다. 집행위원회가 제출한 안에 대하여 각료회의가 이를 수정하여 별도 안을 만들고자 할 때도 이 만장일치제가 적용된다. 그러나 위와 같은 가중다수결 제도가 도입되어 있기는 하나 실제로 이 방식에 의하여 투표를 통해 의결이 되는 경우는 4건에 1건 정도에 불과하고 대부분은 회원국 전원의 합의에 의하여 결정되고 있다.[16)]

이는 일방적으로 다수 국가들이 투표로 밀어 붙이기만 하는 경우에 생길 회원국들간의 갈등과 분쟁을 고려하면 당연한 일이라 할 수 있다. 어느 안건에 대하여 다수의 국가들이 찬성하게 되면 찬성 국가들은 공식, 비공식적으로 반대하거나 애매한 입장을 취하고 있는 회원국들을 상대로 한 설득 작업에 들어간다. 가장 실무적인 차원의 협상은 상설대표위원회(Coreper)에서 이루어진다.

---

16) Hayes-Renshaw & Wallace. H., *The Council of Ministers*(Basingstoke and New York, Palgrave, 1997), pp.53-54.

《표 1》 각료회의의 가중투표치[17)]

회원국	인구 (단위, 백만)	투표권의 수	1표당 유권자 (백만)
독일	82.2	29	2.83
영국	59.6	29	2.05
프랑스	58.7	29	2.02
이탈리아	57.7	29	1.99
스페인	39.4	27	1.46
네덜란드	15.9	13	1.22
그리스	10.5	12	0.88
벨기에	10.2	12	0.85
포르투갈	10	12	0.83
스웨덴	8.9	10	0.89
오스트리아	8.1	10	0.81
덴마크	5.3	7	0.76
핀란드	5.2	7	0.74
아일랜드	3.8	7	0.54
룩셈부르크	0.4	4	0.1
폴란드	38.7	27	1.43
루마니아	22.5	14	1.6
체코	10.3	12	0.86
헝가리	10	12	0.83
불가리아	8.2	10	0.82
슬로바키아	5.4	7	0.77
리투아니아	3.7	7	0.53
라트비아	2.4	4	0.6
슬로베니아	2	4	0.5
에스토니아	1.4	4	0.35
키프러스	0.8	4	0.2
몰타	0.4	3	0.13
계	481.7	345	

17) Elizabeth Bomberg, Laura Cram, and David Martin, *op.cit.*, p.53; Commission (2001d). 불가리아와 루마니아도 회원국이 될 것을 예상하여

비록 의사결정 과정에서 의회의 권한과 역할이 많이 증대하였지만 그래도 여전히 최종 결정권한은 각료회의에 있다고 할 수 있다. 전통적으로 각료회의 내에서의 토론 내용은 일반에는 공개되지 않고 비밀로 지켜져 왔다. 공동체 조약 제255조가 유럽연합 시민들에게 원칙적으로 각료회의의 모든 서류에 대한 접근권을 부여하고는 있지만 공익 목적을 위하여 제한될 여지는 남겨져 있다. 재판소는 이러한 제한을 엄격하게 해석하는 경향을 보이고 있다.[18]

2.3.3.4. 상설대표위원회(Coreper)

자국의 각료를 돕기 위해 각 회원국들은 유럽연합에 일종의 대사역할을 하는 대표자를 파견하여 두고 있는데 이들 각 나라의 대표자들의 모임을 통틀어 상설대표위원회(Coreper)라고 부른다. 이 위원회의 역할은 각료회의를 준비하거나 여기에서 부여된 임무를 수행하는 것이다. 이들은 각 대표자들 사이의 또는 본국과의 대화 채널을 열어 놓고 있는 중간 역할을 하는 동시에 전문 보조기관들의 업무에 대한 가이드라인 제시와 감독 업무를 수행하는 정치적 통제 역할을 하기 때문에 공동체(EC)의 의사결정에 있어서 아주 중요한 한 축이라 할 수 있다. 상설대표위원회는 제1위원회(Coreper I)와 제2위원회(Coreper II)로 나누어져 있다. 제1위원회가 실무적인 일을 맡는다면, 제2위원회는 보다 정치적이거나 예산과 관련된 문제를 다룬다. 회원국 대사들이나 대사 보좌 또는 대리 공무원들은 각료회의의 준비를 하면서 다양한 실무진들의 조력을 받고 각국의 실무대표자들을 통해 집행위원회에서 제안된 안건을 심의하게 된다. 여기에서 해당 안건이 받아들여질 수 있을 것인지, 그렇지 못한지에 대한 의견들이 오가게 되고 각료회의에 상정될 의제들이 조정된다.

포함시켰음.

18) Case T-105/95, *WWFUK(World Wide Fund for Nature) v. Commission* [1997] ECR-II 313.

각국의 각료들이 실제로 의제를 다루기도 전에 약 70%에 이르는 방대한 양의 결정들이 여기서 이루어진다고 한다.[19] 집행위원장을 지냈던 자끄 들로(Jacues Delors) 같은 사람은 이와 같은 실질적인 정책입안 권한을 행사하는 상설대표위원회를 가리켜 '유럽의 발전소'(powerhouse of Europe)라고 말한 적이 있을 정도이다.[20]

《그림 10》 각료회의(Council of The EU)

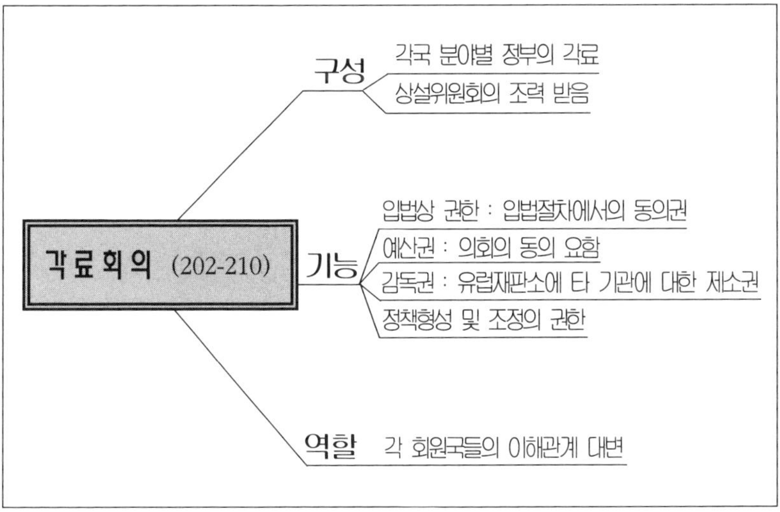

2.3.4. 유럽의회(European Parliament)

유럽의회는 유럽연합 기관들 중에서 유일하게 주민들에 의하여 직접 선출되는 기관이다. 의회에 대하여는 의회야말로 유럽연합의 의사결정과정에서 주민들의 목소리를 대변할 수 있는 기구라고 이를 옹호하는 입장과 반대로 돈만 낭비하는 사랑방좌담이라고 혹평하는 사람들도 있다. 이 양측 입장 모두 의회의 실상을 정확히

19) Hayes-Renshaw & Wallace. H., *op.cit.*, p.15.
20) *Economist*, 8 March 1997.

보여준다고 할 수 있다. 유럽의회는 법안 발의권을 갖지 못하고 예산에 관한 견제권도 한정되어 있는 등 각국의 의회와 비교할 때 그 지위가 약하고 기능이 제한적이다. 의회의 출발은 각국 의회에서 대표로 보낸 사람들로 이루어진 자문기구로부터 시작되었기 때문에 이러한 권한의 제한은 이미 예정되어 있었다고 볼 수 있다.

의회의 정기 회의는 스트라스부르그에서 각 위원회 활동은 브뤼셀에서, 사무국은 룩셈부르크에 있어 의회 입장에서 보면 불편함이 이만저만 아닌데 이런 처지가 의회의 실상을 잘 보여주지 않는가 싶다. 한때 이 곁방살이의 서러움(?)을 견디다 못한 의회가 사무국과 의회를 한 군데로 모으기 위한 결의안을 채택하였다가 사무국 이전으로 중요한 행정기관을 놓칠 위기에 처한 룩셈부르크와 한바탕 법정 분쟁을 일으킨 적도 있다.[21)]

그러나 1980년대 중반의 유럽단일조약(SEA)부터 2001년의 암스테르담조약(ToA)에 이르기까지 조약이 개정될 때마다 의회의 권한과 기능이 강화되었고 지금은 거의 모든 입법과정에서 각료회의와 대등한 정도의 권한을 누리고 있다고 할 수 있다. 여기에는 의회가 주어진 기능에 안주하지 않고 적극적으로 집행위원회나 각료회의에 대하여 권한쟁의를 서슴지 않고 과감하게 목소리를 내었다는 점도 중요한 요소로 작용한다.

유럽의회 사무국 사건[22)]

유럽공동체를 형성하는 3개의 조약들이 만들어졌을 당시 조약에 따라 창설되는 기관들은 스트라스부르그, 룩셈부르크 및 브뤼셀에 두기로 합의가 되었었다. 이에 따라 유럽의회의 본부는 스트라스부르그에 있었으나 사무국은 임시로 룩셈부르크에 두기로 하여 유럽의회가 직선으로 구성될 때까지도 계속하여 룩셈부르크에 있었다. 1978년

21) Case 230/81, *Luxembourg v. European Parliament* [1983] ECR 255.
22) Case 230/81, Luxembourg v. European Parliament, [1983] ECR 255; [1983] 2 CMLR 726.

공동체 주민들에 의하여 직선으로 선출된 의원들로 구성된 유럽의회는 강화된 발언권을 토대로 회원국들에게 본부와 사무국이 떨어져 있음으로 인한 불편과 시간과 경제적 손실을 종식시켜 줄 것을 요구했다. 그러나 회원국 정부들이 이 문제에 대하여 미적거리자 의회는 최종적인 결정이 있을 때까지 잠정적으로 모든 의회의 회기는 본부가 있는 스트라스부르그에서 열고 의회내의 정치적 그룹의 회의는 브뤼셀에서 열기로 하는 결의안(a Resolution)을 채택하였다.

사무국을 두고 있던 룩셈부르크는 이 결의안에 반대하여 공동체 조약 제173조 및 관련조항들을 근거로 이 결정에 대한 사법심사를 구하는 소송을 제기하였다. 특히 룩셈부르크는 의회가 그러한 결의안을 채택한 행위는 권한남용으로서 회원국 정부들의 고유권한을 침해하였다고 주장하였다. 결국 쟁점은 의회의 위와 같은 행위가 회원국들만이 행사할 수 있도록 되어 있는 결의권을 침해했는지 여부에 귀착되었다. 이에 대하여 유럽재판소는 다음과 같이 판결하였다.

재판소는 공동체의 기관들을 어디에 둘 것인가 하는 문제는 회원국들이 결정해야 하는 회원국들의 권리에 속하는 것이기도 하지만 의무라는 것과 아울러 의회는 조약상으로 자신의 내부 조직을 정하고 이러한 권한을 행사하는 데 필요한 적절한 조치를 취할 수 있는 권리를 부여받고 있다고 전제한 뒤, 의회가 공동체의 기능과 관련한 전반적인 문제를 논의할 수 있는 권한을 갖고 있는 상황에서 그 내부 조직의 문제를 다루는 것은 물론 공동체 기관의 소재지와 관련하여 결의안을 채택하는 행위 역시 권한을 남용하여 이루어지는 것이라고는 할 수 없다고 판시함으로써 유럽의회의 손을 들어주었다.

2.3.4.1. 의회의 구성과 활동

732명의 의원(Member of European Parliament: MEP)들로 이루어지는 의회는 매 5년마다 25개 회원국에서 직접 투표에 의하여 선출된다. 의원들은 대부분 정치적 이해관계를 같이하는 그룹을 중심으로 활동한다. 대표적인 그룹들로는 기독민주당(Christian Demo-groups)과 사회당(Socialists)을 들 수 있다. 물론 각국의 정당과는 별개이다. 이런 정당 외에도 수시로 정치적 결사체를 만들기도 하는데 그 주된 이유는 의정자료를 획득하거나 의사진행발언 기회를 얻는 데 더 편리하기 때문이다. 그만큼 정치적 결속력은 떨어진다는 얘기다. 이런 정당이나 모임의 대표자는 의회의 의장이나 부의장들과 더불어 의회의 의제를 상정할 수 있다. 그러나 미국의 의회처럼 의회의 가장 중요하고 구체적인 업무인 교통, 농업, 환경 등의 일은 정치적으로 조직화된 17개의 상설위원회에서 수행된다. 비록 의원들이 자신이 속한 정파의 이해관계를 좇아 투표하기도 하지만 그렇다고 해서 본국의 이익을 도외시하는 것은 아니다. 가장 극단적인 예로는 2001년 독일 정부가 다른 국적기업 간의 합병을 규제하는 내용을 담고 있는 지시문(directive) 입법에 반대할 때 모든 독일 출신 의원들이 소속 정당을 불문하고 독일 정부의 입장을 지지하고 나선 경우를 들 수 있다.[23] 의회의 회기는 정기회의와 임시회의로 나누어진다. 정기회의는 매년 3월 두 번째 화요일에 열리는데 별도의 소집절차를 요하지 않는다. 임시회의는 의원들의 다수결 또는 각료회의나 집행위원회의 요구로 열리게 된다.[24] 조약 등에서 달리 정함이 없는 한 의결 정족수는 과반 다수결 원칙에 따른다.

2.3.4.2. 의회의 입법권

유럽연합은 입법과정에 있어서 의회의 개입 정도에 따라 다양한 절차들을 예정해 두고 있는데 가장 중요한 4가지 유형을 들면 다음과 같다.

---

23) Elizabeth Bomberg, Laura Cram, and David Martin, *op.cit.*, pp.56-57.
24) 위 조약 제196조.

2.3.4.2.1. 협의절차(Consultation)

공동체의 출범초기에는 거의 대부분의 법안이 이 절차에 의하여 이루어졌으나 지금은 망명, 비자, 이민 및 농업정책과 같은 소수 분야에만 적용되고 있다. 이 방식하에서는 집행위원회가 각료회의에 안건을 제출하면 각료회의는 의회의 의견을 구하게 되는데 실제로 각료회의에서 의회의 의견에 귀 기울이는 경우는 드물다고 할 수 있다.[25]

2.3.4.2.2. 공조절차(Cooperation Procedure)

단일유럽법에 의하여 도입된 이 제도로 인해 유럽의회의 권한은 좀더 강화되었다고 할 수 있다. 의회는 각료회의로부터 제출된 안이 만족스럽지 않을 경우 재의를 요구할 수 있고 재의 결과에 여전히 불만이 있을 경우 이의를 제기할 수 있다. 그러나 이의가 있더라도 각료회의가 이것을 무시하고 법안을 통과시키는 것까지는 막을 수 없다. 지금 이 협력형 절차는 경제 및 통화연합과 관련된 분야의 입법에만 적용된다.[26]

2.3.4.2.3. 공동결정절차(Co-decision Procedure)

이 제도는 유럽연합조약에 의하여 만들어졌는데 이 제도하에서 의회는 입법과정에서 각료회의와 거의 대등한 권한을 공유할 수 있게 되었다. 법안을 만들기 위해서 각료회의와 의회는 직접 협상을 벌여야 하고 양측의 의견이 통일되지 않으면 법안은 무산된다. 의회에 주어진 이 비토권이 중요한 이유는 실제로 이것이 행사되는 데 있다기보다는 의사결정주체들이 이제는 의회의 존재를 무시하지 못하고 직접 대화에 나서게 한다는 점에 있다. 즉 법안을 만드는 과정에서 집행위원회, 각료회의 및 기타 관련 실무그룹과 로비스트들이 의회의 의견을 경청하고 의견을 수렴해내도록 하는 역할을 하는 것이다.[27]

---

25) 보다 자세한 내용은 3.3.3.1. 참조.
26) 보다 자세한 내용은 3.3.3.2. 참조.
27) 보다 자세한 내용은 3.3.3.3. 참조.

2.3.4.2.4. 동의형 절차(Assent Procedure)

마지막으로 유럽연합조약(TEU)은 국제조약 체결, 유럽연합 단합기금 조성 및 집행, 회원국 확대 등 중요한 결정을 할 때는 의회의 동의를 얻도록 하였다. 의회 스스로 법안을 만들거나 수정안을 제시할 수는 없다. 대부분의 경우 동의에 필요한 정족수는 절대 다수로 정해 놓고 있다. 의회에서 동의를 얻지 못하면 당해 안건은 무효가 된다.[28)]

2.3.4.3. 의회의 예산에 관한 권한

초기에 유럽의회가 예산 편성과 관련되어 가지고 있던 권한은 입법권에서와 마찬가지로 협의적 기능을 담당하는 데 그쳤었으나 의회의 권한이 증대하면서 예산에 있어서도 의회의 기능이 커지게 되었다. 일반적으로 유럽연합의 예산과 관련하여서는 네 개의 기관들이 중요한 역할을 한다. 우선 집행위원회에서 예산안 초안을 작성하면 각료회의와 의회에서 이를 수정하게 된다. 한편 감사원은 연간 회계보고서를 작성할 의무를 진다. 집행위원회에서 만드는 예산안의 지출 항목은 경직성 지출과 비경직성 지출로 나누어지고 여기에 세입안이 들어간다. 의회가 직접 수정예산안을 만들 수 있는 분야는 비경직성 지출분야에 국한되고 경직성 지출분야에 대하여는 수정권고안을 제출할 수 있을 뿐이다. 비경직성 지출의 최종 수정권한은 각료회의에 있다. 한편 의회는 예산안 전체에 대하여 거부권을 갖고 있는데 실제로 몇 번에 걸쳐 이 권한이 행사된 바 있다. 예산안이 거부되면 새로운 예산안이 확정될 때까지 집행위원회는 전년도 예산에 준하여 지출하게 된다. 이렇게 놓고 보면 예산에 관하여 의회의 권한이 강력하다고 볼 수도 있으나 실제로 지출 예산 중 상당부분이 의회의 권한에 속하지 않은 경직성 지출이고 더구나 세입

---

28) 보다 자세한 내용은 3.3.3.4. 참조.

증가에 관하여 의회의 통제권한이 없기 때문에 실제로 그 기능과 역할은 제한적이라 할 수 있다.[29)]

《그림 11》 유럽연합 예산지출 개요

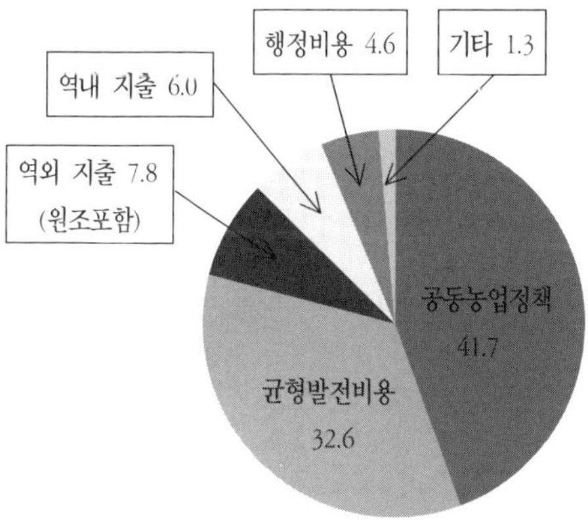

1. 2000년도 EU 지출 기준 (단위%)
2. 수치는 집행위원회의 2002년도 보고서에서 인용

2.3.4.4. 의회의 감독권

현재 공동체조약상으로 의회가 가지고 있는 가장 강력한 행정부 견제 권한은 집행위원회 임명에 대한 동의권 및 불신임 권한이라 할 수 있다. 집행위원장 후보는 각료회의의 추천을 거쳐 의회에 의하여 승인을 받게 된다. 각국 정부에 의하여 추천된 집행 위원들 역시 의회의 청문절차를 거치게 되고 의회는 신임투표로서 새로운 집행위원회의 구성을 승인하게 된다. 아무래도 임명 동의권 보다는 불신임권이 더 막강한 견제력을 갖는다고 할 수 있는데 집행위원회에 대한 불신임안이 상정되면 그 때로부터 최소한 3일이 경과한

29) Karen Davies, *op.cit.*, p.20.

다음 공개투표방식을 통해 불신임여부를 결정할 수 있도록 되어 있다. 상정일로부터 일정한 기간 경과 규정을 둔 이유는 이런 중요한 이슈에 관하여 각 의원들에게 충분한 사전 검토와 의사결정의 시간을 주는 한편 의회, 집행위원회 및 각료회의를 포함한 주요 기관들과 회원국들 사이에 정치적 타협을 모색하기 위한 냉각기를 부여하고 있는 것으로 풀이된다. 불신임안 통과에 필요한 정족수는 재적의원 과반수 출석에 출석의원 2/3 이상의 동의이다. 이 불신임안이 확정되면 집행위원회 전원은 사퇴하여야 한다.[30] 지금까지 의회에서 이 불신임권을 행사한 적은 없지만 1999년 집행위원회가 일괄 사퇴한 것은 사실상 이 불신임권 때문이었다고 할 수 있다. 당시 집행위원회의 업무와 관련된 일련의 잡음을 조사하였던 위원회로부터 부정적인 내용의 보고서가 제출되자 집행위원회는 의회의 공식적인 불신임안 상정을 피하기 위해 사퇴라는 방법을 택하였던 것이다. 불신임안은 의회가 갖고 있는 견제 무기 중에서 가장 강력한 무기인 셈이다. 그러나 이 불신임권에도 약점은 있는데 그것은 집행위원회 전체에 대한 불신임만 가능하고 집행위원 개인에 대하여는 이를 할 수 없도록 되어 있다는 사실이다.[31]

유럽연합 업무 집행의 잘못에 대한 진정과 불만을 수리하여 처리하는 옴부즈만을 임명하고 매년 보고를 받는 것도 의회가 갖고 있는 중요한 행정권력 견제 수단의 하나라 할 수 있다.[32] 때로는 의회가 재적의원 1/4 이상의 동의로 직접 임시위원회를 구성하여 집행 과정의 잘못이나 위반 사항을 조사할 수 있다. 그러나 사안이 다른 기관들의 전권에 속하거나 법원에 계류 중일 때에는 조사 대상에서 제외된다. 이 위원회의 임무는 사실관계를 조사하여 보고서를 제출하는 것으로 한정되고 그 이상 특정한 이행조치를 강제할 수는 없다.[33]

30) 위 조약 제201조.

31) Elizabeth Bomberg, Laura Cram, and David Martin, *op.cit.*, p.58.

32) 위 조약 제195조.

의회의 타 기관에 대한 견제권한은 현실적으로 점차 강력해지고 있다 할 수 있다. 1994년에 새로 선출된 의회는 첫 회기에 1998년까지 통신시장을 자유화하는 내용을 담고 있는 각료회의의 법안을 무산시켰다. 이는 법안 제정 과정에서의 공동권한행사규정을 담고 있는 유럽연합조약에 따른 첫 번째 의회의 거부권행사였다. 또 1993년에 임기를 마치는 자끄 들로 집행위원장의 후임자로 지명된 자끄 산떼르에 대한 임명동의안 표결에서는 찬성 260표, 반대 238표, 기권 23표라는 아슬아슬한 차이로 통과시켜 주었다.[34] 이런 현상은 의회 내의 다양한 역학구도의 변화와 후보자 지명에 이르는 과정에서의 회원국들간의 이해관계의 대립이 주된 원인이라고 할 수 있으나 어쨌든 결과론적으로 보면 의회가 더 이상 유럽 연합의 주변 기관으로 머물고 있는 것이 아니라는 점을 분명하게 보여주는 일례라고 할 수 있다.

《그림 12》 유럽의회(European Parliament)

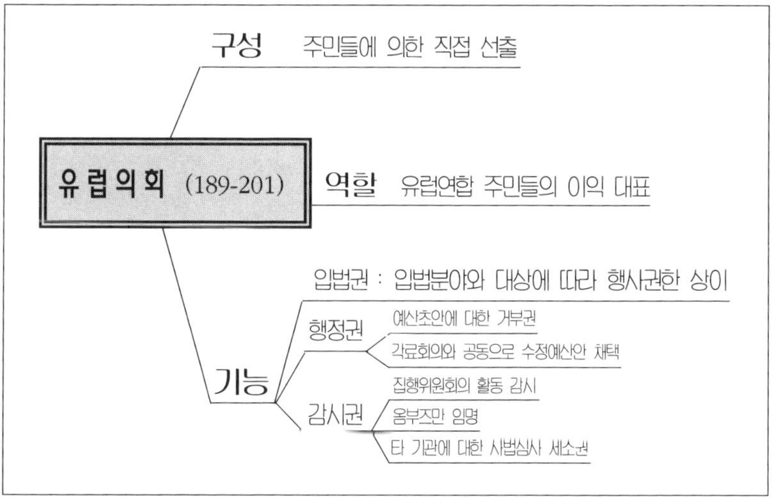

33) 위 조약 제193조.

34) Dusan Sidjanski, *The Federal Future of Europe: From The European Community to The European Union* (Michigan, University of Michigan Press, 2000) pp.320-321.

2.3.5. 유럽재판소(European Court of Justice)

룩셈부르크의 눈에 잘 띄지 않는 한 건물에 자리를 차지하고 있는 유럽재판소(European Court of Justice)는 언론의 큰 관심을 받지도 않는 편이고 언뜻 생각하기에 유럽 통합과정에 있어 그리 큰 역할을 하는 것으로 생각되지 않을 수도 있다. 그러나 유럽재판소야말로 1960년대와 1970년대 공동체 회원국들이 만성적인 스태그플레이션을 겪으면서 통합을 위한 각국의 정치적 열기가 시들해지고 있을 때 중요한 판결들을 통하여 공동체 자체의 법률체제를 만들어내면서 실질적인 유럽의 통합과정을 촉진시킨 결정적인 역할을 해 왔다.[35)]

유럽재판소의 기능은 조약의 해석과 적용에 관한 최종적인 판단을 통해 조약과 공동체 회원국들의 국내법을 통일적으로 조화시키고 조약 및 공동체 차원의 제2차적인 법률들, 즉 각종 규정이나 지시문이 제대로 준수되도록 하는 데 있다. 또 재판소는 유럽연합 기관 간, 기관들과 회원국들 간 분쟁의 최종 심판자의 역할을 한다. 마스트리히트 조약이 발효된 이후부터는 공동체 법률을 위반한 회원국들이나 관련 기업들에게 벌금형을 부과할 수 있는 권한도 갖고 있다. 1989년에는 재판소의 가중된 업무를 경감하기 위해 제1심 법원(Court of First Instance: CFI)이 도입되었다. 1심 법원의 관할은 당사자 소송 및 특정 분야의 전심절차에 국한되는데 1심 법원의 판결에 대하여는 유럽재판소(Court of Justice)에 상고할 수 있다.

2.3.5.1. 재판소의 구성과 심리절차

유럽재판소(European Court of Justice: ECJ)는 Court of Justice와 프랑스의 행정법원의 성격을 갖는 Court of First Instance (CFI) 로 구성된다. 후자의 경우 출발은 공동체 내의 인사관련 소송을 전담하

---

35) Elizabeth Bomberg, Laura Cram, and David Martin, *op.cit.*, p.62.

는 것으로 시작하였지만 지금은 재판관할을 넓혀 사실상 제1심 법원으로서의 역할을 하고 있다. 특히 공정거래와 기업인수합병 등에 관한 분쟁은 제1심 법원이 전담하고 있다. 기존의 유럽재판소(ECJ) 속에 제1심 법원(CFI)이 들어오면서 유럽재판소, 즉 ECJ의 개념에 관하여 혼동이 불가피하게 되었다. 우선은 제1심 법원을 포함하여 유럽공동체의 사법기관이라는 의미에서의 ECJ를 생각할 수 있고, 다음은 재판관할과 관련하여 제1심 법원의 상급심이자 최종심으로서의 ECJ를 생각하지 않을 수 없다. 사람에 따라서는 ECJ는 공동체의 사법기관을 뜻하는 것으로, 그리고 상급심은 CoJ(Court of Justice)라고 표현하기도 한다. 이 책에서 판결을 인용함에 있어서 사용하는 유럽재판소(ECJ)는 최종심의 의미도 갖고 있다. 물론 제1심 법원이 생기기 전에는 상급심이나 최종심의 의미는 불필요한 개념이었다는 사실을 잊지 말아야 한다.

실무에서는 1심 법원에 대응하는 상급심을 일컬어 '유럽재판소'(ECJ)로 쓰는 경향도 상당하다. 따라서 보통 판결을 인용하면서 유럽재판소(ECJ)라고 할 경우엔 상급심 내지 최종심을 가리킨다고 보면 될 것이다.

유럽재판소는 각 회원국이 한 명씩의 재판관을 지명할 수 있도록 한 공동체 조약 제221조에 따라 각 법원마다 25명의 판사를 두고 있다. 재판관의 임기는 6년이고 연임이 가능하다. 재판관들은 업무 공백을 막기 위해 3년마다 부분적으로 교체하고 있다.

재판관들의 경력을 보면 대부분 임명 전에 자국에서 법률 실무에 종사하였거나 학계에 있던 사람들이다. 재판관 임명은 회원국 정부간의 동의로 비공개로 이루어지는데 실제로 유럽재판소가 유럽의 통합을 주도해 나가는 그 성격과 역할에 비추어 보면 언론의 관심이 적은 편이다. 여성 재판관은 1999년 아일랜드 정부에 의하여 처음으로 지명되었다. 각 법원에는 8명의 주심법관(Advocate General: AG)이 있는데 이들은 5개 주요 회원국에서 1명씩 지명되고 나머지

3명은 순환 방식에 의하여 구성된다.[36] 일단 사건이 배당되면 각 사건마다 주심법관이 지정된다. 이들의 지위와 사무실은 여타 법관과 동등하다. 공동체 조약 제222조는 주심법관 제도를 둔 이유를 "불편부당하고 독립적으로 사건을 처리하는 한편 재판부에 의견을 제출하여 심리의 효율성을 꾀하는 데 있다"고 한다. 학자들은 주심법관 제도가 상고심이 없는 유럽재판소의 입장에서 사실상 제1심의 역할을 하면서 이중적 사법통제의 기능(double judicial control)을 한다고 보기도 한다. 그러나 주심법관은 최종 판결에는 관여하지 않고, 그 의견서는 해당 재판부에 대한 구속력도 없다. 실제로 주심법관의 의견서와 상반되는 판결이 내려진 경우도 종종 있었는데 최근에 와서는 그 의견에 따르는 경향이 커다란 흐름처럼 보인다. 주심법관의 의견서라고 해서 대강 요약된 판결문 정도로 보면 안 된다. 각 의견서는 그 자체가 하나의 완벽한 판결문이라고 볼 수 있을 정도로 정치하게 이루어져 있다. 공동체의 판결 공보에는 판결문뿐만 아니라 주심법관의 의견서 전문도 아울러 게재토록 하고 있어 의견서와 판결문이 어떻게 달라졌는지 알 수 있도록 하고 있다. 실제로 주요한 사건의 경우 판결문뿐만 아니라 의견서의 내용도 관련 전문가들의 논문에 많이 인용되고 있다.

재판소의 법관들에게는 보통 이들을 보조하기 위한 서기(Referendaire)들이 3명 정도 배정되고, 이들을 총괄하는 부서인 서기국(Office of Referendaire)이 따로 있다.

공동체 조약 제221조에 의하면 재판부는 보통 3-5명으로 구성

36) 'Advocates General'은 유럽재판소에서 독특한 지위와 역할을 수행한다. 이들 역시 유럽재판소의 완전한 구성원이기는 하지만 각 국에서 한 명씩 임명되는 판사가 아니고 판결을 내리는 지위에 있지 않다는 점에서 '주심법관'이라는 번역은 사실상 정확하지 못하다고 할 수 있으나 독자적인 지위에서 각 사건의 쟁점을 정리하고 의견을 전달하는 주도적인 역할을 한다는 점에서 '판사 보좌관' 내지 '사건담당관' 정도의 용어로는 부족하다고 생각되어 부득이 '주심법관'으로 부르기로 한다. 주심법관 8명 중의 5명은 독일, 프랑스, 영국, 이태리 및 스페인 출신으로 채워지고, 3명은 나머지 20개 회원국들이 알파벳 순서로 파견하고 있다.

되고 만일 회원국이나 공동체 기관의 요청이 있을 경우에는 11명으로 이루어진 대재판부(Grand Chamber)를 구성해야 한다. 대재판부는 법원장(President of The Court), 5개의 재판부의 주심(The President of The Chambers)과 기타 법관으로 이루어진다. 중대 사안의 경우 전원합의체가 구성되어 심리하는데 15명의 법관 중 최소한 9명이 심리에 관여하여야 한다.

제1심 법원(CFI)의 경우에도 보통 3-5명으로 재판부가 구성되나 업무 부담을 줄이기 위해 특정한 사건에서는 단독 재판부도 허용된다.

심리절차는 공동체 조약에 부속된 「법원에 관한 법률」(Statutes of The Court)에 따라 이루어지는데 이를 토대로 한 심리규칙(The Court's Rules of Procedure)이 제정되어 이용되고 있다. 이 심리규칙은 유럽재판소 안을 만들어 각료회의의 승인을 받은 것이다. 심리는 주로 서류 중심으로 이루어지고 구술심리는 매우 드물다. 매 사건 마다 보고자가 지정되어 심리 전에 보고서를 작성한다. 심리는 신청인의 언어로 진행되는데 재판소의 법정에는 법관보다 통역이 많다는 이야기가 있다.

그로 그럴 수밖에 없는 것이 여기에서 공식적으로 채택되고 있는 언어만 열한 가지이기 때문이다. 다양한 언어로 인해 법률 해석을 둘러싼 분쟁도 심심찮게 눈에 띈다.

일단 주심법관 (AG)으로부터 의견서가 나오면 보고자는 판결문 초안을 만들어 재판부에 제출한다. 재판부는 통역을 배석시키지 않은 채 비공개 평결 과정을 거쳐 다수결로 판결을 내리게 된다. 소수 의견은 별도로 허용되지 않는다.

모국어가 각각 다른 법관들이 통역 없이 어떻게 평결할까. 이들은 프랑스어를 사용한다. 판결문 역시 프랑스어로 초안 되고 후에 각 회원국 언어로 번역된다. 제1심 법원(CFI)에서 내려진 판결에 대해 법률적용 잘못을 이유로 항소하는 경우를 제외하고는 상소는 허용되지 않는다. 물론 재판소(ECJ)의 판결은 그 자체로 최종심으로 확정된다.

《그림 13》 유럽재판소

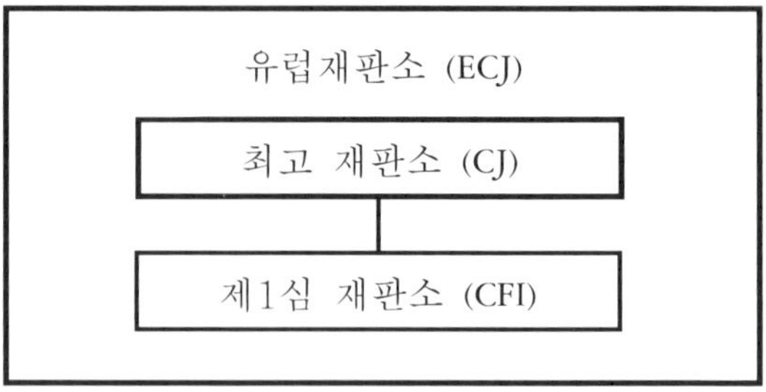

2.3.5.2. 재판소의 기능과 사법적극주의

유럽재판소에서 다루는 분쟁의 유형에는 두 가지가 있다. 하나는 당사자들이 직접 권리·의무관계를 다투기 위하여 제소하는 사건(direct actions)이고, 다른 하나는 전심절차와 관련된 결정(preliminary rulings)이다. 전자의 경우엔 집행위원회가 조약상의 의무를 위반하였거나 이행하지 않은 회원국들을 상대로 하거나 유럽연합 기관들이나 개인들이 조약 또는 공동체 법규의 효력을 다투기 위해 제기하는 소송들이 포함된다. 전심절차란 각 회원국의 국내 법원들이 계쟁사건과 관련하여 공동체 법률의 해석이나 효력을 둘러싸고 유럽재판소의 판단을 구하는 것을 말한다. 이 과정을 통하여 공동체 차원의 법률이 다양한 법적 전통과 배경을 갖고 있는 회원국들 사이에 통일적으로 해석, 적용될 수 있게 된다. 공동체 조약 및 제2차적 법률의 해석과 적용에 관한 최종 권한을 가진 유럽재판소의 역할과 관련하여서는 조약으로 법원에 인정된 기능과 권한을 벗어나 공동체의 입법자들이나 정치가들이 할 역할을 법원이 하는 것이 아니냐는 비판이 제기되어왔다. 이는 재판소가 조약이나 법률의 해석을 단지 문리적인 자구에 치우치지 않고 조약이 추구하는 목적을 기준으로, 다시 말해 합목적적으로 해석해 왔기 때문이다.

대표적인 판결들로는 1963년의 반 겐드(Van Gend en Loos) 사건과 1964년의 코스타(Costa v. ENEL) 사건을 들 수 있다.[37] 반 겐드 사건을 통해 유럽재판소는 회원국 국내 입법의 절차가 없더라도 개인은 직접 자국 법원에 조약상에서 인정되는 권리를 근거로 소송을 제기할 수 있다고 하여 공동체 조약이 여타 국제조약과 같이 선언적, 간접적 의미가 있는 것이 아니라 직접적 효력을 갖고 있음을 명백히 하였다. 또 코스타 사건을 통해서는 공동체는 회원국의 법률보다 우위에 있는 독자적인 법률체제를 갖고 있다고 판시하여 공동체 법률의 상위 규범으로서의 성격을 확립하였다. 나아가 1979년에는 카시스 드 종(Cassis de Dijon) 사건의 판결을 통해 "특정 상품이나 서비스가 어느 회원국 내에서 적법하게 생산, 유통되고 있다면 다른 회원국들은 다른 이유, 예컨대, 소비자 보호나 제품 규격 및 기준 위반을 들어 이 상품이나 서비스가 자국 내에 반입, 유통되는 것을 막을 수 없다"고 판시하였는데,[38] 이는 그 실효성 여부를 떠나 일단 법적인 차원에서는 재화와 서비스의 자유이동을 막고 있는 회원국들의 다양한 국내법들을 무력화하고 일거에 공동체의 독자적인 원리로 대치하는 혁명적인 판결이라고 할 수 있다. 이러한 법원의 판결이 조약의 추상적 성격과 현실과의 괴리를 좁히고 단일 시장의 형성을 촉진하기도 하였지만 뜻하지 않게 자국의 법률체계와 입법권에 손상을 입었다고 느끼는 사람들이 주권 상실의 악몽을 떠올렸던 것도 무리는 아니었을 것이다. 한 때 유럽통합을 주도했던 정치가들이 자국 정서와 정치적 입지를 고려하여 주춤거리며 물러나던 때에 법률가들이 나서서 통합을 가속화시켰다는 사실은 꽤나 흥미롭다. 현재 작성되어 있는 유럽 헌법안은 제1심 법원을 보통법원(General Court)으로 하고, 특별법원의 노입도 예정하고 있으면서 EU 주민들의 소송제기의 요건을 보다 용이하게 하고 있다.

---

37) Case 26/62, *Van Gend & Loos v. Netherlands* [1963] ECR English special edition 1 ; Case 6/64, *Flaminio Costa v. ENEL* [1964] ECR 1141.

38) Case 120/78, *Rewe-Zentral AG v. Bundesmonopolverwaltung für Branntwein* [1979] ECR 649.

《그림 14》 **유럽재판소**(European Court of Justice : ECJ)

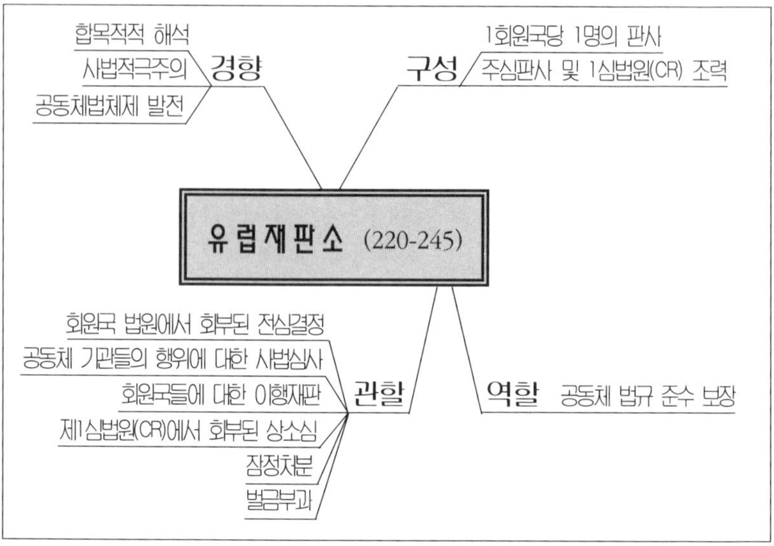

2.4. EU와 인권

유럽인권협약이나 유럽인권재판소는 유럽연합(EU)과는 공식적으로는 아무런 직접 관련성이 없지만 유럽연합의 기본적 법률이념이나 대외정책의 근간 중 상당부분에 영향을 주고 있기 때문에 국외자의 입장에서 유럽연합의 정체성을 보다 잘 이해하기 위해서는 유럽연합과 인권과의 관계를 살펴볼 필요가 있다.

2.4.1. 유럽인권협약 탄생의 배경

유럽인권협약은 유럽통합을 위한 큰 정치적 움직임 중의 하나라거나 또는 '정치적 통합으로 가는 첫 걸음'이라는 말이 상징하듯 유럽의 통합과 유럽인권협약은 뗄 수 없는 밀접한 관계에 있다.

이것은 유럽인권협약이 태동하게 된 역사적 배경을 보면 쉽게 알 수 있다. 2차 대전 이후에 유럽의 통합을 목적으로 한 많은 단체들이 생겨났는데 대표적인 단체들로는 처칠이 의장으로 있던 영국 내의 유럽연방운동(United Europe Movement), 서유럽내의 저명한 경제학자, 산업가 및 노동조합의 지도자들을 한데 묶은 반 질란트(van Zeeland) 의장이 중심이 된 유럽결속을 위한 경제동맹(Economic League for European Cooperation), 단일유럽을 위한 프랑스 회의, 연방주의자들의 유럽연합, 유럽연방을 위한 사회주의운동 등을 들 수 있다. 이들은 1948년 유럽통합추진국제위원회(International Committee of The Movements for European Unity)를 만들고 713명의 대표들이 그 해 5월 헤이그에서 국제위원회 회의를 열었다.

여기에서 채택된 「유럽인들에게 보내는 메시지」(Message to Europeans) 결의안이 담고 있는 내용은 크게 '민주주의'와 '인권'이었다. 그리고 일년 뒤인 1949년 5월 5일에는 서유럽의 10개국이 런던에서 「유럽회의에 관한 규약」(Statute of The Council of Europe)을 만들고 이어 1950년 11월 4일 「인권과 기본적 자유 보호에 관한 유럽협약」(The European Convention for The Protection of Human Rights and Fundamental Freedoms)이라는 긴 이름의 국제협정을 체결하게 되었다. 위와 같은 명칭을 줄여서 통상적으로 유럽인권협약(European Convention on Human Rights: ECHR)이라고 한다.

그러나 위 협약이 실제로 발효되는 데는 상당한 시간이 필요했다. 위 협약의 발효를 위해서는 10개국 이상이 국내 비준을 해야 했는데 열 번째로 룩셈부르크가 위 협약을 비준한 것은 1953년 9월이었다. 영국의 경우 위 협약을 제일 먼저 비준하기는 하였지만 유럽인권재판소의 강제관할권에 대하여는 이를 유보해 놓았다가 1966년에 가서야 위 재판소의 관할권을 인정하였다. 지금은 26개국이 이 협약에 가입하여 있다.

2.4.2. 인권위원회 및 인권재판소

이 협약의 실효성을 이끌어 가는 법적인 기구는 유럽인권재판소(European Court of Human Rights: ECHR)[39]와 유럽인권위원회(European Commission of Human Rights)이다.

위 협약 제3장은 유럽인권위원회의 구성과 절차에 대하여 규정하고 있다. 위원회는 완전체약국가(High Contracting Parties)들의 숫자와 동수의 위원들로 구성되도록 되어 있다. 이는 유럽회의(Council of Europe)의 회원국들이면 협약에 서명하였는지 또는 비준까지 하였는지 묻지 않고 누구나 인권재판소의 판사 한 명을 지명할 수 있는 것과는 다르다. 인권재판소의 강제관할권을 인정하지 않는 회원국이라 하더라도 판사를 지명할 권리는 잃지 않는다. 이는 인권재판소는 유럽 전체의 공적 의견과 양심을 대변하는 기능을 수행할 수 있어야 한다는 배려에서이다. 지금 현재는 26명의 인권 위원들과 같은 숫자의 판사들이 있다.

인권 위원은 한 국가에서 한 명만이 나와야 된다. 각 회원국마다 3명의 후보를 선정해서 제출하면 외무각료위원회에서 다수결로 이들 중에서 한 명을 선출하게 된다. 이들의 임기는 6년이고 연임할 수 있다. 이들은 인권재판소의 판사들과는 달리 상근직이 아니기 때문에 대부분의 위원들은 자기 나라에서 대학교수나 변호사, 판사

39) 주의할 것은 유럽재판소(ECJ)와 유럽인권재판소(European Court of Human Rights: ECHR)는 전혀 다른 별개의 법원이라는 사실이다. 전자는 유럽공동체조약(TEC)에 근거하여 만들어진 것이고, 후자는 유럽인권협약(European Convention on Human Rights: ECHR)에 따라 세워진 것이다. 소재지도 달라서 유럽재판소(ECJ)는 룩셈부르크에, 유럽인권재판소(ECHR)는 스트라스부르그에 있다. 유럽연합의 회원국 대부분이 유럽인권협약에 개별적으로 가입한 국가이기는 하나 유럽연합 차원에서는 위 협약에 가입되어 있지 않다는 점도 새겨둘 만하다. 그러나 사실상 유럽재판소(ECJ)가 유럽인권협약상에 규정된 기본권을 주요 판결 원리로 삼고, 공동체(EC) 조약 등에도 인권협약을 존중하는 취지가 있어 양자는 별개의 존재이기는 하나 유럽의 법률정신을 이루는 근간이 되고 있다고 해도 과언이 아니다.

의 업무를 하고 있다. 이들에게는 교통비와 같은 실비가 지급되나 그 밖의 금전적 혜택은 없다. 반면 판사들의 경우엔 근무 일수에 따른 급여가 지급된다.

2.4.3. 유럽인권협약상의 제소권

협약 제24조는 가입국이 다른 가입국의 협약위반 사실에 대하여 유럽회의(Council of Europe) 사무국을 통하여 유럽인권위원회에 제소할 수 있는 권한을 부여하고 있다. 위반 대상은 협약상의 어떤 조항이건 상관없으며 굳이 중대한 위반에 국한될 필요는 없다. 더욱 중요한 점은 제소 국가는 협약 위반이라는 점만 분명하면 상대방 국가의 입법, 행정, 사법 어느 분야건 막론하고 진정할 수 있다는 사실이다. 제소를 위해서는 단지 제소국가와 피소국가가 모두 협약의 당사국이라는 사실 외에 달리 침해 국가의 특정 행위로 인해 누군가 구체적으로 피해를 입었다거나 제소국가와 피소국가 사이에 그 행위로 인한 어떤 견련성이 있다는 점에 관하여 소명할 필요는 없다.

유럽인권협약 발효 초기의 대표적인 국가간 제소 사례를 보면 다음과 같다.

1956년과 1957년에 그리스가 키프러스에 있는 죄수들에 대한 가혹행위를 이유로 영국을 협정위반으로 제소한 것이 최초의 국가간 제소사례로 기록되어 있다. 위 협약을 최초로 비준한 영국이 최초로 피소되었다는 사실이 아이러니컬하다. 그러나 이 사건은 양국 정부가 정치적 타결을 보고 그리스가 소를 취하하는 것으로 매듭되었다. 그 후 1971년과 1972년에 걸쳐 아일랜드는 북 아일랜드에서의 영국 당국의 가혹 행위에 대하여 제소하여 비인도적 행위를 하였다고 하여 협정 제3조 위반 판결을 얻어냈다. 키프러스는 독립 후에 1974년과 1979년 사이에 터키를 상대로 세 건을 제소하였고

1967년과 1970년 사이에 덴마크, 노르웨이, 스웨덴 및 네덜란드는 그리스를 상대로 협정 제3조 및 제7조 위반으로 제소하였는데 그리스 정부는 이에 반발하여 협정에서 탈퇴하였다가 1974년에 다시 복귀하였다. 1982년에는 프랑스, 노르웨이, 스웨덴, 덴마크 및 네덜란드가 터키를 상대로 제소하였다가 터키 정부의 정치적 양보를 얻어내고 타협을 보았다.

2.4.4. 유럽인권협약의 영향 및 정치적 의미

유럽인권협약은 유럽재판소(ECJ)와 각국의 법원의 판결뿐 아니라 입법에도 상당한 영향을 준다. 일례로 영국은 Golder 사건을 통해 재소자들의 변호인 접견을 보다 쉽게 하도록 행형 규정을 바꾸었을 뿐 아니라 Malone 사건을 겪고서는 1985년의 「통신감청에 관한 법률」(Interception of Communications Act)을 제정하기도 하였다.

유럽경제공동체(EC)가 경제공동체로서의 기능을 수행한다면 유럽인권협약은 실질적인 정치적 통합의 유럽 기준을 만들어내는 것이라고도 볼 수 있다. 1990년대 중부 유럽의 헝가리, 체코, 폴란드, 불가리아가 가입한 것은 민주주의 회복을 보여 줄 뿐 아니라 소위 유럽적 가치가 점점 폭넓게 공유된다는 점을 시사해 주고 있다.

공동체 집행위원회는 1979년 및 1990년 두 번에 걸쳐 유럽공동체 차원에서의 유럽인권협약에 가입할 것을 권고하였으나 유럽연합 차원의 가입은 이루어지지 않았다. 유럽연합 회원국들의 반대를 비롯한 여러 가지 이유가 있지만 유럽인권협약의 회원자격은 국가에만 부여되기 때문에 과연 유럽공동체나 유럽연합에 가입자격이 있는가 하는 점과 한 국가에서 한 명의 재판관이 나와야 한다는 법률적, 기술적 문제도 고려되어 결국 공동체나 연합차원의 가입은 이루어지지 않았다. 그러나 유럽재판소는 위 협약의 기본적 인권을 중요한 판결원리로 채택하고 있어 실질적인 차이는 없다고 할 수 있다.

제3장

유럽연합의 법원(法源)

유럽연합 법률의 근간 중에서 제일 중요한 것은 물론 조약이다. 그 중에서도 공동체를 포함한 각 기관의 설립 조약들이 가장 우선적인 법원이라고 할 수 있다. 그 다음이 보충 조약이며 조약에서 위임하는 바에 따라 제정된 법률, 그리고 유럽연합 기관들의 각종 결정 및 의견과 유럽재판소에서 인정하고 있는 법의 일반원칙들이 유럽연합의 법원(法源)이다.

《그림 15》 EU의 법원(法源)

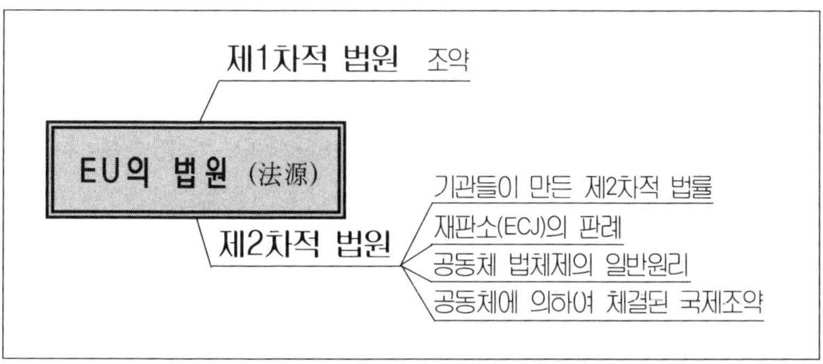

3.1. 제1차적 법원

유럽공동체의 가장 최고의 법원은 공동체를 형성한 조약들인바, 이들을 다시 한번 보면 다음과 같다.

① 1951 유럽석탄철강공동체조약(The Treaty establishing The European Coal and Steel Community): 파리조약으로 불리우기도 한다.

② 1957 유럽원자력에너지공동체조약(The Treaty establishing The European Atomic Energy Community): 제1로마조약(The First Treaty of Rome)이라고 부르기도 한다.

③ 1957 유럽경제공동체조약(The Treaty establishing The European Economic Community): 로마조약이라 불리기도 하며 나중에 공동체조약(EC Treaty)의 모체가 된다.

유럽 공동체 형성이라는 측면에서는 유럽경제공동체조약이 가장 중요한데, 이 조약을 개정, 보완하는 많은 후속 조약들 역시 공동체의 가장 중요한 1차적 법원을 이루고 있다.

이러한 조약들로는 1) 1965 합병조약(The Merger Treaty), 2) 1970 및 1975 예산조약(The Budgetary Treaties), 3) 1986 단일유럽조약(The Single European Act: SEA), 4) 1992 유럽연합조약(The Treaty on European Union: TEU),[1] 5) 1997 암스테르담조약(The Treaty of Amsterdam: ToA), 6) 2000 니스조약(The Treaty of Nice: ToN)을 들 수 있다.

이러한 제1차적 법원, 즉 조약들은 회원국들 정부 수반 내지 국가원수들의 모임인 유럽정상회의(European Council)에서 정부간 회담을 거쳐 의제에 대한 합의를 통해 제정 내지 개정되고, 각 회원국들의 국내 헌법질서에 따른 비준에 따라 효력을 갖게 된다. 이런

1) 마스트리히트 조약으로 불리기도 한다.

조약들은 비록 명문의 규정은 없으나 다른 보충 조약이나 제2차적 법원(法源)에서 정하는 권리의무와 상충될 경우 우선적인 효력을 갖는다. 보충 조약이란 EC 또는 EU가 설립 조약들에 따라 조약체결의 권한을 위임받아 다른 국가나 국제기구와 체결한 조약, 예컨대 관세와 무역에 관한 일반협정(General Agreement on Tariffs and Trade 1947: GATT)을 들 수 있다.

3.2. 제2차적 법원의 유형

공동체 조약 제249조는 "유럽의회와 각료회의의 협조 아래, 각료회의와 집행위원회는 규정을 제정하고 지시문을 발령하며 결정을 내리고 권고안을 채택하고 의견을 전달할 수 있다"고 규정하고 있다. 위 내용을 통해 공동체의 제2차적 법원을 만들어냄에 있어서는 공동체의 세 개의 기관들이 관여하고 이러한 기관들에 의한 입법형태는 다섯 가지의 유형이 있음을 알 수 있다. 다섯 가지의 유형 중에서 어떤 방식의 입법을 할 것인가에 관하여는 조약에서 따로 정하지 않는 한 공동체의 입법자들, 그 중에서도 주로 집행위원회의 재량에 달려 있다고 할 수 있다. 각각의 제2차적 법원의 유형에 관하여 살펴보기로 하자.

3.2.1. 규　　정(Regulations)

조약 제249조는 "규정은 보편적 적용성을 갖는다. 이것은 모든 회원국들에 대하여 완전한 기속력을 갖고 직접 적용된다"고 하고 있다.[2] 이 중에서도 '직접 적용'(direct applicability)의 정확한 의미에 관하여는 다소간의 논쟁이 있었으나 지금 규정은 모든 회원국들에 대하여 완전하고도 직접적인 구속력을 가지므로 각 회원국들이 별도로 국내 입법절차를 거치지 않더라도 규정 그 자체로서 효력을 발생한다는 데 학자들의 의견이 일치한다. 유럽재판소는 이에서 한 발 더 나아가 회원국들은 공동체의 규정을 국내의 법률절차로 편입시키는 일련의 조치들을 해서는 안 된다고 하고 있는바,[3] 이는 규정들을 자국 내 법률로 편입하는 입법을 통해 회원국의 자의적 해석이 담기게 되는 결과가 초래될 것을 우려하기 때문이다. 따라서 공동체의 시민들은 규정 자체에 터잡아 직접 이에 의하여 인정되는 권리를 자국 법원에 주장할 수 있다. 규정은 제정되면 공보에 실려 일반에 공표되어야 하는데 발효일이 특별히 예정되어 있으면 그에 따르고, 따로 이에 관하여 정해진 바 없으면 공보에 실린 날부터 21일째 되는 날부터 효력을 발생한다.

3.2.2. 지시문(Directives)

조약 제249조에 따르면 지시문(Directives)[4]은 여기에서 언급된 회원국들에 대하여만 기속력을 가진다. 지시문에서 다루고 있는 내용을 어떻게 자국법체계로 편입시켜 적용할 것인가의 형식과 방법은 당해 회원국의 재량에 맡겨진다. 지시문은 규정과는 여러 가지로 다른 특징을 갖고 있다. 우선 지시문은 보편적 적용의 성격을 갖지

2) A regulation shall have general application. It shall be binding in its entirety and directly applicable in all Member States.

3) Case 34/73, *Fratelli Variola v. Italy* [1973] ECR 981.

4) directives를 '지침'으로 번역하는 경우도 있으나 집행위원회와 같은 공동체의 기관에서 발령하는 'guideline'과 구별할 필요가 있다는 점을 감안하면 이 용어는 바람직하다고 할 수 없다. '통첩'이라는 용어도 'notice'라는 통고적 행정기능이 따로 있으므로 적합하다고 볼 수 없다.

않으므로 자동적으로 모든 회원국들을 상대로 적용되는 것이 아니다. 직접 적용력을 갖는 것도 아니므로 통상적으로 지시문상의 권리와 의무는 각 회원국의 적정한 국내 입법 등의 절차를 거쳐야만 비로소 그 효력을 갖게 된다. 그러나 지시문은 관련 회원국에 대하여는 특정한 시기까지 지시문에서 언급된 목적이 이루어지도록 실효성을 보장해야 할 의무를 부과하는데, 다만 그 구체적인 이행의 방식은 회원국의 재량에 맡겨진다. 이것은 당해 회원국들로 하여금 각각 자국의 처지와 법률체계에 가장 알맞은 수단을 도입할 수 있는 기회를 부여함으로써 유연성을 높여주는 데 그 의의가 있다.

3.2.3. 결　정(Decisions)

결정(Decisions)은 개별적인 사안에 대하여 각료회의나 집행위원회가 내리는 것으로 관련된 개인, 기관 및 국가에 대하여 그 사안에 관하여 법적인 구속력을 가진다. 결정은 그 자체로서 법률적 효력이 생기고 따로 실효성을 확보하기 위한 보완조치가 필요한 것은 아니다. 직접 적용성을 갖고 효력을 발생하기 위해 회원국들의 별도의 입법조치가 필요하지 않다는 점에서 규정과 비슷하다고 할 수 있다. 모든 결정들은 공보를 통해 공표되고 결정을 통해 특정된 날짜 또는 공표된 다음날로부터 20일째에 발효된다. 결정은 당사자들, 즉 구체적 사건의 개별 회원국들 및 개인이나 법인들에 대하여만 기속력을 가질 뿐이다.

결정과 관련하여서는 주의할 점이 있다. 여기에서 말하는 결정이 입법 내지 행정적 결정이라고 한다면 유럽재판소에서 내리는 결정은 조금 다른 의미를 갖는다. 판결의 성격을 갖는 재판소의 결정은 물론이고 법원에서 선언되는 일반적인 법률 원칙과 의견도 구속력을 지닌다. 이는 조약이 유럽재판소에 공동체 법률 제도의 확립과

발전이라는 독특한 권한을 주고 있기 때문이다

3.2.4. 권고안(Recommendations), 의견(Opinions) 및 기타 연성법률(Soft Law)

권고안이나 의견에는 법적인 구속력은 없으며 단지 참조하라는 정도의 의미만 가진다. 그러나 그렇다고 해서 법적인 중요성이 아주 없는 것은 아니다. 유럽재판소는 특히 회원국 법원의 판사들이 공동체 조약과 관련된 자국법을 해석함에 있어 적정한 권고안이 있을 경우에는 이것을 고려해야만 한다고 판시한 사례가 있다.[5] 이러한 법원들을 연성법률(soft law)이라고 하는데 여기엔 공동체의 각 기관들에 의하여 발령되는 각종 지침(guidelines)이나 행동수칙(codes of conduct)도 들어간다.

3.2.5. 제2차적 법원 사이의 우열

조약 제249조에 의하면 위와 같은 제2차적 법률들 사이에 명확하게 효력의 우열이 있는 것으로 보이나 현실은 그렇지 않다. 즉 규정이라고 해서 지시문보다 상위의 규범이라고는 할 수 없다. 이것은 어디까지나 형식보다는 내용과 법안의 성격을 따져 보아야 한다. 일반적인 성격이 결여되어 있는 규정은 사실상 결정에 해당한다는 판결들이 이를 말해 준다.[6]

---

5) Case C-322/88, *Salvatore Grimaldi v. Fonds des maladies professionnelles* [1989] ECR 4407.

6) Joined cases 16/62 and 17/62, *Confederation nationale des producteurs de fruits et legumes v. Council* [1962] ECR 901. Joined cases 41 to 44-70, *NV International Fruit Company and others v. Commission* [1971] ECR 411.

3.3. 제2차적 법률 제정

기속력 있는 공동체의 모든 제2차적 법률에 대하여는 유럽재판소에 유무효를 가리는 사법심사권이 주어져 있다. 특별히 법률형성과정의 절차적 규정이 준수되지 않는 경우에는 해당 법원(法源)에 대한 무효 판결이 나올 수 있으므로 적정절차의 담보는 매우 중요하다.

3.3.1. 제2차적 법원형성의 근거

제2차적 법원을 만들어내기 위하여 공동체의 해당 입법자에게 그러한 권한이 주어져 있어야 함은 두말할 나위가 없다. 물론 이런 권한은 조약에서 찾아야 한다. 공동체 조약 제253조는 규정, 지시문 및 결정은 전문을 통해 반드시 그러한 입법 내지 결정의 토대가 된 조약상의 수권 법률관계를 밝히도록 하고 있다. 입법근거로 무엇을 들 것인가 하는 것은 해당 입법을 통해 다루려는 주제가 무엇인지에 달려 있다. 예를 들어 공동체에서 근로자의 자유이동에 관한 입법을 바라고 있다면 공동체의 입법권한은 조약 제40조에 터잡게 된다. 특정 분야에 대한 입법권한을 따로 찾을 수 없는 경우라면 '공동체의 목적 달성'을 위한 포괄적 입법권한을 예정해 두고 있는 조약 제308조에 근거하여 입법이 가능할 수 있다. 다양한 입법절차는 법원의 형식에 따라 획일적으로 정해지는 것이 아니라 법적 근거가 무엇이냐에 따라 달라지게 된다. 예를 들어 공동체 조약 제40조의 근로자의 자유이동에 관련된 입법을 하게 된다면 이것은 입법절차를 거친다기보다는 결정의 성격을 띠게 되고 이 때 규정이 아닌 지시문의 형태로 입법화된다면 사실상 절차상의 차이는 없게 된다고 할 수 있다. 일반적으로 입법 초안의 주도적 역할은 집행위원회에서 하게 되는데 입법안 착수 결정은 집행위원회 자신이 할 수도 있고, 각료회의(공동체 조약 제208조)나 의회(동 조약 제192조)의 요구에 의한 것일 수도 있다. 대부분의 경우엔 각료회의가 입법안 채택여부에 관한 결정권을 가지게 된다. 각 입법절차의 성격을 가르는 주요한 기준은 입법과정에서의 유럽의회의 개입의 정도에 달려 있다고 할 수 있다. 물론 여기에는 각료회의의 표결방식, 즉 단순 과반수로 할 것인가, 가중다수결로 할 것인가, 아니면 만장일치에 의할 것인가 하는 것도 해당 절차를 특징짓는 요소로 작용한다.

3.3.2. 집행위원회의 단독입법

집행위원회가 단독으로 법안을 만드는 경우는 매우 드물지만 공동체 조약 제86조 제3항 같은 경우는 공동체의 다른 기관의 개입 없이 집행위원회 단독의 법안 제정을 규정해 두고 있다. 각료회의는 입법의 신속성 및 규제의 고도성이 요구되는 특정한 분야, 예컨대, 농업이나 경쟁 부문에 있어 모법을 통해 집행위원회에 제2차적 법원을 만들 수 있는 권한을 위임하기도 한다.

3.3.3. 각료회의와 집행위원회의 입법행위

조약 제26조와 같은 경우는 집행위원회가 여타의 다른 기관의 관여 없이 법안을 작성하면 각료회의에서 최종적으로 채택여부를 결정하는 유형의 입법절차를 예정하고 있다.

3.3.3.1. 협의절차(Consultation Procedure)

이 절차에서는 집행위원회가 입법초안을 각료회의에 제출하면, 각료회의는 유럽의회측에 그 의견을 구하기 위하여 전달한다. 각료회의나 집행위원회가 의회의 의견에 따라야 할 의무는 없지만, 협의절차 자체가 생략된 채 만들어진 법안은 무효이다.[7)]

이러한 유형의 절차는 초기의 공동체 조약에 의하여 규정되어 있던 것으로서 유럽의회가 직선제를 통해 구성되기 이전에 만들어졌기 때문에 다른 입법기관들에 대한 주의를 환기시키는 정도로 그치고 있었는데, 그만큼 의회에 대하여 부여된 권한이란 매우 제한적임을 알 수 있다. 지금은 많이 쓰이지 않는 절차이지만 공동체 조약 제19조 같은 경우에서 그 사례를 볼 수 있다. 하지만 조약에서 협의를 거치도록 하고 있는 사안에 국한되지 않고 각료회의는 의회와 중요한 사안에 대하여는 협의를 거치고 있고, 특히 법적 구속력이 없는 각료회의나 집행위원회의 권고안 및 의견의 대부분은 의회와 협의하고 있다. 현재 유럽연합헌법 안에는 특별입법절차 조항에 의회의 협의권한이 명기되어 있다.

3.3.3.2. 공조절차(Cooperation Procedure)

공동체 조약 제252조의 공조절차는 1986년도의 단일유럽조약(Single European Act)에 의하여 도입되었는데 유럽의회에 두 번의 독회(reading) 기능을 줌으로써 입법과정에서 의회에 보다 많은 권한을 수고 있다. 이 설자의 범위가 사실상 확내된 것은 마스트리히드 조약이었는데, 암스테르담 조약에서는 공동체 조약 제251조의 공동결정절차에 집중함으로써 공조절차의 범위 확대에는 제동이 걸렸다. 지금 이 공조절차는 경제 및 통화동맹 분야에만 배타적으로 적용되

---

7) Case 138/79, *Roquette Frères v. Council* [1980] ECR 3333.

고 있다.[8]

공조절차는 집행위원회에서 각료회의와 의회로 법안을 보냄으로써 개시된다. 첫 번째 독회에서 의회가 집행위원회의 법안에 의견을 제시하면, 각료회의는 가중다수결에 따라 법안을 결정하여 의회에 넘긴다. 이 때에는 각료회의에서 법안 결정에 이르게 된 과정에서 참조된 각종 자료와 정보, 그리고 이유까지 첨부시키게 된다. 의회는 각료회의의 '공동입장'(common position)을 받아 두 번째 독회를 하게 되고, 3개월 이내에 채택, 수정 또는 거부 여부를 결정한다. 수정이나 거부를 위해서는 의원들의 절대다수결이 필요한데, 각료회의가 자신의 입장을 확정하기 위해서는 전원 일치가 필요하다.

그런 뒤 집행위원회에서 한 달 이내에서 각료회의의 입장이 반영된 안건을 재검토하여 각료회의에 제출하게 되는데, 이 과정에는 의회에서 제안된 수정안을 포함시킬 수도 배제할 수도 있는 재량권이 허여된다. 각료회의는 이를 받아 3개월을 기한으로 하여 가중다수결에 따라 재검토안을 채택하거나 만장일치로 수정안을 채택할 수 있다.

공조절차에서 각료회의는 유럽의회에서 제안된 수정안이나 집행위원회로부터 제출된 안에 대하여 의견표명을 거부하는 방식으로 거부권을 행사할 수 있고, 이 경우 입법절차는 중단되게 된다. 유럽헌법은 이런 입법공조절차를 폐지하고 통상적인 공동결정 방식으로 대체할 것을 상정하고 있다.

3.3.3.3. 공동결정절차(Co-decision Procedure)

공동의사절차(공동체 조약 제251조)는 의회에 대하여 각료회의와 공동으로 법안을 채택할 수 있는 권한을 주기 위하여 마스트리히트 조약에 의하여 도입되었다. 이 절차가 도입됨으로써 양대 입법 기관

8) http://www.europa.eu.int/scadplus/glossary/cooperation_procedure_en.htm.

이라고 할 수 있는 의회와 각료회의, 그리고 집행위원회 간에 접촉이 더욱 잦아지게 되었다. 공동결정절차에서는 우선 집행위원회가 각료회의와 의회에 법안 초안을 보내게 된다. 양 기관의 합의가 이루어지면 각료회의에서 가중다수결에 의하여 해당 법안을 채택하게 된다. 양 기관이 합의에 달하지 못하면 각료회의는 이른바 '공동입장'(common position)을 채택하여 의회에 보내게 되고, 의회는 3개월 이내에 이를 승인할 것인지 여부를 결정하게 된다. 의회에서 절대다수결로 각료회의의 공동입장을 부결시키면 당해 안건은 최종 부결된 것으로 간주된다. 만일 의회에서 3개월 이내에 아무런 결정을 못하거나 승인하게 되면 당해 공동입장이 법안으로서 효력을 갖게 된다. 유럽의회는 공동입장에 대한 가부뿐만 아니라 자신의 독자안을 낼 수도 있다. 의회에서 절대 다수결에 의하여 수정안을 채택하여 각료회의와 집행위원회에 보내면 각료회의는 3개월 이내에 만장일치에 의하여 수정안을 채택할 수 있다. 양 기관 사이에 합의가 이루어지지 않는 경우엔 집행위원회를 포함하여 각료회의와 의회의 대표자들로 이루어진 조정위원회(Conciliation Committee)가 구성되어 12주 동안 제안된 법안에 대한 합의와 채택을 이끌어내게 되는데, 이 기간 내에 안건이 승인되지 않으면 안건은 채택되지 않은 것으로 간주된다. 위 12주의 기간은 연장될 수도 있다. 이 절차는 유럽의회로 하여금 상정된 법안에 대하여 사실상 거부권을 행사할 수 있게 하여 매우 중요한 입법적 권한을 부여하고 있다고 할 수 있다.

실제로 이 제도가 도입됨으로써 의회는 근로자의 자유 이동, 기입실립, 서비스, 역내 시장, 교육, 보건, 소비자 정채, 초유럽 네트워크, 환경 행동 프로그램, 문화 및 연구 프로그램 분야에 있어서 입법권이 강화되었다. 암스테르담 조약은 이 공동의사결정 과정을 간소화하여 보다 신속하고 효과적으로 만드는 한편 의회의 역할을 더욱 공고히 하였다. 여기에서는 사회 추방, 공공의 건강 및 유럽공동체의 재정적 이해관계에 영향을 미치는 사기범죄에의 대응에도 이 의사결정과정이 미치도록 영역을 확대하였다. 점점 커져 가는 유럽연합의 민주적 특성은 필연적으로 입법권의 행사에 의회의 참여폭을 넓힐 수밖에 없었다. 2000년 2월에 출범한 정부간회의는 각료회의 내에서의 다수결에 의한 의사결정의 분야를 확대하면서 아울러 이를 보완하는 의미에서 공동의사결정이 필요한 분야도 늘릴 것을 요구하였는데 차별철폐를 위한 장려조치, 민사법에서의 사법공조, 특정 산업 보조 조치, 경제적 및 사회적 통합 행동, 유럽 정당들을 위한 법령 및 비자, 망명자 및 이민과 관련된 조치가 여기에 해당된다. 이론상으로는 다수결로 결정되는 모든 입법 안건은 공동결정절차에 들어간다고 할 수 있으나 정부간회의는 이미 다수결에 의한 의사결정이 이루어져 왔던 농업이나 통상정책 분야에는 공동의사결정 제도를 확대하지 않았다. 따라서 입법절차를 놓고 보면 다수결에 의하여 법안이 결정되는 상황이라고 해서 반드시 의회와의 공동결정절차를 거쳐야 하는 것은 아니다.

3.3.3.4. 동의절차(Assent Procedure)

동의절차는 단일유럽조약에 의하여 도입되었다. 이에 따르면 각료회의는 특정한 중요 결정을 내리기 전에 의회의 동의를 얻어야 한다. 여기에서 의회는 안건을 받아들이거나 아니면 거부할 수 있을 뿐 수정할 수 있는 권한은 없다. 의회의 동의를 얻지 못한 법안은 채택될 수 없다. 이러한 동의절차는 신규 회원국의 가입, 제3국과 유럽연합 사이에 체결되는 협약이나 기타 중요한 협정 및 집행위원회의 위원장 임명에도 적용된다. 또 시민권과 관련된 문제, 유럽중앙은행(ECB)의 특정한 업무 및 중앙은행, 조직단합기금, 의회의 선거관련 질차에 관한 법령 개정시에도 이 동의절차가 요구된다. 암스테르담 조약이 발효된 이래 의회의 동의권은 유럽연합 조약 제

7조에 따라 기본적 인권이 회원국에 의하여 '심각하고도 지속적으로 침해'되어 제재를 가할 필요가 있을 경우에도 적용되어 왔다. 니스 조약은 특정 회원국간의 협력이 공동결정절차에 따라야 할 필요성이 있을 때에도 의회의 동의절차를 거쳐야만 되도록 하였다. 2001년 12월의 랙켄 선언(Laeken Declaration)으로 채택된 유럽협정(European Convention)에서는 공동체의 다양한 입법절차를 될 수 있는 한 간소화하자는 요구가 있었는데, 결과적으로 앞으로 이 동의절차는 공동체의 입법절차의 중요한 축으로 자리잡을 것으로 생각된다.

3.4. 유럽재판소의 판례

유럽재판소의 기능은 조약 제220조에 규정되어 있는 바와 같이 조약의 해석 및 적용 과정에 있어서 법이 준수될 수 있도록 하는데 있다. 조약들이나 제2차적 법원들의 규정 내용이 종종 애매하거나 다의적으로 해석될 수 있는 여지가 있기 때문에 유럽재판소의 이러한 사법기능은 공동체법률의 실질적 체계화에 상당히 중요한 역할을 하고 있다고 할 수 있다. 유럽재판소의 판결들에 기속력은 없지만 사실상 이러한 판결들이 이른바 목적론적 해석을 통해 공동체의 법률체제를 형성해내고 조약들을 헌법적 체계로 묶어내면서 법률의 괴리를 메우는 기능을 해 왔다는 점을 감안할 때 유럽재판소의 판례들이 갖고 있는 중요성을 간과해서는 안 된다. 동일한 사안에 대하여 유럽재판소의 판결과 회원국 법원의 판결이 상충될 경우엔 전자에 우선적 효력이 주어진다.[9)]

9) Joined cases 28 to 30-62, *Da Costa v. Netherlands* [1963] ECR 61.

3.5. 공동체 법률의 일반원칙

유럽재판소는 1950년대의 유럽석탄철강공동체의 사건들을 다루면서부터 법의 일반원칙(general principles of law)이라는 용어를 판결을 통해 광범하게 언급해왔다.[10] 재판소는 공동체의 법률체제를 관통하는 일반원리를 추출해 냄으로써 조약과 법률 사이의, 또는 공동체의 법률체계와 현실 사이의 괴리를 좁힐 뿐 아니라 고도의 사법적극주의를 실천할 수 있었다.[11]

3.5.1. 법의 일반원칙의 성격

법의 일반원칙은 그 뿌리를 유럽인권협약과 같은 국제법, 회원국들의 국내법 및 유럽재판소의 결정 사례에 두고 있다. 이 세 가지 중요한 뿌리들은 서로 배타적이라기 보다는 중첩적이라 할 수 있다. 즉 어떤 원칙이 몇몇 회원국들 내의 법률 체계에 살아있는 정신이라고 한다면 이것은 국제법에도 또 다른 회원국들에게도 공통되는 것이 일반적이다. 유럽재판소에서 법의 일반원칙으로 받아들여지기 위해서는 반드시 모든 회원국들에게 공통적일 필요는 없고 대다수의 회원국들에 의하여 받아들여지고 있고 이것이 회원국들의 법률 발전의 방향과 일치하는 것으로 충분하다고 할 수 있다.[12]

법의 일반원칙은 독자적인 한 법원으로서 공동체 법률을 해석하는 주요한 수단으로 이용된다. 하지만 이것은 어디까지나 조약상 명

10) Takis Tridimas, *The General Principles of EC Law* (Oxford, Oxford University Press, 2000), p.4.
11) Penelope Kent, *op.cit.*, p.39.
12) *Ibid*, p.40.

문 규정이 없거나 규정이 있더라도 다소 모호하여 해석을 통한 적용의 여지가 있는 경우에 그렇다는 말이지, 조약상에 명백하게 정해져 있는 경우에까지 이 원칙들이 조약을 우선한다는 말은 아니다.[13]

유럽재판소가 법의 일반원칙으로 인정하고 있는 것들은 다음과 같다.

① 평등의 원칙(principle of equal treatment) 또는 차별금지의 원칙(principle of non-discrimination)
② 비례의 원칙(principle of proportionality)
③ 법적 안정성의 원칙(principle of legal certainty)
④ 법적 기대 보호의 원칙(principle of The protection of legitimate expectations)
⑤ 기본권 보호(protection of fundamental rights)
⑥ 방어권(right of defence)

이러한 원리들은 헌법적 지위를 갖고 있어 공동체내의 기관들과 이 기관들의 각종 입법, 행정 활동은 여기에 구속되고, 이에 반한 각종 조치는 재판소에 의하여 무효화될 수 있다.[14]

3.5.2. 기본권(Fundamental Rights)

공동체 조약상에 인권보장에 관한 명시적인 규정은 없었지만 1970년대부터 유럽 재판소는 인권을 보편적 원칙으로 인정하기 시작하였다.[15] 공동체 법률에서 기본권의 개념은 제2차 대전 이후 독일 헌법에 규정된 기본적 인권(fundamental human rights)의 영향을 많이 받았다고 할 수 있다. 독일 헌법은 독일연방헌법재판소에 어느 법률이 기본적 인권을 침해하는지 여부에 관한 위헌여부를 심사토

13) Case 40/64, *Marcello Sgarlata v. Commission* [1965] ECR 279.
14) Takis Tridimas, *op.cit.*, p.4.
15) *Ibid*, p.5; Case 11/70 *Internationale Handelsgesellschaft v. Einfuhr-und Vorratsstelle Getriede* [1970] ECR 1125.

록 하는 권한을 부여하고 있었다. 독일인들이 당사자가 된 사건에서 이들은 공동체 법률이 자국 헌법상의 기본권 조항에 위반되어서는 안 된다는 주장을 해 왔고 결국 이런 기본권은 그 자체로서 독립된 한 원리라기보다는 비례성의 원칙과 같은 다른 일반 원칙들을 반영하는 접근 도구로 자리잡았다.[16]

1969년의 '울름시 버터사건'[17]에서 유럽재판소는 인권에 반하는 공동체 법률의 조항은 무효라는 원리를 처음으로 공식화하였다. 당시 공동체 차원에서 일부 지역의 저소득층들에게 버터를 낮은 가격에 공급하기로 하고 이것을 받을 사람들은 이름과 주소가 적힌 쿠폰을 제출하도록 하였다. 그러자 독일의 울름(Ulm)시 주민 중의 한 명이 저가의 버터를 받는 대신 신상명세를 공개토록 하는 것은 인권침해라고 주장하면서 독일 법원에 공동체 조치의 효력을 문제삼았던 것이다.

재판소는 쿠폰에 이름과 주소를 기록하지 말도록 명하면서 공동체의 법률의 일반원칙과 재판소에 의하여 보호되는 기본적 인권을 침해할 가능성이 있는 조치를 하지 말라고 판결하였다. 그 후 재판소는 '수출면장 사건'[18]을 통해 공동체의 법률의 일반원칙으로 편입되는 권리는 회원국들에 공통된 헌법적 전통으로 인정되는 권리라고 하여 일응의 기준을 제시하였다.

유럽인권협약(ECHR)은 인권보호에 관한 가장 중요한 국제 조약들 중의 하나라고 할 수 있다. 자국 법체제에 따라 위 협약을 승인함에 있어 그 효력에 차등을 두고 있긴 하지만 모든 공동체 회원국들은 위 협약에 가입해 있다. 공동체 기관들은 1977년 위 협약 존중을 확인하는 내용의 공동선언을 채택한 바 있고 유럽재판소 역시 판결을 통해 협약을 주요한 법원리 중의 하나로 삼고 있다.

---

16) Penelope Kent, *op.cit.*, p.41.
17) Case 29/69, *Erich Stauder v. City of Ulm* [1969] 419.
18) Case 11/70, *Internationale Handelsgesellschaft v. Einfuhr* [1970] ECR 1125.

유럽연합조약 제6조 제1항은 "(유럽)연합은 자유, 민주주의, 인권과 기본적 자유에 대한 존중, 법의 지배, 그리고 회원국들 사이에 공통적으로 확립되어 있는 원칙들의 터 위에 자리잡고 있다"라고 하여 그 기초가 인권에 있음을 명백히 하고 있다. 나아가 같은 조 제2항은 유럽연합은 유럽인권협약에서 보장되고 회원국들 사이에 헌법적 전통으로 공유되어 온 기본권들을 공동체 법률의 일반원리로 존중할 것을 규정하여 이를 보다 구체화하고 있다.

기본권 보장에 대한 실효성을 확보하기 위해 암스테르담 조약에서는 기존의 유럽연합조약에 제7조를 추가하여 어떤 회원국이 인권을 지속적이면서 중대하게 침해하고 있다고 인정되는 경우 일정한 절차를 거쳐 회원국의 자격을 정지할 수 있도록 해 놓았다.

3.5.3. 비례의 원칙(Principle of Proportionality)

비례의 원칙은 행정법 분야에서 공권력의 한계를 정하는 독일 기본법상의 권리에서 유래한 것이다. 행정기관이 어떤 조치를 취할 경우 이를 통해 얻고자 하는 목적, 즉 공공의 이익을 넘어 과도하게 행사되어서는 안 된다는 것이 이 원칙의 바탕이다. 이 원칙은 입법 및 행정의 정당성을 가르는 일응의 기준이 되는데 예컨대 입법을 통해 달성하려는 목적과 수단이 되는 법률 내지 각종 조치를 비교 형량하여 예상되는 공공의 이익이 더 큰 경우에만 사인의 권리에 대한 제약이나 규제가 허용된다는 것이다. 영미법상의 합리성의 원칙(Principle of Reasonableness) 과 개념상 비슷하지만 기준이 좀 더 엄격하다고 할 수 있다. 일찍이 유럽재판소는 이 원리를 적용하여 유럽석탄철강공동체의 고등국(High Authority)의 조치는 합리적인 범위를 넘어서는 안되고 가능한 피해를 피하도록 조치해야만 한다고 판시한 바 있다.[19] 이 원칙에 위배되는 법률이나 각종 행정조치는 재판소에 의하여 무효로 될 수 있다.

'농산물 수출예치금' 사건은 한 농산물 수출회사가 공동체의 농산물 수출규정에 따라 수출면장을 얻기 위해 1,670,000 파운드를 예치해 놓고는 신청 마감시간을 4시간 경과한 뒤에 수출허가 신청을 했다가 집행위원회로부터 마감시한을 넘겼다는 이유로 예치금 전액을 몰수당한 사건인데, 유럽재판소는 마감시한을 4시간 정도 넘긴 '사소한 위반'으로 예치금 전액을 몰수한 것은 비례의 원칙에 반한다는 판결을 내렸다.[20] 또 영국의 '일요일 노동금지' 사건[21]에서도 일요일 근무를 금지하는 회원국의 법률조치는 이로 인하여 달성하려는 목적을 넘어서까지 허용되어서는 안 된다고 판시하여 비례의 원칙을 적용하였다. 그러나 집행위원회가 1985년에 버터의 소비를 늘리기 위해 통독 전의 서베를린 주민들에게 버터 두 개를 한 개 값으로 공급하는 계획을 세우자 이로 인해 타격을 입게 된 마가린 생산회사가 위 조치의 취소를 주장한 이른바 '베를린 버터 사건'에서는 비례의 원칙이 침해되었다고 볼 수 없다는 판결이 나왔다.[22]

3.5.4. 평등의 원칙(Principle of Equal Treatment)

평등의 원칙 또는 차별금지의 원칙이란 어떤 사람이건 비슷한 조건과 상황 하에서는 차별을 정당화할 만한 객관적인 사유가 없는 한 같은 방식으로 대접받아야 한다는 원칙을 말한다. 공동체 조약은 국적으로 인한 차별금지(제12조), 성별로 인한 차별금지(제141조),

---

19) Case 15/57, *Compagnie des Hauts Fourneaux de Chasse v. High Authority of ECSC* [1958] ECR 157.

20) Case 18/84, *Commission v. France* [1985] ECR 1339.

21) Case C 145/88, *Torfaen Borough Council v. B & Q plc* [1989] ECR 3851.

22) Joined cases 133 to 136/85, *Walter Rau Lebensmittelwerke v. Bundesanstalt* [1987] ECR 2289 ; Case 249/85, *Albako Margarinefabrik Maria v. Bundesanstalt* [1987] ECR 2345 "Berlin butter case".

농업정책과 관련한 생산자와 소비자에 대한 평등한 대우(제34조 제3항)를 명문으로 정해 놓고 있다. 그리고 위 조약 제13조는 각료회의에 차별조치에 대하여 적극적으로 대처할 수 있는 권한을 부여하고 있다.

유럽의회 사무국에 근무하다가 퇴직한 여성이 연금을 신청하자 의회는 위 여성이 가장이 아니라는 이유로 연금지급을 거부한 일이 있었다. 당시 공동체의 관련 법규에 의하면 퇴직한 여성은 가장이거나 남편이 질병 등으로 인해 수입이 없는 경우에만 예외적으로 연금을 받을 수 있도록 되어 있었다. 위 여성이 의회를 상대로 제기한 소송에서 유럽 재판소는 위와 같이 연금 수급권을 제한한 조항은 차별금지에 반하는 것으로서 효력이 없다고 판시하였다.[23)]

그러나 공동체의 사무국에 근무하던 한 유대인 여성이 승진시험 날짜를 지정한 각료회의의 조치에 대하여 시험날짜와 유대인들의 축제기간이 겹친다는 이유로 철회를 요구하는 소송을 제기한 사건에서는 각료회의가 이 여성을 채용할 당시 종교란을 따로 기재하지 않도록 하였기 때문에 종교가 무엇인지 사전에 알 수 없는 상황에서 일일이 특정 종교의 축일을 피하여 시험날짜를 잡을 의무까지는 없다면서 원고 청구를 기각하였다.[24)] 하지만 재판소는 만일 채용권자가 이런 사정을 미리 알 수 있었다면 시험날짜와 직원들의 종교 축일과는 겹치지 않도록 해야 하였을 것이라고 하여 종교를 이유로 한 차별금지의 원칙을 폭넓게 터놓았다.

성별을 이유로 한 차별금지에 관하여는 엄격하게 해석해 왔던 유럽재판소는 동성애에 관하여는 비교적 보수적인 입장을 견지하여 동성애를 이유로 불리한 조치의 경우엔 이를 차별로 보지 않았다.[25)]

---

23) Case 20/71, *Luisa Sabbatini v. European Parliament* [1972] ECR 345.
24) Case 130/75, *Vivien Prais v. Council* [1976] ECR 1589.
25) Case C-249/96, *Lisa Jacqueline Grant v. South-West Trains Ltd.* [1998] ECR-I 621.

그러나 암스테르담 조약은 각료회의로 하여금 각종 차별 행위에 대한 적절한 조치를 취할 수 있는 권한을 부여하고 있는데 (제13조) 여기엔 성별에 근거한 차별뿐만 아니라 성적취향(sexual orientation)으로 인한 차별금지도 포함되어 있어 향후 유럽재판소 역시 이 조약의 취지를 판결에 반영할 것으로 보인다.

3.5.5. 법적 안정성의 원칙(Principle of Legal Certainty)

법적 안정성이란 다양하고 폭넓게 쓰이는 개념으로서 크게 소급금지(non-retroactivity)와 법적 기대가능성(legitimate expectations)으로 나눌 수 있다.

명백한 근거가 없는 한 법률의 해석은 소급적으로 이루어져서는 안 된다. 이 원칙은 공동체의 각종 법률은 공표되기 전까지는 효력을 갖지 못한다는 내용으로 표현될 수 있다. 집행위원회는 1976년 6월 30일 역내의 수출업자들이 스스로 수출면허를 취하할 수 없도록 하는 내용의 규정안을 만들어 통과시켰다. 원래 이 규정은 공보(Official Journal)를 통해 공표될 다음날인 7월 1일자로 발효될 예정이었으나 파업으로 인해 공보 발간은 하루 뒤인 7월 2일에서야 이루어졌다. 한편 한 수출업자가 7월 1일자로 자신의 수출면허 취소를 구하는 신청을 하였는데 집행위원회는 위 규정이 이미 발효되었으므로 받아들일 수 없다는 처분을 하였다. 결국 법정 분쟁으로 이어진 이 사건에서 유럽재판소는 위 규정은 공보가 발간된 1976년 7월 2일자로 발효된 것으로 보아야 하므로 그 이전에 이루어진 원고의 신청은 적법하다고 판시하여 소급해석 금지의 원칙을 확인하였다.[26] 이 소급금지의 원칙은 특별히 어떤 법적 기대가 주어져 있을 경우 다른 방법을 통하지 않고는 목적을 달성할 수 없는 예외적인

26) Case 88/76, *Société pour l'exportation v. Commission* [1977] ECR 709.

경우를 제외하고는 이 기대를 해하는 조치를 취할 수 없다는 원리로 나타나기도 한다.

덴마크 선적의 어선이 영국 영해에서 어로 행위를 하다가 포획되고 나서 얼마 뒤에 공동체에서 회원국간 영해 침범으로 인한 어획에는 벌금을 부과할 수 있도록 하는 규정이 통과되었다. 영국은 이 규정을 근거로 위 덴마크 선박의 선장에게 벌금을 부과하였다. 그러자 선장은 이 사건을 유럽재판소에 제소하였는데 이 사건에서 재판소는 소급금지의 원칙을 적용하여 사후에 통과된 법률을 근거로 벌금을 부과할 수 없음을 확인하였다.[27)]

법적 기대가능성이란 엄밀한 의미에서는 '법적 신뢰의 보호'(protection of legitimate confidence)를 말한다. 집행위원회가 바스프사를 상대로 제소한 사건에서 재판소는 법적 안정성의 원리는 집행위원회의 조치의 적법성을 가리는 한 기준이 된다는 점을 적시한 바 있다.[28)] 그러나 해당 행정기관의 담당자가 잘못된 정보에 터잡아 오판하였거나[29)] 수치를 잘못 산정한 경우에는[30)] 이를 신뢰 보호의 대상으로 삼을 수 없다.

3.5.6. 절차적 권리(Procedural Rights)

절차적 권리는 공동체의 각종 규정, 지시 및 결정과 같은 2차적 법원에 명시되어 있다. 설령 이런 근거규정이 없더라도 적정 절차에 의한 권리를 침해당한 경우에는 법의 일반원리로서 절차적 권리를 구제 수단으로 원용할 수 있다.

---

27) Case 63/83, *Regina v. Kent Kirk* [1984] ECR 2689, "Sea fisheries case".
28) Case C-137/92 P, *Commission v. BASF AG* [1994] ECR-I 2555.
29) Joined cases 98/83 and 230/83, *Van Gend & Loos and Expeditiebedrijf Wim Bosman v. Commission* [1984] ECR 3763.
30) Case 112/77, *August Topfer v. Commission* [1978] ECR 1019.

3.5.6.1. 청문권(Right to Hearing)

청문권은 영미법의 자연적 정의에서 유래한 것으로서 이 원리가 유럽재판소에 의하여 처음으로 언급된 것은 공동체 조약 제81조의 경쟁법관련 사건이었다.[31] 이 사건에서 원고는 집행위원회의 결정이 자신에게 의견진술의 기회도 주지 않은 상태에서 이루어져 부당하다고 주장하였는데 재판소는 이 청구를 받아들이면서 당해 결정으로 영향을 받는 이해관계 당사자들의 의견을 청취하지 않고 이루어진 집행위원회의 결정은 무효라고 판시했다. 사우디 아라비아와 리비아의 수출회사들이 집행위원회의 반덤핑 관세 부과 조치에 반발하여 제소한 사건에서도 의견진술의 기회가 배제된 채 이루어진 규제 조치는 무효임을 확인되었다.

3.5.6.2. 이유고지의무(Duty to Give Reasons) 또는 적정절차권(Right to Due Process)

행정기관의 처분에는 반드시 이유 설명이 따라야 한다는 이 원칙은 '벨기에 축구코치' 사건을 통해 공동체의 일반적 법률원칙의 하나로 자리잡았다.[32] 하일렌스라는 한 벨기에인은 원래 자국에서 축구코치 자격을 땄으나 프랑스에서 일자리를 얻기 위해 코치 자격증 취득을 신청하였지만 뚜렷한 이유는 없이 거부당했다. 결국 그는 무자격으로 축구 코치 일을 하다가 프랑스 당국에 의해 기소되었다. 이 사건에서 유럽재판소는 역내에서의 사람의 자유이동을 규정하고 있는 공동체 조약 제39조는 다른 회원국 내에서의 직업 선택의 자유까지 포함한다고 보아야 할 것이므로 특정 직업을 허용하지 않는

---

31) Case 17/74, *Transocean Marine Paint Association v. Commission* [1974] ECR 1063.

32) Case 222/86, *UNECTEF v. Georges Heylens and others* [1987] ECR 4097.

경우엔 왜 그런지에 대한 합리적인 이유가 주어져야만 한다고 판결하였다. 이유고지의무와 동전의 양면 관계에 있는 것이 적정절차의 권리라고 할 수 있다.

북아일랜드에서 한때는 일종의 직업으로서 상근 예비군 제도를 두고 이를 계약제로 하여 여성들도 근무할 수 있도록 한 적이 있었다. 그 후 상근 예비군은 개인 화기로 무장을 하고 총기 훈련을 받을 수 있어야 한다는 이유로 여성들을 제외하는 정책을 쓰는 바람에 직업예비군 계약갱신이 불가능해진 한 여성이 당국을 상대로 제소한 사건에서 재판소는 적정절차의 권리가 보장되어야 한다는 취지의 판결을 내려 적정절차위반이 공동체 법규의 일반원칙에 대한 위반으로 무효임을 확인하였다.[33]

33) Case 222/84, *Marguerite Johnston v. Royal Ulster Constabulary* [1986] ECR 1651.

제4장 공동체 법규와 회원국들의 관계

4.1. 공동체 법규와 회원국 법률의 우열

유럽 공동체 회원국들 내부의 법률체제 내에서 공동체의 법규범이 차지하고 있는 지위를 파악하는 것은 가장 중요한 문제 중의 하나이고, 여기에서 파생되는 여러 가지 질문들에 대한 해답은 유럽 공동체의 정체성을 명확하게 보여준다고 해도 과언이 아니다. 유럽 공동체가 여타의 국가간 합의에 의하여 창설된 국제기관과 어떤 점에서 다른가 하는 것은 유럽공동체 자체의 법규범이 회원국들에 대하여 현실적으로 얼마나 영향력이 있는가에 달려 있다.

법규범이 여타의 규범과 다른 점 중의 하나는 강제력이 있다는 것과, 그 자체로 특정한 권리와 의무를 만들어낸다는 점에 있다. 따라서 회원국들 내에서 공동체의 법규범이 지닌 효력을 논하기 위해서는 먼저 공동체의 법률에 의하여 권리를 얻고 한편으로는 의무를 부담하는 주체가 누구인가, 또 파생된 권리를 보장하고 의무를 이행시킴에 있어 강제력이 인정되는가, 만일 인정된다면 어떤 식으로 누구에게 강제적 규범성을 띠는가를 살펴보지 않으면 안된다.

한편 유럽연합의 공동체의 법규범은 문자 그대로 여러 나라들 사이에 공통적으로 적용되면서 각 회원국들의 고유한 국내법과는 별개라는 특성으로 인하여 양자가 충돌되는 경우엔 과연 어떻게 다룰 것인가가 관심의 대상이 되지 않을 수 없다. 하나의 주권에 복속되는 한 당해 국가의 헌법적 질서와 법률체계에 따라 법률간의 충돌을 해결하면 되지만, 공동체의 법규범과 각 회원국의 법규범의 이해가 상반될 경우에는 제3의 상위 분쟁해결주체가 없는 한 양자의 대립은 팽팽한 긴장관계를 가질 수밖에 없다. 결국은 어느 한쪽의 규범에 우선적 지위를 인정하지 않고서는 현실적으로 공동체와 회원국간의 규범충돌을 해결해낼 수 없다고 하겠다. 그런 점에서 공동체의 법규범과 회원국들 간의 그것이 상호 모순되거나 충돌하는 경우 공동체 차원에서 이를 제도와 법률해석을 통해 어떻게 양자를 자리매김해 왔는지 살펴보는 것은 공동체의 존재가 무엇인가 이해하는 데 있어서도 매우 긴요한 일이라고 하겠다.

4.2. 유럽재판소의 역할

초기의 공동체 설립자들에게는 이 문제는 사실상 그리 진지하게 다루어지지 않았던 것 같다. 유럽공동체의 시초가 된 유럽석탄철강공동체를 만들 때만 하더라도 공동체 디자이너들의 눈에는 두 번의 세계전쟁의 진원지였던 유럽대륙 내에서의 전쟁군수물자의 원료가 되는 석탄과 철강의 공동생산과 감시를 통해 재무장의 싹을 잘라낼 수 있는 제도를 만들어야겠다는 절박성 외에 다른 것은 사실상 부수적인 것으로 보였을 수도 있다. 공동체를 만들어 냈던 각종 조약들이 공동체와 회원국들 사이의 규범의 충돌 내지 해결에 관하여 직접적으로 아무런 언급을 하지 않고 있었던 것이 이를 말해준다. 한편으로는 공동체의 법규범이 갖는 지위는 결국 각 회원국들의 헌법적 질서에 따라 자연히 결정될 것이라는 설립 회원국들의 일반적 예상이 이 문제에 관하여 소극적으로 대처하게 한 면도 없지 않다. 당시에 존재하던 각종 국제조약 및 이에 토대를 두고 세워진 국제기구가 갖고 있는 지위와 성격을 볼 때 설립 회원국들이 자신들이 만들어 놓을 공동체 역시 이러한 범주에서 크게 벗어나지 않을 것이라고 기대한 것은 당연한 일이기도 했다. 물론 초기 설립국가 6개국 중의 하나인 네덜란드와 같은 나라에서는 입법일원주의를 채택하고 있어 조약의 비준이 동시에 국내법적인 효력을 발생하기도 하였지만, 대부분의 회원국들은 공동체의 법규범이 직접 회원국의 정부기관이나 국민들에게 어떠한 권리의무를 부여한다고는 생각하지 않고 있었던 것이 분명하다. 어차피 공동체 법규범이 국내법적으로 실효성을 갖기 위해서는 국내 법률로의 편입절차가 필요하였기 때문이다.

그러나 공동체 법규범이 갖는 법률적 지위와 효력에 관하여 유럽재판소는 공동체의 규범에는 회원국들뿐만 아니라 그 주민들에게까지도 경우에 따라 권리의무를 직접 발생시킨다는 이른바 직접효(direct effect)의 원칙과 또한 공동체 법률과 회원국의 그것이 충돌하는 경우에는 전자가 우선한다는 이른바 우위성(supremacy)의 원칙을 확립해냄으로써 유럽공동체의 법규범은 종전의 국제조약들이 갖고 있는 성격과는 다르다는 점을 명확히 했다.

4.3. 직접효 이론(Principle of Direct Effect)

공동체 법규범이 어떠한 효력을 지녔는가에 관하여는 공동체 출범 초기에 내려진 반 겐드 사건[1])에서 잘 나타나고 있다.

사안을 간략히 보면 다음과 같다. 반 겐드는 독일로부터 네덜란드로 화학제품을 수입하면서 네덜란드 정부로부터 관세를 부과 받자 이 처분이 공동체 조약 제25조를 위반한 것이라면서 이의를 제기하였다. 네덜란드 법원은 위 조약 제234조의 전심절차 규정에 따라 이 쟁점을 유럽재판소에 심리를 제청하였다. 유럽재판소는 판결문에서 공동체의 법규는 회원국들의 국내 시행입법과정을 거치지 않더라도 회원국들은 물론 회원국 국민들에게도 권리와 의무를 창출한다고 하면서 이는 통상적인 국제법질서와는 다른 새로운 국제법의 형태라는 점을 선언하였다. 유럽재판소는 위 사건을 판단함에 있어 조약의 문구상의 해석에 의존하기보다는 공동체의 정신과 목적에 바탕을 둔 목적론적 해석을 하였고, 이런 접근은 그 후 유럽 재판소의 일관된 논리로 자리잡게 되었다. 재판소는 반 겐드 사건을 통해 한 발 더 나아가 회원국들은 조약상 회원국들이 국민이 부여받은 권리를 회원국 법원들은 보호할 의무가 있다고 함으로써 추상적 권리가 아닌 국내 사법체계 속으로 편입된 구체적 권리라는 점도 명백히 하였다. 이런 판결에 기하여 공동체의 시민들의 입장에서는 자국 내의 공동체 법규 편입절차를 거치지 않고도 조약상의 권리를 주장할 수 있고, 이것이 침해된 경우에는 해당국 법원에 그 구제를 요구할 수 있는 길이 마련되었다. 이 판결은 적지 않은 회원국 정부들로부터 비판을 받았지만 공동체 법규의 통일적이며 효과적인 적용을 위해 그리고 근본적으로는 유럽의 통합이라는 궁극적인 목적을 위하여 사법적 기능이 적극적으로 활용되는 기폭제가 되었다고 할 수 있다.

4.3.1. 직접효 인정 요건

유럽재판소는 반 겐드 사건을 통해 직집효를 인정하는 한편 모

---

1) Case 26/62, *Van Gend & Loos v. Netherlands* [1963] ECR English special edition 1.

든 조약의 조항들이 직접 효력을 발생시키는 것은 아니며 다음과 같은 일정한 요건을 충족시켜야만 한다고 하여 일응의 기준을 마련하였다. 이러한 기준은 그 이후에 나오는 라이너스(Reyners)[2]와 같은 유사한 판례를 통하여 보다 구체화되기에 이른다. 재판소에 의하면 공동체의 법규가 개인들에게도 직접 권리의무를 부여하기 위해서는 다음과 같은 사항을 충족하여야 한다고 한다.

① 명백성 및 명확성

어떤 법규가 적용되기 위해서는 그 규정이 명확해야 함은 두말할 나위가 없다. 유럽재판소는 직접효를 갖기 위해서는 해당 조항이 '충분할 정도로 명백하고 명확하여야'(sufficiently clear and precise)한다고 판시하고 있다. 그러나 이 명확성의 원칙을 충족하기 위하여 어느 조문 전체가 이에 해당할 필요까지는 없다. 디프레네 사건의 경우[3] 공동체 조약 제141조 중의 일부 내용만이 이 명확성의 원칙을 만족시켰는데 재판소는 이것만으로도 직접효가 있다고 판시한 바 있다.

② 무조건성

재판소는 공동체의 어떠한 조약상의 조항이 직접적으로 효력을 가지려면 여기에서 예정되고 있는 권리가 독립적인 제3의 권한 있는 기관의 판단이나 재량에 따라 달라지도록 예정되어 있어서는 안 된다고 판시하고 있다.[4]

그러나 라이너스 사건[5]에서 재판소는 조약상의 문구로만 보면 공동체 조약 제43조의 취지를 달성하기 위해서는 공동체의 제2차적인 입법절차가 필요하였지만 이를 기다리지 않고도 직접효가 생길 수 있다고 판시하였다. 사실 이것은 뒤에서 보듯이 회원국에서 국내입법절차를 이행하지 않고 있는 중이라도 공동체 법규범이 당해

2) Case 2/74, *Jean Reyners v. Belgian State* [1974] ECR 631.
3) Case 43/75, *Gabrielle Defrenne v. Sabena* [1976] ECR 455.
4) Case 41/74, *Yvonne van Duyn v. Home Office* [1974] ECR 1337.
5) Case 2/74, *Jean Reyners v. Belgian State* [1974] ECR 631.

회원국의 국민들에게 일정한 권리를 부여한다고 판결하고 있는 점에 비추어 보면 그리 놀랄 만한 일도 아니다. 재판소의 입장은 만연히 공동체 조약상에서 예정해 둔 제2차적 입법조치를 공동체나 회원국들의 재량에 맡겨 둘 경우 그러한 조치가 이루어질 때까지 개인들은 조약에 의해 부여받은 권리를 부인당하는 결과가 초래되기 때문이라고 한다.

《그림 16》 직접효 원칙(Principle of Direct Effect)

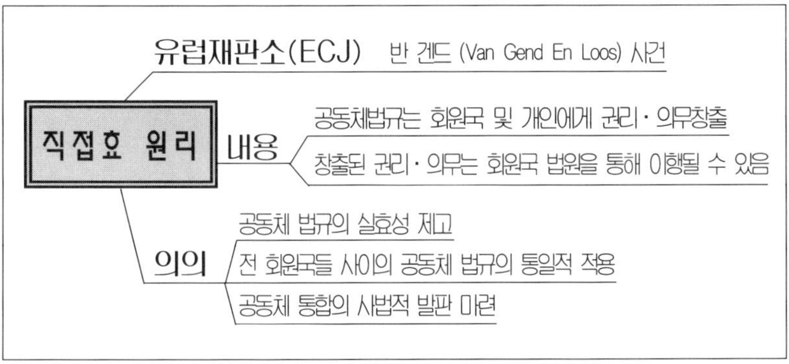

4.3.2. 직접효가 인정되는 법원들

직접효를 인정한다 할 경우 그 다음의 문제에 부딪치게 된다. 공동체의 법원(法源)은 다양한데, 그 중에서도 어떤 법원들에 대하여 직접효를 인정할 것인가는 오랫동안 판례를 통해 다루어져 왔고 그 범위도 점차 넓어지는 경향을 보여 왔다.

4.3.2.1. 조약상의 조항들

반 겐드 사건에서 본 바와 같이 유럽재판소는 일찌감치 공동체의 설립근거가 되는 조약들이 직접효를 갖는다는 점을 분명히 해왔다. 사실 직접 적용의 내용이 명백하며 그 시행을 위하여 공동체 내지 각 회원국들의 부수적 입법조치가 필요하지 않은 조약의 조항에서 직접효의 원리를 도출해내는 것에는 큰 문제가 없다고 할 수 있다. 따라서 지금은 공동체의 조약들에 관하여는 그 명확성 및 무조건성의 요건만 충족되면 직접효를 갖는다는 데 이견이 없다. 이러한 직접효가 인정되는 조약상의 조문들은 관련 회원국들에 대한 이행의 강제를 요구하는 효력, 이른바 수직적 효력(vertical direct effect)뿐만 아니라 공동체 주민들 개인 간에도 이를 토대로 한 권리의무를 주장할 수 있는 수평적 효력(horizontal direct effect)을 가진다.6)

4.3.2.2. 규정(Regulations)

공동체 조약 제249조는 "규정은 완전한 구속력을 갖고 모든 회원국들 안에서 직접 적용되어야 한다"7)고 하고 있어 규정이 갖고 있는 직접효를 인정하고 있는 것처럼 보인다. 그러나 여기에서 말하는 직접 적용성(direct applicability)과 직접효(direct effect)는 구분할 필요가 있다. 직접 적용성이란 법률적 효력을 발생하기 위하여 회원국들에 의한 보충 입법 내지 기타 추가적인 어떠한 조치도 필요없이 규정 그 자체로서 완전하게 회원국 내에서 효력을 발생하는 조항이라는 의미를 갖는 것으로 해석해야 한다. 모든 규정들은 직접 적용성을 갖지만, 재판소는 어느 규정이 직접효를 갖기 위해서는 반 겐드 사건 및 여타 판례를 통하여 확립된 직접효를 위한 일정한 요건을 충족하여야만 한다고 한다.8)

---

6) Case 43/75, *Gabrielle Defrenne v. Sabena* [1976] ECR 455.
7) Regulations…shall be binding in its entirety and directly applicable in all Member States.
8) Case 9/70, *Franz Grad v. Finanzamt Traunstein* [1970] ECR 825.

4.3.2.3. 지시문(Directives)

공동체 조약 제249조는 지시문은 여기에서 언급된 국가들이 그 목적을 달성해야 하는 구속력을 갖지만 이를 위한 형식과 방법은 해당 국가들의 재량에 위임한다고 하고 있다. 이런 내용만을 놓고 볼 때는 지시문은 회원국 법규로의 편입을 위한 보완 입법절차를 예정하고 있기 때문에 직접 적용성이 없는 것으로 판단된다. 따라서 지시문 회원국들에게는 시행의 의무를 부과하고 있지만, 국내법 체제로의 편입과정이 없는 한 직접적으로 개인들에게 어떠한 권리를 허여한다고 볼 수는 없다. 그러나 지시문에 직접효를 인정하지 않는 것으로 보이는 공동체 조약 제249조의 규정에도 불구하고 유럽재판소는 지시문이 회원국 법으로 적정하게 입법화되지 않는 경우에는 지시문에 대하여도 직접효가 인정될 수 있는 여지가 있다는 판결을 내려왔다.[9] 지시문에서 정해진 입법시한까지 해당 국가가 국내법 편입절차를 이행하지 않고 도과한 경우는 여기에서 말하는 이른바 적정하게 입법되지 않은 대표적인 사례에 해당할 것이다. 재판소 역시 이렇게 입법시한을 넘긴 사안에서[10] 지시문이 직접효를 가질 수 있다는 점을 판시한 바 있다. 재판소의 논리는 지시문에 제한적으로나마 직접효를 인정함으로써 지시문의 이행여부가 해당국들의 고의적인 입법 부작위로 무용지물이 되는 현상을 막고, 지시문의 효력을 보다 확실하게 보장할 수 있다는 것이다. 이런 재판소의 입장에 대하여는 지시문에 직접효를 인정함으로써 결과적으로 규정과 지시문의 구분이 모호해짐으로써 조약을 통해 공동체의 법원을 분류해 놓은 당초의 취지가 없어졌다는 비판도 만만치 않다. 이런 비판에 대하여 재판소는 지시문에 대하여는 단지 해당 국가를 상대로 한 효력, 다시 말해 수직적인 직접효만이 인정될 수 있을 뿐이고, 사인 간에 지시문을 근거로 한 이행강제

9) Case 9/70, *Franz Grad v. Finanzamt Traunstein* [1970] ECR 825.
10) Case 148/78, *Pubblico Ministero v. Ratti* [1979] ECR 1629.

를 구할 수 있는 수평적 직접효는 없으므로 이 점에서 규정과 지시문은 여전히 구분된다고 설명한다.[11]

보건당국에 근무하던 마샬이라는 영국 여성이 자국 노동법원에 공동체의 양성평등에 관한 각료회의 지시문[12]상의 권리를 자신의 고용주에 대하여 주장한 사건이 전심절차를 통해 유럽재판소로 넘어오자 재판소는 원고가 국가를 상대로 권리를 주장하는 한 지시문상의 직접효를 인정할 수 있다는 취지의 판시를 내렸다. 이 판결을 뒤집어 말하면 사인 간에는 지시문을 토대로 한 직접적 권리 주장이 허용되지 않는다는 것이었다. 실제로 로버츠라는 여성이 역시 같은 양성평등 지시문상의 권리를 근거로 자신의 회사를 상대로 제소했으나 이 사안에서는 피고가 국가의 기관이 아닌 사인이라는 이유로 재판소는 지시문상의 직접효를 부인하였다.[13] 결국 위 두 사건은 동일한 쟁점을 놓고 고용주가 국가인가 아니면 개인기업인가에 따라 적용여부가 달라질 수 있다는 점을 보여준 셈이 되었는데, 피고가 누구냐에 따라 적용여부가 갈라지는 것은 또 다른 불합리한 차별이라는 지적이 나올 수밖에 없었다. 이러한 결론이 갖는 문제를 인식한 유럽재판소는 직접효의 적용대상이 되는 주체, 즉 국가(State)의 개념을 확대함으로써 수직적 직접효가 미치는 범위를 넓혀 왔다.

마샬 퇴직사건[14]

영국 지역보건소의 퇴직 규정에 따르면 여자들의 경우 60세 이상, 남자들의 경우에는 65세 이상 되면 강제 퇴직하도록 하고 특별한 경우 예외적으로 정년연장이 가능하도록 하였다. 위 규정에 따라 지방의 한 보건소에서 영양사로 일하던 미스 마샬은 62세 되던 해

11) Case 152/84, *Marshall v. Southampton and South-West Hampshire AHA* [1986] ECR 723.

12) Council Directives 76/207/EEC.

13) Case 151/84, *Joan Roberts v. Tate & Lyle Industries Ltd.* [1986] ECR 703.

14) Case 152/84, *Marshall v. Southampton and South-West Hampshire AHA* [1986] ECR 723.

에 여성들의 통상적인 퇴직 연령을 초과하였다는 이유로 강제 퇴직되었다. 이에 마샬은 보건당국의 위 퇴직규정이 양성의 평등을 정하고 있는 각료회의 지시문 76/207(1976)에 위배되는 것이라면서 지역보건연합회를 상대로 소송을 제기하였다. 이 사건을 심리하게 된 영국 항소법원은 보건당국의 퇴직에 관한 규정이 각료회의 지시문에 위반하는 것인지, 또 개인이 각료회의 지시를 근거로 입법 당국이 아닌 고용주, 즉 개인을 상대로 제소할 수 있는지에 관하여 유럽재판소의 의견을 구하였다. 이에 대하여 유럽재판소는 첫 번째 질의, 즉 문제가 된 퇴직규정은 양성의 평등을 규정한 각료회의의 지시문을 위반하는 것이라고 판시하였다. 그러나 두 번째 질의에 관하여는 지시의 국내입법 미비는 개인이 자국의 정부를 상대로 제소하는 사유는 될 수 있으나 직접 이것을 가지고 사인(私人) 고용주를 상대로 권리구제를 구할 수는 없다고 하였다. 이 판결로 공동체의 지시문이 국내법 체계로 편입되지 않은 상태에서는 수직적 효력(vertical effect)만 가질 뿐 수평적 효력(horizontal effect)은 없다는 원칙이 확립되었다.

4.3.3. 국가개념의 확대

지시문의 직접효는 수직적으로만 적용될 수 있다는 유럽재판소의 판례가 결과적으로 초래한 차별 적용의 문제를 해소하기 위해 재판소는 수직적 효력의 대상인 '국가'(State)의 정의를 가능한 한 폭넓게 해석하여 왔다. 마샬 퇴직사건에서 지역보건당국을 국가의 한 부분으로 인정했던 재판소는 프라텔리 콘스탄쪼 사건[15]에서는 지방자치단체 역시 국가의 한 부분으로 인정해야 한다는 판결을 내놓았고, 존스턴 사건[16]에서는 경찰간부도 국가로부터 파생된 기관으로

15) Case 103/88, *Fratelli Costanzo SpA v. Comune di Milano* [1989] ECR 1839.

간주하는 입장을 취했다. 재판소는 공공기관뿐만 아니라 공적기업에 대하여도 지시문상의 직접효를 넓게 인정하는 판시를 해 왔는데, 포스터 사건[17]에서 재판소는 지시문이 직접효를 갖게 되는 기관이나 기구에 관한 몇 가지 기준을 제시하였다. 그 기준은 첫째, 공공서비스를 제공할 것, 둘째, 국가의 감독이나 통제에 따르고 있을 것, 셋째, 사인간의 관계에 적용되는 통상적인 규정으로부터 나오는 것을 훨씬 넘어서는 특별한 권리를 갖고 있을 것, 이상 세 가지인데 여기에 해당하는 주체에 대하여는 지시문상의 직접효를 주장할 수 있다는 것이다. 이 판결은 비록 국가의 개념에 관한 포괄적인 정의에는 실패하였지만 그럼에도 불구하고 단순한 국가기관에 의한 통제만을 유일한 요소로 놓지 않고 그 이상의 기준들을 명확하게 제시하였다는 점에서는 긍정적인 평가를 받고 있다. 재판소의 이런 기준은 롤스로이스 사건[18]에서 잘 드러난 바 있는데, 당시 롤스로이스는 완전한 국가 소유의 기업이긴 하였지만 공공서비스를 제공하지도 않고 특별권력을 가진 것도 아니었기 때문에 국가의 파생개념에 들어가지 않았다.

4.3.4. 수평적 효력의 확대

마샬사건을 통해 지시문의 수평적 직접효를 제한하는 입장을 취했었음에도 불구하고 유럽재판소는 CIA 사건[19]을 통해서는 사인에 대한 직접적인 의무를 부과하지 않을 것을 전제로 하여 제한적인 수평적 직접효를 인정할 수 있다는 판결을 내렸다. 이 판결은

16) Case 222/84, *Johnston v. Chief Constable of The Royal Ulster Constabulary* [1986] ECR 1651.

17) Case C-188/89, *Foster and others v. British Gas plc* [1990] ECR-I 3313.

18) *Doughty Rolls Royce* [1992] I CMLR 1045.

19) Case C-194/94, *CIA Security International SA v. Signalson SA and Securitel SPRL* [1996] ECR-I 2201.

개인이 지시문을 근거로 개인을 상대로 소송을 제기할 때에도 당사국의 관련법이 지시문에 위반하여 위법인지의 여부를 다툴 수 있게 함으로써 지시문에 대하여도 수평적 직접효가 인정되는 것과 같은 효과를 가져왔다. 물론 이 때도 재판소는 공동체의 목적을 달성하기 위한 법규의 실효성 확보를 판시 이유로 삼았다. 그러나 지시문에 수평적 직접효를 인정하는 문제에 관하여는 재판소의 판결 자체도 그 인정 범위와 요건 등에 관하여 명확한 기준을 제시하지 못하고 다소 애매한 입장에 머물러 있는 것도 사실이다.

4.4. 간접효(Indirect Effect)

지시문에 대한 수평적 직접효를 부인하게 됨으로써 공동체 법규의 실효성 보장에 의문이 생기자 이에 대한 구제방안의 하나로써 유럽재판소는 간접효(indirect effect) 또는 해석의무(interpretative obligation)라는 원리를 발전시켜 왔다.

폰 콜손 사건[20]에서 재판소는 회원국들에게 공동체 조약 제10조상의 '공동체의 기관들에 의하여 행하여진 조치를 완전히 이행할 의무'를 상기시켜 주었다. 재판소는 나아가 이런 회원국들의 의무는 행정 부처뿐만 아니라 그것이 사법문제라면 법원도 포함하여 당사국의 모든 국가기관에 부여되는 의무라고 판시하였다. 결과적으로 이 판결은 회원국들의 법원들로 하여금 자국내 법규를 지시문의 문구와 목적에 맞도록 해석하고 적용할 의무를 부과한 셈이 되었다. 이 판결에 대하여는 회원국 법원에게 결국은 회원국 정부나 입법기

---

20) Case 14/83, *Von Colson and Kamann v. Land Nordrhein-Westfalen* [1984] ECR 1891.

관들이 해야 할 일들을 대신하도록 요구함으로써 회원국 내의 입법 절차나 질서에 심각한 간섭과 제약을 초래한다는 비판이 제기되어 오고 있다. 또한 이 원칙은 지금까지 유럽재판소가 간접효라는 새로운 우회적 논리를 통해 반 겐드 사건 등에서 보여주었던 바와 같은 직접효 요건을 무력화하고 결과적으로는 원칙 없이 직접효를 확대하는 것이 아니냐는 지적도 있다. 그럼에도 불구하고 이 원칙은 회원국들이 지시문의 내용을 입법화하지 않거나 불완전하게 입법함으로써 의무를 해태하는 경우에 대비하여 공동체 법규의 실효성을 담보하는 데 성공적이라는 평을 받고 있다.

폰 콜손의 판결에도 불구하고 그렇다면 그 간접효의 원칙을 어느 정도까지 적용하느냐 하는 문제에 관하여는 해결되지 않은 많은 쟁점들이 있었다. 콜핑휘스 사건[21]에서 재판소는 회원국의 법률을 지시문상의 취지에 따라 해석할 경우에도 때에도 이것이 법률불소급의 원칙이나 법적 예측가능성과 같은 공동체 법규의 일반적 원칙과 충돌할 때에는 후자가 우선한다고 판시하였다. 위 판결은 지시문이나 회원국 법률 모두 공동체의 일반적 법원칙에 따라야 한다고 함으로써 해석의 기준과 한계를 마련해 주었다는 사실에 그 의의가 있는데, 회원국 법원들이 위와 같은 해석의 기준을 준수하는 한 상당한 재량을 허용하여 왔다고 할 수 있다. 한편 재판소는 마리싱 사건[22]을 통해 회원국의 특정 법률이 지시문의 국내 입법미비 또는 불완전 입법으로 해석되는 경우 그 국가의 국민은 자국 정부는 물론 개인을 상대로 하여서도 자국 법원을 통하여 해당 법률에 관하여 다툴 수 있다는 점을 확인하였다. 이 판결은 결국 입법절차가 이루어지지 않은 지시문의 효력을 개인에 대하여도 강제할 수 있다는 것으로서 수평적 직접효를 인정하는 것이나 다름없는 내용이라고 할 수 있다. 하지만 지시문에서 형사처벌을 예정하고 있는 경우

21) Case 80/86, *Kolpinghuis Nijmegen BV* [1987] ECR 3969.

22) Case C-106/89, *Marleasing SA v. La Comercial Internacional* [1990] ECR-I 4135.

에 재판소는 신중한 입장을 취한다. 센트로스틸 사건[23]에서 재판소는 회원국 내의 적절한 입법절차를 거치지 않은 상태에서 지시문 자체만으로는 민사책임이나 의무는 몰라도 개인에 대한 형사책임은 부과할 수 없다고 판시하였다.[24]

《그림 17》 지시문의 간접효 이론

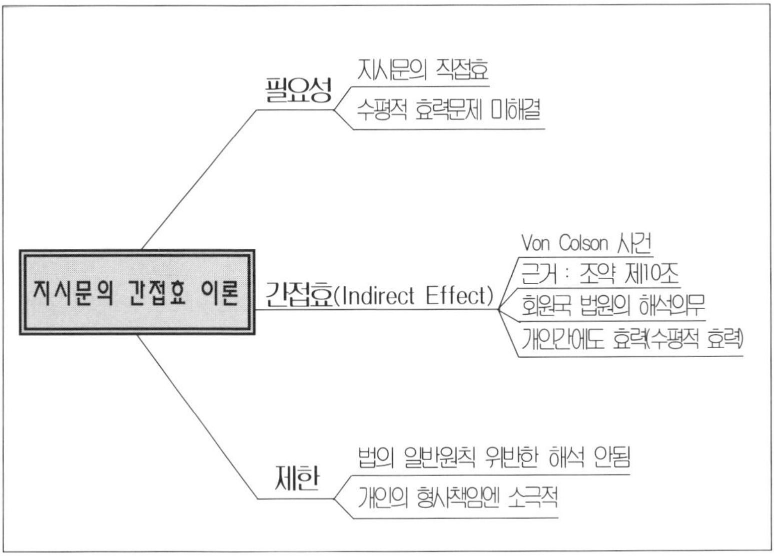

4.5. 국가배상책임

유럽재판소는 프란코비치 판결[25]을 통해 회원국이 지시문에 대한 국내입법절차를 거치지 않아 결과적으로 손해를 입게 된 개인은

23) Case C-456/98, *Centrosteel v. Adipol GmbH* [2000] ECR-I 6007.
24) Karen Davies, *op.cit.*, p.53.
25) Cases C-6/90 and C-9/90, *Andrea Francovich and others v. Italy* [1991] ECR-I 5357.

자국에 대하여 손해배상을 청구할 수 있다는 획기적인 판결을 내림으로써 지시문의 실효성을 보다 더 확실하게 담보하는 계기를 마련하였다. 재판소에 따르면 개인이 자국의 지시문 입법 부작위로 인한 손해배상 청구권을 행사하기 위해서는 1) 지시문이 공동체 주민에게 권리를 부여하고 있을 것, 2) 그 권리의 범위가 해당 지시문상으로 명백하게 구분될 수 있을 것, 3) 자국의 입법 부작위 내지 불완전입법의 위법행위와 개인의 손해 사이에 인과관계가 있을 것, 이상 세 가지의 요건이 충족되어야 한다. 프란코비치 판결의 의의는 공동체 조약 제10조상의 회원국들의 입법의무를 보다 강화하여 회원국들에 의하여 공동체 시민들의 권리가 부인당하는 결과가 초래되지 않도록 강제력을 부여한 데 있다고 할 수 있다. 위 판결에 이어 유럽재판소는 팩토테임 사건[26]을 통해 지시문뿐만 아니라 회원국들이 여타 공동체의 법규들을 위반하는 경우에도 손해배상청구권이 인정된다고 하여 한 걸음 더 나아가면서 역시 국가배상의무를 인정하기 위한 세 가지 요건, 즉 1) 위반된 법규가 개인에 대한 권리부여를 예정하고 있을 것, 2) 위반의 정도가 심대할 것,[27] 3) 위반과 발생된 손해 사이에 직접적인 인과관계(direct causal link)가 있을 것을 적시하였다. 프란코비치 판결보다 손해배상청구권의 요건이 다소 구체화된 셈이었다. 또한 이 사건에서 재판소는 국가 책임을 발생시키는 회원국의 기관들은 행정부처뿐만 아니라 입법, 사법 모든 기관을 포함한다는 점도 명백히 하였다. 위에서 든 세 가지 요건 중 '심대한 위반'의 기준과 범위가 무엇인가를 놓고 재판소는 이후의 사건들을 통해 판결을 통한 해석의 기준을 제시하여 오고 있다. 브리티쉬 텔레콤 사건[28]에서 재판소는 '위반의 심대성' 여부

26) Joined cases C-46/93 and C-48/93, *Brasserie SA v. Germany and UK v. Secretary of State for Transport, ex parte: Factortame Ltd.* [1996] ECR-I 1029.

27) The breach must be sufficiently serious.

28) Case C-392/93, *UK v. H. M. Treasury, ex parte British Telecommunications plc* [1996] ECR-I 1631.

를 가르는 기준의 하나로 위반 대상인 공동체 법규의 명확성 및 정확성을 들고 있다. 다시 말해 위반의 대상이 된 공동체 법규의 조항이 애매하게 해석될 여지가 있다면 이에 위반된 회원국의 입법 부작위나 불완전 입법이 공동체 법규위반으로 판단받을 여지는 없다는 것이다. 다른 하나는 위반의 고의(intentionality) 내지 자발성(voluntariness)인데, 이 점에 관하여 재판소는 공동체 법규 위반의 행위가 반드시 고의에서 비롯될 필요는 없다고 하고 있다.[29] 공동체 법규에서 회원국에게 재량을 부여하고 있는지 여부도 위반의 심대성 여부를 가르는 기준이 된다. 위반 대상 법규에서 회원국에 입법에 관한 여하한 재량을 주지 않고 있거나 극히 제한된 범위 내의 재량만을 허용하고 있다면, 이 법규에 대한 위법은 곧 손해배상책임을 가져올 정도의 중대한 위법행위에 해당할 가능성이 높다고 하겠다.[30]

개인들에게 공동체 법규 위반으로 인한 손해를 직접 자국 법원에 청구할 수 있는 길을 터 줌으로써 유럽재판소는 다시 한번 공동체 법규의 실효성을 강화한 것이다.

4. 6. 공동체 법규의 우위원칙 (The Doctrine of Supremacy of Community Law)

공동체 회원국들의 경우 자국 및 공동체의 두 가지 법규를 다 적용하여야 하는데 여기에서 필연적으로 두 가지 상이한 법률 시

29) Joined cases C-178/94, C-179/94, C-188/94, C-189/94 and C-190/94, *Erich Dillenkofer and others v. Germany* [1996] ECR-I 4845.

30) Case C-5/94, *UK v. Ministry of Agriculture, Fisheries and Food, ex parte: Hedley Lomas (Ireland) Ltd.* [1996] ECR-I 2553.

스템이 충돌할 경우 어떤 것을 우선하여야 하는가 하는 문제가 대두될 수밖에 없다. 당초부터 공동체 조약들에서는 이 문제에 관하여 침묵을 지켜 왔기 때문에 이것은 유럽재판소의 해석의 몫으로 남겨져 왔었다. 반 겐드 사건에서 재판소가 직접적으로 공동체 법규의 우위성에 관하여 언급한 바는 없지만 그 판시 이유에서 "공동체의 법규는 그 자체로서 새로운 법률질서를 만들어내며 각 회원국들은 제한된 분야에서나마 이를 위하여 자국의 주권을 제한시켰다"고 함으로써 어느 정도 공동체의 법규가 회원국의 국내법보다 상위의 규범임을 암시하고 있었다. 또 회원국 법규 우위의 원칙은 회원국들로 하여금 상충하는 두 개의 법규 중 자국 법을 적용하도록 허용한다면 공동체가 추구하는 목적을 달성하는 데 심각한 장애가 초래될 수밖에 없다는 재판소의 일관된 신조를 통해서도 암묵적으로나마 확립되어온 것이기도 하였다. 공동체 법규의 우위 원칙이 확실하게 판결로 드러난 것은 코스타 사건[31)]을 통해서였다. 코스타 사건의 판결을 통해 유럽재판소는 회원국 국내법과 공동체 법률이 충돌하는 경우엔 국내법이 설령 공동체 법률보다 뒤에 입법된 것이라 하더라도 공동체 법률이 우선한다는 점을 명백하게 선언하였다. 다시 말해 이것은 공동체 법률이 회원국 법률보다 우선할 뿐 아니라 일반적인 법률체제에서 인정되는 '신법 또는 후법 우선의 원칙'도 공동체 법규 앞에서는 적용되지 않음으로써 회원국이 공동체 법률에 반하거나 모순되는 내용의 입법을 하여 공동체 법률을 무력화시킬 수는 없다는 점을 천명한 것이었다. 이 판결을 뒷받침하는 논지 역시 주권의 제한적 양도이론이었다. 다시 말해 회원국들이 자발적으로 자신의 주권을 일부 제한하여 이를 공동체에 이양함으로써 각 회원국들의 국내 법률질서가 통합적으로 별도의 새로운 공동체 법률질서를 만들어낸 이상 이에 반하는 회원국들의 입법행위는 허용되지 않는다는 것이다. 재판소는 조약의 정신

---

31) Case 6/64, *Flaminio Costa v. E·N·E·L.* [1964] ECR 1141.

과 목적에 근거하여 회원국 법률질서의 우선 적용을 허용할 경우 공동체 법규의 통일성과 실효성은 심각한 위기에 처할 수밖에 없고, 더구나 신법 우선의 원칙이 적용될 경우 회원국들의 조약상 의무는 자의적으로 인정되는 불합리를 피할 수 없다는 점을 강조하였다. 또한 재판소는 위와 같은 해석의 근거 중 하나로 공동체 조약의 조문 자체에서도 이끌어 왔는데, 비록 조약 자체에서 공동체 법규의 우위원칙이 명기된 바는 없지만 공동체 조약 제249조에서 정하고 있는 규제의 직접적용 조항이 만일 회원국들이 이와 상충되는 국내법을 새로 제정하는 경우엔 아무런 의미가 없게 된다는 점이 바로 그것이었다.

비록 반 겐드 사건이나 코스타 판결에서는 공동체 법규의 우위원칙이 선언되었다고 하나 여기까지는 상당히 추상적인 선언의 성격에 그치고 있다고 할 수 있었다. 그러다가 실제로 이 개념은 한델스게젤샤프트 사건[32]에 와서 보다 구체적으로 적용되기에 이르렀다. 이 사건을 처음 심리하여 전심절차로 넘겼던 독일 행정법원은 공동체 법규에 따를 경우 독일 헌법에서 보장되고 있는 기본권이 보장될 수도 없다는 점에 매우 민감한 반응을 보였다. 재판소는 이 문제에 대하여 공동체의 법규는 그 존재 형식과 규범의 차원을 불문하고 헌법을 포함한 회원국의 모든 법률에 우선한다는 점을 명백히 하면서, 한편으로는 기본권의 경우 공동체는 공동체 법규의 일반적 법률 원칙 중의 하나로 인정되고 있으며 공동체의 틀과 목적 안에서 보장된다는 점을 밝힘으로써 이 판결로 인해 회원국들이 받을 충격을 완화시켰다.[33]

---

32) Case 11/70, *International Handelsgesellshcaft v. Einführ und Vorratsstelle für Getriede und Futtermittel,* [1970] ECR 1125; [1970] CMLR 255.

33) 이 판결을 통해 그 동안 추상적 이론 수준이었던 공동체 법규의 우위원칙이 제한된 분야에서나마 회원국들의 최고 법규범인 헌법질서보다도 우위에 있다는 점이 선언됨으로써 각국은 주권제한이라는 현실을 실감하게 된 것이다.

코스타 사건[34)]

1962년 이탈리아는 전력산업을 국영화하여 소비자들에게 전력을 공급하는 회사를 국영회사 하나로 통일하였다. 새로 신설된 이 국영회사(Ente Nazionale per ?Eenergia Elettrica: ENEL)는 기존에 있던 민간 전기회사들의 자산과 부채를 모두 승계한 뒤 종전 회사들이 공급하였던 전기에 대한 사용료를 소비자들에게 청구하였다. 코스타 역시 종전 민간 전기회사로부터 공급받은 전기에 대하여 요금을 내달라는 청구를 이 신설 국영기업으로부터 받은 사람들 중의 한 명이었다. 그는 이 청구서를 받고 요금납부를 거부하였는데 그 이유는 전력산업의 국유화를 담고 있는 이탈리아 법률이 국가독점산업의 점진적인 민간화를 규정하고 있는 공동체 조약 제37조에 반한다는 것이었다. 그리고는 위 회사에 대한 전기사용료 지급의무 부존재확인을 구하는 소송을 이탈리아 법원에 제기하였다. 이탈리아 법원은 유럽재판소에 대하여 공동체 조약 가입 이후에 새로 만들어진 회원국의 법률이 공동체의 법률에 우선하는지 여부에 관하여 전심결정을 구하였는데, 이 사건이 전심절차를 통해 재판소로 넘어가자 이탈리아 정부는 회원국 법원은 공동체의 조약들의 운영과 무관한 쟁점을 유럽재판소에 질의할 수 없다며 전심절차 자체를 받아들일 수 없다고 심하게 반발하였다. 이에 대하여 재판소는 공동체 조약 자체가 하나의 새로운 법률질서를 만들어내고 이것은 회원국들의 법률제도에 필수적인 요소인 만큼 이탈리아 정부의 주장을 받아들일 수 없다고 배척하면서 나아가 회원국들의 법원은 제반 심리절차에 있어 공동체의 법률을 적용할 의무가 있으며 회원국의 국내법이 공동체의 그것과 양립하지 못할 경우에는 그러한 국내법규가 통과된 시점이 공동체 조약 발효 전인지 후인지 묻지 않고 공동체의 법률이 국내법에 우선한다는 판결을 내렸다.

---

34) 126 Case 6/64, *Flaminio Costa v. E·N·E·L.* [1964] ECR 1141.

수출면장 사건[35)]

원고는 공동체의 공동농업정책(Common Agriculture Policy: CAP)에 따라 일정한 예치금을 내고 농산물 수출면허를 받았는데 면허 유효기간 내에 수출을 하지 못하게 되어 예치금이 몰수되자 독일 헌법상의 비례성의 원칙에 반한다며 예치금 반환소송을 제기하였다. 사건을 심리한 독일 법원은 몰수된 예치금이 과다하고 수출을 하지 못한 주된 책임이 원고에게만 있는 것이 아니라는 이유로 원고의 청구가 연방헌법상의 비례성의 원칙 등에 비추어 볼 때 이유 있다는 견해를 갖고 있었으나 일단 유럽재판소의 전심을 거치기로 하였다.

유럽재판소는 이에 대하여 공동체내의 조치는 그것이 설령 기본권과 관련되었다 할지라도 회원국들의 기준이 아닌 공동체의 독자적인 기준으로 판단되어야 한다면서 공동체의 조치가 기본권을 침해하였다는 주장을 배척하였다. 이 판결은 회원국의 헌법상 명문 규정보다도 공동체의 법규가 우선한다는 점을 보여주고 있다.

그러나 한편으로는 판결 이유를 통해 "기본권 존중의 원칙은 재판소에 의하여 보호되는 일반적 법률 원리들에 있어 없어서는 안 될 중요한 한 부분을 이루고 있으며 회원국들의 헌법적 전통에 의해 고양되어온 그와 같은 권리들은 공동체의 목적과 틀 안에서 보장되어야만 한다"고 판시함으로써 기본적 인권이 EU 법률의 법원(法源)이라는 점을 명백히 하고 아울러 회원국들에 공통되는 헌법적 전통이라는 요건을 마련하였다는 평가를 받고 있다.

회원국 법원에 지시문과 관련된 쟁점을 다룰 수 있는 관할권이 없는 경우에 해당 법원은 어떤 조치를 취하여야 하는가의 문제에 대하여도 재판소는 지멘탈 사건의 판결을 통해 공동체의 법규가 심리의 바탕인 이상 회원국 법원은 관할 없음을 이유로 심리를 거부

35) Case 11/70, *Internationale Handelsgesellschaft v. Einführ* [1970] ECR 1125.

할 수 없다는 입장을 명백히 하였다.[36] 당시 재판소에 전심절차로 계류된 쟁점은 지시문과 충돌하는 자국의 법률을 적용할 것인지의 여부를 결정하는 과정에서 행하여야 하는 법률심사의 기능이 이탈리아 하급심 법원에 부여되어 있지 않은 상황에서[37] 하급법원이 독자적으로 지시문과 상충하는 자국법 적용을 배제할 수 있느냐 하는 것이었다. 이에 대하여 재판소는 회원국의 법률과 공동체의 법규범이 충돌하는 경우 회원국 법원은 공동체 법규범에 대하여 즉각적인 효력(immediate effect)을 부여하여야지 헌법재판소의 결정을 기다려서는 안 된다고 판시하였다. 이 판결은 공동체 법규가 심리의 쟁점이 되는 경우에는 일반적으로 회원국의 국내법적인 차원에서는 인정되지 않는 심리관할도 인정될 수 있다는 뜻으로서 회원국의 위헌법률심사체계도 바꾸어 놓는 결과를 가져왔다. 또 '제2팩토테임 판결'[38]을 통해서도 공동체 법규범을 적용하는 회원국 법원의 심리권한은 확장되었는데, 이 사건에서 재판소는 해당 회원국의 법률이 잠정처분을 예정해 두지 않고 있다면 그 적용을 배제하고 공동체 법규범 적용의 실효성을 확보하기 위한 임시처분을 해야 한다고 판시하였다.[39] 이 판결 역시 공동체 법규의 우위원칙을 구체적으로 보여주는 사례라고 할 수 있다.

---

36) Case 106/77, *Amministrazione delle Finanze dello Stato v. Simmenthal SpA* [1978] ECR 629.

37) 당해 자국법의 적용 여부를 결정한다는 것은 법률의 위헌심사를 해야 한다는 의미인 까닭에 만일 하급심에서 독자적으로 지시문과 상충된다는 이유로 자국의 법률적용을 거부하면 결과적으로 이탈리아 헌법재판소의 위헌법률심사권을 잠식하는 결과가 되었다.

38) 위에서 본 C-48/93, *UK v. Secretary of State for Transport, ex parte: Factortame Ltd.* 사건과 구분하기 위해 이 사건을 '제2팩도테임 판결'이라고 부른다.

39) Case C-213/89, *UK v. Secretary of State for Transport, ex parte: Factortame Ltd. and others* [1990] ECR-I 2433.

제5장 공동체 법률의 이행

지금까지 우리는 유럽공동체가 어떻게 형성되어 발전되어 왔는지, 또 공동체를 실질적으로 이끌어가는 주체가 누구이며 그 상호간의 메커니즘, 그리고 공동체의 법률제도를 구성하는 다양한 요소들을 살펴보았다. 바로 앞 장에서는 회원국들의 법률과 공동체의 법률체제가 서로 어떤 긴장관계 속에 있으며 유럽재판소가 이를 해결하기 위해 어떤 해석방법을 썼는지 중요한 판례들을 중심으로 보았다. 그렇다면 이제는 실제로 공동체의 현실적인 작동을 이해하기 위해서 공동체의 법규범의 이행이 어떤 식으로 담보되고 있는지 알아볼 필요가 있다. 공동체의 법규범은 회원국 국내법의 한 부분을 이루고 있는 까닭에 공동체의 법률에서 파생되는 권리와 의무는 통상적으로 유럽재판소보다는 회원국 국내 법원에 의해 다루어진다. 구체적 사안에 있어 회원국의 법원들이 공동체의 법률을 적용하는 과정의 절차적 규정은 전적으로 회원국 국내법에 따르기 때문에 국내법원과 유럽재판소를 연결하는 고리인 조약 제234조의 전심절차(preliminary reference)를 먼저 이해할 필요가 있다. 공동체 법률상의 권리 확보절차가 주로 회원국 법원에서 이루어지는 것이 사실이지만 경우에 따라 유럽재판소[1]에 대하여만 전속관할권이 인정되는 사안이 있다. 공동체의 법률을 준수해야 할 주체는 크게 나누어 회원국들 및 공동체의 각 기관들이다. 유럽재판소의 전속관할권이 인정되는 대표적인 사례로는 회원국들이 공동체 조약 제226조 내지 제228조 소정의 조약상의 의무를 위반하는 경우 이에 대한 재판절차와 위 조약 제230조 내지 제233조의 규정을 포함하여 공동체 기관들의 작위 및 부작위에 대한 사법심사절차를 들 수 있다. 이하 각각의 경우를 순차적으로 살펴보기로 한다.

《그림 18》 회원국들에 대한 이행강제

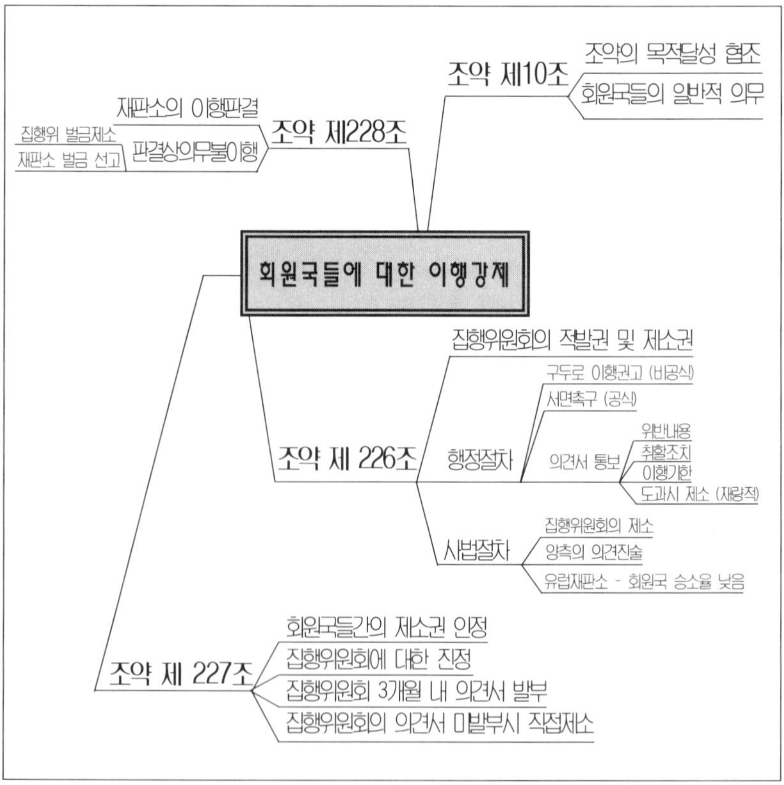

1) 제1심 법원인 CFI를 포함한다.

5.1. 회원국 법원에 대한 공동체 법규범의 이행청구권 행사

앞에서 본 바와 같이 일정한 요건을 충족할 경우 공동체의 법규범은 그 자체로서 개인에게 권리와 의무를 부여하고, 이 권리와 의무는 자국의 법정에서 행사될 수 있도록 하고 있다. 따라서 개인이 공동체의 법률에서 정해진 권리를 보장받기 위해 어떤 국내법원에 어떤 절차를 밟아서 어떤 구제조치를 허용받는지 살펴보아야 한다.

어떤 법원으로 하여금 공동체의 법률로 인정되는 권리 및 의무를 다루도록 할 것인가 그리고 어떤 절차를 통해서 심리할 것인가 하는 문제는 전적으로 회원국의 재량에 달려 있다. 재판소는 이 문제에 관하여 "공동체 법규의 직접효로부터 나오는 권리를 보호하기 위한 목적의 소송 절차 및 관할권 행사 법원의 지정은 각 회원국의 국내법에 따른다"고 한 바 있다.[2] 위 코메트 사건에서 보여준 유럽재판소의 태도는 공동체 법률상의 권리 행사는 회원국의 절차적 법규에 적합하게 행사되어야 한다는 점을 말해준다. 그러나 각 회원국마다 법률체제 및 소송과 집행의 절차가 다르기 때문에 이러한 다양성의 조화를 위해 재판소는 각 회원국의 자율성을 존중하면서도 각 회원국 법원들이 심리를 함에 있어서 고려하여야만 하는 일련의 기준을 제시하여 왔다. 이 중 대표적인 것은 차별금지의 원칙이다. 코메트 사건에서 재판소는 공동체 법규범과 관련된 사안을 심리함에 있어 유사한 사안이 당해 회원국의 법률에 근거하여 제소되었을 때와 비교하여 더 불리하여서는 안 된다는 점을 명시하였다. 다시 말해 법원의 구성이나 절차는 회원국의 재량에 속한다 하더라도 개인이 자국법에 근거하여 권리구제를 요청하였을 때와 공동체의 법규에 근거하여 소송을 제기하였을 때와 비교하여 양자에 차이가 있

2) Case 45/76, *Comet BV v. Produktschap voor Siergewassen* [1976] ECR 2043.

어서는 안 된다는 것이 재판소의 입장이다. 부당한 심리지연이나 입증책임의 가중, 잠정처분의 불허 등은 차별적 심리의 한 사례가 될 것이다. 여기에 덧붙여 회원국의 절차법이 개인으로 하여금 공동체의 법률상의 권리구제조치를 얻는 데 지나치게 까다롭게 되어서도 안 된다. 산 조르지오 판결[3)]에서 재판소는 회원국의 실체법 및 절차법은 공동체 차원에서 허용된 권리의 집행을 불가능하게 만들어서는 안 된다고 판시한 바 있다.

공동체 법률상의 권리 행사를 확보토록 하기 위해 구체적으로 어떤 구제조치를 허용할 것인가 하는 문제에 관하여 유럽재판소는 특별히 신중한 입장을 보여왔다. 젠트랄피난쯔 사건[4)]은 재판소의 이런 태도를 잘 보여주는데, 재판소는 개인이 공동체 법률을 근거로 자국법에 직접 소송을 제기할 수는 있지만 이것이 바로 공동체 법률의 준수를 위해 회원국 법원으로 하여금 새로운 형태의 구제수단을 만들어내도록까지 요구하는 것은 아니라고 하였다. 이는 각국마다 권리구제를 위한 조치들이 각각 다르고 그 뿌리는 각국의 역사와 전통, 법률적 정서에 바탕을 두고 있다는 점을 고려한 것으로 보인다. 물론 새로운 구제조치의 허용까지는 이어지지 않는다 하더라도 기존의 법률절차에서 예정된 구제조치에 실효성이 있어야 하며, 유사한 사건이 국내법을 근거로 제소되었을 때와 비교하여 같은 정도의 구제조치가 차별없이 허용되어야 한다. 유럽재판소는 폰 콜손 사건[5)]에서 조약 제10조는 회원국 및 그들의 법원들에게 공동체의 목적달성을 용이하게 하도록 하는 의무를 부과하고 있다고 판시하면서, 회원국과 각국 법원은 공동체 법규위반에 대한 구제조치는 실효성(effective), 억제력(deterrent effect) 및 발생된 손해와의 상당성이

3) Case 199/82, *Amministrazione delle Finanze dello Stato v. SpA San Giorgio* [1983] ECR 3595.

4) Case 33/76, *Rewe-Zentralfinanz v. Landschwirtsschaftskammer* [1976] ECR 1989.

5) Case 14/83, *Von Colson and Kamann v. Land Nordrhein-Westfalen* [1984] ECR 1891.

있어야 한다고 한 바 있다. 재판소의 이런 입장은 '제2 마샬 사건'[6]에서는 한 발 더 나아가 회원국 법원의 구제조치는 유사한 사건이 국내법에 의하여 제소되었을 때와 견주어 상응한 정도가 되어야 할 뿐 아니라, 현행 국내법에 의하여 효과적인 구제방법이 없는 경우에는 새로운 구제조치를 만들거나 기존의 방법을 변형시켜서라도 그 실효성을 담보하여야 한다고 하는 데까지 이르렀다.

일반적으로 공동체 법규상의 권리침해에 대하여 어떤 구제수단을 인정할 것인가의 문제에 관하여 재판소는 회원국의 실체법 및 절차법의 규정을 존중하는 편이지만, 회원국의 공동체 법규 입법 부작위 내지 불완전 입법으로 인한 국가책임에 관하여는 예외없이 금전적 손해배상을 구제수단으로서 통일하고 있다. 앞에서 살펴본 프란코비치 사건[7]은 그 대표적인 사례라고 할 수 있다.

5.2. 전심절차(Preliminary Reference)

5.2.1. 전심절차의 기능과 역할

공동체 조약 제234조는 유럽재판소에 대하여 회원국 법원으로부터 요청이 있는 경우 조약의 해석과 그 밖의 공동체의 제2차적 각종 법원(法源)의 해석 및 유효성에 관하여 전심결정을 내릴 수 있도록 하고 있다.

조약 제234조의 목적은 공동체 법률의 통일적 해석 및 적용을

6) Case C-271/91, *Helen Marshall v. Southampton and South-West Hampshire AHA* [1993] ECR-I 4367.
7) Cases C-6/90 and C-9/90, *Andrea Francovich and others v. Italian Republic* [1991] ECR-I 5357.

담보함에 있다. 직접효의 원리가 회원국 법원들로 하여금 조약의 이행자의 역할을 하도록 확고히 하였지만 각국마다 서로 다른 법률체제와 해석방법의 다양성은 공동체 법규의 통일적 적용을 어렵게 할 수 있었다. 이런 상황을 타개하는 좋은 방법 중의 하나가 전심절차라고 할 수 있다. 전심절차와 관련하여 유의할 것은 회원국 법원들은 자신이 구한 전심절차에서 재판소가 내린 결정을 수용하여야만 하지만, 유럽재판소 자신은 기존 판결에 구속되지 않는다는 것이다. 물론 재판소 자신도 현실적으로는 법적 일관성을 유지하기 위하여 기존의 판결에 따르는 경향을 보이고는 있다. 각 회원국 법원들과 유럽재판소의 관계는 상하의 관계에 있는 것은 아니며[8] 서로 다른 기능을 수행하고 있는 것에 불과하지만, 현실적으로 유럽재판소가 전심결정이라는 절차를 통해 공동체 법규의 집행자 내지는 적용자인 각국의 법원들을 지휘하는 자리에 있음을 부인할 수 없다. 여기엔 회원국들의 최상위 헌법재판기구도 포함된다.

5.2.2. 전심절차 회부 주체

회원국 법원이나 기타 준사법기구는[9] 계류 중인 사건이 공동체의 법률과 관련이 있다고 판단되면 전심절차에 회부하게 된다. 조약 제234조의 규정을 보면 전심절차 회부의 주체는 오직 당해 법원이고 사건 당사자는 물론 해당국의 행정당국이나 기타 제3자는 회부의 주체가 아니라는 점이 명백하다. 유럽재판소 자신도 전심절차 회부의 주체는 아니다. 또 기존의 유사한 사안에 대하여 전심절차를 거치지 않고 당사국 법원이 독자적으로 판결을 내린 바 있다는 선례를 들어 전심절차 회부에 이의를 제기하는 것도 허용되지 않는

8) 이 점에 있어서는 유럽재판소 자신도 회원국들 법원의 위상과 지위를 건드리지 않기 위하여 애쓰는 모습이 역력하다고 할 수 있다.

9) 이하 법원으로만 통일한다.

다.[10] 그러나 재판소에 전심절차를 구하는 사법당국은 법원에 한정되는 것은 아니다. 공동체 조약 제234조는 회원국의 법원 또는 심판기구가 전심결정을 구할 수 있도록 하고 있다. 따라서 현재 유럽재판소에 전심결정을 구하는 기구들은 중재위원회, 보험 및 행정심판위원회 등 다양한 법원 및 준사법기구들이 망라되고 있다. 반 겐드 사건에서 전심결정을 구한 것은 네덜란드 행정심판위원회였다. 그러나 전심결정을 구하는 주체는 회원국 내에서 적법한 법률질서내로 편입되어 있는 공적인 사법 내지 심판기구이어야 하며 사적인 기관은 전심절차를 구할 적격이 없다. 노르드씨 사건[11]이 그 대표적인 사례인데 재판소는 전심결정을 구한 기구가 사적인 계약상으로 설립된 중재판정위원회라는 이유로 청구를 각하하였다. 그러나 여기에서 공적인 기구라 함은 반드시 기구 자체가 해당국의 법률에 의하여 설립되었을 것까지는 요구하지 않고 그 주체의 성격의 일부에 공적인 측면이 가미되면 족하다는 것이 재판소의 입장이다. 브뢰크묄렌 사건[12]에서 재판소는 네덜란드의 일반의약품 항소위원회가 관련 당국과의 합의와 협조절차에 따라 만들어졌고, 여기에서 내려진 결정이 최종 판결과 같은 효력을 지니도록 되어 있다는 점을 들어 전심절차를 구할 자격이 있다고 인정하였다.

5.2.3. 전심절차 회부

조약은 회원국 법원들에 대하여 전심절차 회부 여부를 결정함에 있어 재량에 따라 결정하는 경우와 그렇지 않고 의무적으로 전심절차에 회부하여야만 하는 두 가지 경우를 상정하고 있다.

10) Case 146/73, *Rheinmuhlen-Düsseldorf v. Einführ und Vorratsstelle für Getreide und Futtermittel* [1974] ECR 139.
11) Case 102/81, *Nordsee Deutsche v. Reederei Mond and others* [1982] ECR 1095.
12) Case 246/80, *Broekmeulen v. Huisarts Registratie Commissie* [1981] ECR 2311.

5.2.3.1. 재량적 회부

조약 제234조 제2항은 계쟁 사건에 관한 판결을 내림에 있어 결정이 필요하다고 인정되는 경우 모든 법원은 유럽재판소에 심판을 청구할 수 있다고 규정하고 있다. 유럽재판소는 이 규정을 적정한 사법기구가 공동체 법률에 따라 어떤 결정을 내려야 한다고 여길 경우 해당 기구에 전심절차를 구할 권리가 생기는 것이라고 해석해 왔다.[13] 여기서 한 가지 유의하여야 할 점은 위와 같은 사안이 공동체의 제2차적 법원의 당부(當否) 내지 효력과 관련된 다툼이라면 해당 법원의 전심절차 회부의 재량권 행사는 허용되지 않는다. 전심절차에 회부하지 않은 법원으로서는 쟁점이 된 공동체의 법률이 유효하다는 전제 아래에서만 판단할 수 있다. 이는 공동체 법률의 효력에 관한 심리는 오직 유럽재판소의 전속 관할에 속하기 때문이다.[14]

5.2.3.2. 의무적 회부

조약 제234조 제3항은 자국법에 사법적 구제수단이 없는 경우 회원국 법원이나 준사법기구들은 사안을 재판소에 회부하여야만 한다고 규정하고 있다. 따라서 어떤 법원의 판결이 당해 국가 법률질서 내에서는 최종적이고 더 이상 상소의 길이 없는 상황에서 공동체의 법률이 그 쟁점이 되고 있다면 당해 법원에는 전심절차 회부의 의무가 있다고 할 수 있다. 즉, 당사자들에게 자동적으로 항소의 기회가 보장되지 않는 심급의 법원에는 전심절차 회부의무가 주어지는 것이다. 그러나 유럽재판소는 1) 회원국 법원에 계류 중인 사안이 공동체 법률과는 무관한 경우, 2) 관련된 공동체 법률이 이미 유럽재판소에 의하여 해석된 사례가 있는 경우,[15] 3) 법문상 해

---

13) Case 92/78, *SpA Simmenthal v. Commission* [1979] ECR 777.
14) Case 314/85, *Foto-Frost v. Hauptzollamt Lübeck-Ost* [1987] ECR 4199.
15) Joined cases 28 to 30-62, *Da Costa v. Netherlands* [1963] ECR 61.

석이 명료하여 합리적 의심의 여지를 전혀 남기지 않는 경우에는 회원국 법원들에게 전심절차 회부의무를 면해주고 있다.[16] 그러나 이렇게 회부의무가 면제됨에도 불구하고 당해 법원이 유럽재판소에 전심결정을 구하는 것까지 막는 것은 아니다. 다시 말해 이를 이유로 유럽재판소가 전심청구를 기각하는 일은 없다. 재판소가 자신에게 회부된 전심절차를 거부하는 경우가 있을까. 이 문제에 관하여는 전심절차 회부의 주체가 공적인 성격을 갖지 않는 경우 재판소가 이를 각하한다는 사실을 본 바 있다. 당사자들이 구체적인 법정 다툼이 아닌 일정한 상황을 가정하여 미리 유럽재판소의 의견을 들어보기 위하여 전심절차를 구하는 것도 허용되지 않는다.[17]

5.2.4. 전심절차의 방식

회원국 법원은 전심회부가 필요하다고 판단되면 재판소에 질의할 질문 항목을 만든다. 과거의 경우 회부된 질문이 적당하지 않다고 판단되면 유럽재판소는 적당한 형식과 내용으로 질의사항을 재구성하기도 하였는데 지금은 업무의 과중함으로 인해 재판소의 질의 사항 재구성은 그 사례를 찾기 힘들다. 회원국 법원은 또한 쟁점이 된 사실관계와 관련된 자국법률을 재판소에 보내주고 재판소로부터 결정이 있기 전까지 심리를 중단시켜 놓게 된다. 일단 사안이 재판소에 접수되면 질의관련항목은 전 회원국의 공식언어로 번역되어 회원국들과 공동체 기구들에게 전달되고 공보를 통해 공개

---

16) Case 283/81, *CILFIT v. Ministry of Health* [1982] ECR 3415.

17) C-83/91, *Wienand Meilicke v. ADV/ORGA F. A. Meyer AG* [1992] ECR-I 4871; Case 104/79, *Pasquale Foglia v. Mariella Novello* [1980] ECR 745 and Case 244/80, *Foglia v. Mariella Novello* [1981] ECR 3045. 재판소는 이 문제에 대하여 「회원국 법원에 의한 전심결정 회부 지침」(Guidance on references by national courts for preliminary rulings) [1997] 1 CMLR 78을 내 놓은 바 있다.

된다. 그리고 당사자들, 회원국들 및 공동체 기관 등으로부터 서면 또는 구술로 의견진술이 이루어지는데 이 때는 전심절차에 회부된 법원이 속한 국가의 언어를 공식언어로 한다. 재판소는 주심법관(Advocate General)의 의견을 받은 뒤 다수결에 의하여 판결을 내리고 이 결정은 해당 법원으로 통지될 뿐 아니라 공동체 판례집에 수록된다. 유럽재판소는 조약의 해석과 제2차적 법원의 적법성을 심사하여 판결을 내리기는 하지만 구체적 사안에는 개입하지 않으며 재판소의 결정을 받아 그 취지에 따라 사안에 적용하여 판결을 내리고 집행하는 것은 회원국 법원의 몫이다.

5.2.5. 전심절차의 장점

전심절차는 공동체의 법률 발전에 지대한 공헌을 해왔는데, 우선 이를 통해 회원국들의 법률제도와 공동체의 그것이 유기적으로 연결될 수 있었다는 점이다. 전심절차가 없었다면 양자는 따로 놀았을 것임에 틀림없다. 두 번째는 전심절차의 이용이 회원국 법원들로 하여금 공동체의 법률체제에 익숙할 수 있도록 하는 기회를 부여하였다는 점이다. 그 중에서도 재판소가 전심절차를 통해 공동체의 법률제도를 발전시켜 궁극적으로는 조약의 헌법화를 이루어냈다는 것은 특기할 만하다. 재판소는 전심결정을 통해 직접효 및 공동체법률 우위의 원칙과 같은 핵심 법률 기둥을 만들어냈을 뿐 아니라 공동체 법규범의 저변을 구성하는 일반적인 법 원칙을 판례로 이끌어내었다. 폰 콜손 사건에서 언급된 '해석의 의무'(interpretative obligation),[18] 프란코비치 사건에서 이끌어낸 '국가배상책임'(State damages)[19] 등은

18) Case 14/83, *Von Colson and Kamann v. Land Nordrhein-Westfalen* [1984] ECR 1891.

19) Cases C-6/90 and C-9/90, *Andrea Francovich and others v. Italian Republic* [1991] ECR-I 5357.

전심절차가 있었기에 가능한 일이었다. 재판소가 전심절차를 통해 개인들에게 공동체의 법률상 권리가 침해된 경우의 실효적인 권리 구제조치의 길을 열어줌으로써 결과적으로 시민들에게 공동체의 존재가 보다 더 현실적으로 다가오도록 하였다는 점도 전심절차가 가져온 장점 중의 하나라고 할 수 있다.

5.3. 회원국들에 대한 이행강제

공동체 조약 제10조는 모든 회원국들에게 조약과 공동체의 제2차적 법원에 의하여 부과되는 특정한 의무의 완전한 이행을 명기하고 있다. 여기에서는 또한 회원국들이 공동체의 목적을 위태롭게 하는 여하한 행위도 하여서는 안 된다는 일반적인 의무도 예정하고 있다.

5.3.1. 집행위원회에 의한 제소(조약 제226조)

어느 회원국이 공동체의 법률을 위반하고 이로 인하여 개인이 손해를 입은 경우 그 당사자가 직접효의 원칙에 따라 해당 국가를 제소할 수 있음은 앞에서 본 바와 같다. 이와 별도로 공동체 조약은 회원국들로 하여금 자신들의 의무를 이행하도록 하는 장치를 두고 있다. 공동체 조약 제211조는 집행위원회에 공동시장의 적성한 기능과 발전을 도모하는 목적을 달성토록 하고 있는데, 제226조는 이러한 의무를 확장하여 조약상의 의무를 불이행하였다고 판단되는 회원국에 대하여는 집행위원회가 사실관계를 조사하고 필요하면 유럽재판소에 제소할 수 있는 권한을 부여하고 있다. 이러한 집행위원회의 조사 및 제소권한은 위원회의 재량에 달려 있으므로[20] 공동체 법규를 위반하였다고 하여 모든 회원국에 대하여 자동적으로 제소 절차가 이루어지는 것은 아니다. 물론 집행위원회에서 이 재량권을 남용하여 제소절차를 밟지 않음으로 인하여 피해나 불이익을 받은 쪽에서는 공동체 조약 제195조에 의하여 옴부즈만에게 구제를 호소할 수 있다. 회원국의 공동체 법률 위반행위에 대하여 피해를 입은 개인이 자국 정부를 상대로 제소하는 절차와 동시에 집행위원회에서는 이와 별도로 이행강제절차에 들어감으로써 두 개의 절차가 아울러 진행될 수도 있다.[21] 회원국의 위반행위는 입법부작위나 불완전입법 모두 심사의 대상이 된다.[22] 조약 제226조상의 심리는 집행위원회의 직권 또는 제3자의 진정 등에 의하여 개시되는데 여기서 유의할 것은 회원국의 위반행위로 피해를 입었다고 주장하는 제3자의 경우라 하더라도 특별히 당해 구제절차가 피해자를 위하여 예정되어 있지 않은 이상 집행위원회에 대한 진정 등은 조사권 발동 촉구의 의미만을 가지고, 그 이후의 절차에는 직접 관여할 수 없도록 되어 있다. 이행강제의 절차는 크게 행정적 절차와 사법적 절차로 나뉘고, 전자의 경우는 다시 비공식 절차와 공식절차로 구분된다.

5.3.2. 집행위원회의 조사권

집행위원회는 특정 회원국이 공동체 법규상의 의무를 위반한 혐의가 있다고 인정되면 당해 국가의 관련 당국과 비공식적 대화에 들어간다. 이 단계는 매우 중요한데 사실 위반 사건의 상당부분이 이 단계에서 해결되어 집행위원회의 더 이상의 개입 필요성이 없어지기 때문이다. 이것은 위반사례의 많은 경우가 회원국들의 무

20) Case 48/65, *Alfons Lütticke GmbH v. Commission* [1966] ECR 27.
21) Case C-246/89R, *Commission v. UK* [1991] ECR-I 4585.
22) Case 167/73, *Commission v. France* [1974] ECR 359.

지나 오해에서 비롯된 까닭에 이런 상황에서 비공식 대화만으로도 당해 회원국들은 즉시 위반행위를 시정하게 된다. 위반혐의사실이 이 단계에서 시정되지 않으면 집행위원회는 공식 서한을 발송하여 위반사항을 적시함과 아울러 상당한 기한을 두고 이 때까지 의무를 준수토록 통지한다. 보통은 의무준수의 기한을 최고일로부터 2개월 가량으로 잡고 있다. 이 기한까지도 위반행위의 시정이 이루어지지 않으면 집행위원회는 '적발소견서'(reasoned opinion)를 발부하게 되는데 여기에는 당해 회원국이 어떻게 공동체 법률을 위반하였는지 그리고 위반사실을 시정하기 위한 적당한 기간이 명시된다. 이 기간 역시 2개월이 보통이나 개별적인 사안마다 조금씩 달라진다. 이 적발소견서는 그 이후에 진행될 소송의 쟁점과 범위를 확정하는 것으로서 회원국은 이를 토대로 변론하게 되는데, 집행위원회에서 이 소견서의 내용을 변경하는 것은 재판소에 의하여 허용되지 않는다.

5.3.3. 사법절차

적발소견서에 명시된 기한 내에 위반행위가 고쳐지지 않으면 집행위원회는 사안을 유럽재판소에 제소함으로써 사법적 절차를 진행하게 된다. 이 단계에서도 재판소의 최종 판결이 나오기 전까지 집행위원회와 회원국 사이의 화해로 사건이 종결될 수도 있다. 판결의 경향을 보면 피소된 회원국들이 승소하는 확률은 10% 남짓에 불과한데, 이것은 집행위원회가 처음부터 승소의 가능성이 낮다 싶은 사안은 제소하지 않고 여기에 재판소 또한 회원국들의 항변을 받아들이는 데 대체로 엄격하기 때문이다. 타코그라프 사건[23)]에서 영국 정부는 대형트럭 운전석에 주행기록계 부착 도입을 하지 못한 것이 노

23) Case 128/78, *Commission v. UK* [1979] 419.

조의 강력한 저항 때문이라는 현실상의 어려움을 불이행의 항변사유로 삼았으나 기각되었고, 중앙정부가 아닌 지방자치단체의 반발로 인하여 불이행하였을 뿐이라는 벨기에 정부의 항변도 배척되었다.[24] 통계 미제출 사건[25]에서는 집행위원회에서 제출을 요구하는 자료가 통계처리센터에 대한 폭탄공격으로 관련 자료가 유실되었기 때문에 어쩔 수 없이 제출하지 못한다는 이탈리아 정부의 이른바 불가항력(force majeure)의 항변도 받아들여지지 않았다.

5.3.4. 판결 불이행에 대한 조치

유럽재판소는 회원국이 의무를 위반하였다고 인정되면 위반사실을 선언하고 즉시 위반행위를 시정할 것을 요구하는 판결을 내리게 된다. 유럽연합조약(TEU)을 통해 개정되기 전까지 이러한 재판소의 판결은 단지 선언적인 의미만이 있었고 판결 자체에 강제력은 부여되어 있지 않았었다. 개정된 공동체 조약 제228조에 따르면 집행위원회는 위 판결에 따라 위반 국가에 대한 추가적인 이행조치를 취하도록 하고 여기에서도 시정되지 않을 경우에는 적정한 벌금을 부과할 수 있다. 이로써 재판소의 판결이나 집행위원회의 강제이행 조치에 실효적인 수단이 도입되었다고 할 수 있다. 여기에는 해당 국가가 벌금의 납부마저 거부하는 경우에는 어떤 조치를 또 취할 수 있을 것인가의 문제가 남는다. 학자들 사이에서는 각료회의에서의 의결권 제한이나 유럽연합 차원의 보조금 지급 삭감 내지 동결을 회원국에 대한 유효한 심리적 강제수단으로 들고 있으나 아직까지 벌금 납부를 거절한 사례는 없기 때문에 일단 벌금형 도입은 성공적으로 정착되어가고 있는 것으로 보인다.

---

24) Joined cases 227, 228, 229 and 230/85, *Commission v. Belgium* [1988] ECR 1.
25) Case 101/84, *Commission v. Italy* [1985] ECR 2629.

5.3.5. 회원국들에 의한 제소

어느 회원국이 다른 회원국에게 공동체 의무 불이행사실이 있다고 인정하면 그 회원국은 위반국을 공동체 조약 제227조에 따라 재판소에 제소할 수 있다. 그러나 처음부터 회원국 단독으로 제소할 수 있는 것은 아니며 집행위원회로 하여금 참여하여 제소권을 행사하도록 하는데, 이런 요구를 받은 집행위원회는 위 조약 제226조에 따라 이행강제절차를 밟게 된다. 즉 첫 번째 단계에서 당해 회원국은 집행위원회에 대한 진정절차를 거치는 것이다. 진정을 받은 집행위원회는 3개월 이내에 적발소견서를 발부하여야 한다. 만일 이 기간 내에 발부가 이루어지지 않으면 진정 회원국 단독으로 재판소에 직접 제소할 수 있게 된다. 심리 결과 피진정 회원국의 공동체 법규 위반사실이 인정되면 그 이후의 절차는 위에서 본 바와 같은 과정을 거쳐 최종적으로는 벌금까지도 부과되게 된다. 그러나 사실상 조약 제227조에 따라 회원국끼리의 제소가 이루어지는 경우는 매우 드물고, 판결까지 이른 경우는 더욱 드물다고 할 수 있다.[26] 이는 회원국들이 정치적으로 민감하게 대립할 수 있는 조약 제227조의 절차를 이용하기보다는 집행위원회를 중간에 두고 비공식적인 대화를 통해 타협을 이끌어내는 것이 서로의 부담을 줄이는 길임을 인식하고 있기 때문으로 풀이된다.

5.3.6. 강제이행절차의 효과

그 성격상 집행위원회에서 이루어지는 비공식적인 대화를 통한 조사 및 해결과정에 대한 통계자료는 없지만, 행정절차 단계에서 이루어지는 조치들은 아래의 수치가 보여주듯이 상당히 성공적이라고 할 수 있다.[27]

---

26) Case 141/78, *France v. UK* [1979] ECR 2923; 현재까지는 프랑스와 영국 사이에 어업권을 둘러싸고 벌어졌던 이 사건이 유일하다고 할 수 있다.

《표 2》 집행위원회의 제소 비율

연도	발송된 공식서한	발부된 적발소견서	재판소에 대한 제소
1999	1,075	460	178
2000	1,317	460	172
2001	1,050	569	162

위 자료에서 보듯이 위반 건수의 상당 부분이 재판소에 대한 사법적 제소로 이어지기 전에 해결되고 있음을 알 수 있다. 그러나 이행강제를 위한 조치와 관련하여 간과하지 말아야 할 것 중의 하나는 집행위원회에 의하여 적발되지 않고 넘어가는 회원국들의 위반행위도 많이 있다는 점이다. 이를 위하여 집행위원회는 인터넷을 통해 각 회원국들의 시민이나 기업들로부터 자국의 공동체 의무 불이행 사례를 신고하도록 하는 등 실효성을 확보하기 위한 노력을 하고 있다. 회원국들의 공동체 의무 위반의 대표적 유형으로 꼽히는 지시문의 국내 입법의무와 관련하여서는 공보(Official Journal)를 통해 지시문을 공개함으로써 일반인들로 하여금 쉽게 지시문의 존재 및 그 내용에 접할 수 있게 하고, 회원국 정부들에 대하여는 국내 입법절차가 마무리되면 집행위원회에 통보하여 확인할 수 있도록 하고 있다.

5.4. 공동체 기관들에 대한 소송: 사법적 심사

EC 및 EU 관련 조약들은 공동체의 기관들에 대하여 많은 권한과 함께 의무를 부여하고 있다. '사법적 심사'(judicial review)란 공동체 기관들의 행위나 결정에 대한 다양한 소송유형을 통칭하여 부르

27) Karen D Karen Davies, *op.cit.*, p.71.

는 용어이다. 여기에는 취소소송(조약 제230조) 및 부작위위법확인소송(조약 제232조), 그리고 다른 사법절차와 관련된 잠정처분(조약 제243조)이 포함된다. 이런 절차들은 공동체의 기관들로 하여금 조약들에 의하여 허용된 범위 안에서만 적법하게 권한을 행사하도록 보장하는 견제와 균형의 원리를 구현하는 한 방편이라고 할 수 있다.

5.4.1. 취소소송(제230조)

조약 제230조는 어떤 경우에 공동체의 기관의 행위가 취소의 대상이 되는가에 관한 내용을 담고 있는 것으로서 적법성 여부 판단에 관한 기준을 제시하고 있다. 일단 취소요건에 해당되면 당해 행위는 조약 제231조에 따라 재판소에 의하여 무효가 선고된다. 공동체 조약 제230조는 취소소송의 대상이 되는 행위와 관련하여 "유럽의회와 각료회의에 의하여 공동으로 취해진 조치, 각료회의, 집행위원회 및 유럽중앙은행의 독자적인 각 조치, 그리고 유럽의회의 행위로서 제3자에 대하여 법률적 효력을 발생시키는 조치"를 들고 있다. 유럽연합조약으로 위 조항이 개정되기 전에는 각료회의와 집행위원회의 행위만이 취소의 대상으로 규정되어 있었다. 그러나 유럽재판소는 위 개정 이전에도 유럽의회의 행위가 사법적 심사의 대상이 될 수 있음을 선언한 바 있다.[28] 조약 제230조에 의하면 사법심사의 대상이 되는 공동체 기관들의 행위는 규정, 결정 및 지시문에 관련된 것들이다. 권고나 의견은 법적 구속력이 없기 때문에 사법심사의 대상에서 제외된다. 그러나 유럽재판소는 사법심사의 대상을 행위의 형식이나 명칭을 불문하고 법률적 효력을 발생시킬 여지가 있는 공동체 기관들의 제반 행위로 폭넓게 해석하여 왔다.[29]

---

28) Case 294/83, *Parti écologiste "Les Verts" v. European Parliament* [1986] ECR 1339.

29) Case 22/70, *Commission v. Council* [1971] ECR 263.

5.4.1.1. 제소요건

공동체 조약은 다음과 같은 사유가 있는 경우 취소소송을 제기할 수 있다고 규정해 놓고 있다.

① 부적격 행위 : 공동체의 기관이 조약에서 수권을 받은 바 없는 사안에 관하여 어떠한 행위를 한 경우를 말한다.

② 절차위반 : 입법이나 특정한 집행행위에 사전적으로 필요한 절차를 거치지 않은 경우를 말하는데, 각료회의이 유럽의회와의 협의과정을 거치지 않은 채 입법행위를 한 경우 등을 예로 들 수 있다.[30)]

③ 법률 적용에 있어서의 조약이나 법률위반: 이 사유는 다른 위반사유와 중복될 수도 있는데, 유럽재판소는 이 때 위반의 대상이 되는 것은 성문법률에 국한되지 않고 공동체 법률의 일반원칙도 포함한다고 한다.[31)]

④ 권한남용 : 공동체의 기관이 주어진 권한을 적절하지 못한 목적과 방법으로 사용한 경우를 말한다.

5.4.1.2 제소권자

취소소송을 제기할 수 있는 주체는 자동적으로 원고 적격을 갖는 부류와 취소소송의 실익을 입증해야만 하는 부류로 나뉜다.

5.4.1.3. 당연 적격

조약은 회원국, 각료회의, 집행위원회 및 유럽의회에 대하여는 자동적으로 취소소송의 원고 적격을 부여하고 있다. 이들 중 유럽의회의 경우 원고적격을 부여받은 것은 니스조약에 와서였지만 일찍

30) Case 138/79, *SA Roquette Freres v. Council* [1980] ECR 3333.
31) Case 4/73, *Nold v. Commission* [1974] ECR 491.

부터 유럽재판소는 의회에 대하여 소송을 제기할 수 있는 권한이 있다는 점을 인정하고 있었다.[32] 이것은 일찍이 의회를 취소소송의 피고로 인정했던 것과 같은 맥락으로 유럽의회의 역할이 그만큼 점점 더 강화되어왔다는 사실을 반증하는 것이기도 하다.

5.4.1.4. 준적격

조약 및 공동체의 법률로 인정된 권리나 이익이 명백히 침해되었다고 인정되는 경우에는 감사원(Court of Auditors: CoA)과 유럽중앙은행(ECB)도 사안에 따라 원고로서 제소권을 행사할 수 있다.

5.4.1.5. 예외적 적격

조약은 결정의 직접 당사자인 자연인이나 법인으로서 이해관계를 소명하는 경우에는 예외적으로 이들에게도 취소소송을 허용하고 있다. 결정의 당사자가 아닌 제3자의 경우 또는 취소의 대상이 규정인 경우엔 당해 결정이나 규정이 직접적 및 개인적으로 영향을 미치고 있음을 증명함을 전제로 하여 취소소송의 원고 적격이 부여될 수 있다. 자연인이나 법인이 지시문을 상대로 취소소송을 구할 수는 없음을 유의하여야 한다. 결정 및 규정에 대한 취소소송과 관련하여 원고 적격을 인정하기 위한 직접적이고 개인적인 이해관계가 어느 정도인지의 문제는 결국 유럽재판소의 해석에 따를 수밖에 없다.

제3자에 대하여 영향을 미치는 결정에 대하여 이해관계자 개인이 취소소송을 제기할 수 있는 기준에 관하여 재판소는 플라우만 판결을 통해 하나의 기준을 마련하였다.[33] 위 사건의 청구인은 오렌지 수입상으로서 그는 독일 정부에 대하여 내린 결정에 대하여 이

32) Case C-70/88, *European Parliament v. Council* [1991] ECR-I 4529.
33) Case 25/62, *Plaumann v. Commission* [1963] ECR 199.

의를 제기하면서 공동체 역외에서 들여오는 오렌지에 대한 관세부과 방침을 변경할 것을 주장하였다. 이에 대하여 재판소는 개인적 이해관계를 증명하기 위해서는 청구인 자신이 특정한 이해관계나 상황으로 인하여 다른 사람들과는 구분되어야 할 것, 다시 말해 자신이 주장하는 이익이 배타적 집단(closed class)에 속한다는 점을 입증하여야 한다고 하였다. 원고 청구는 기각되었는데 원고뿐만 아니라 그 누구라도 원고가 종사하고 있던 것과 같은 오렌지수입상을 할 수 있으며 따라서 원고가 입은 피해이익이라는 것이 배타적으로 특정 집단에게만 귀속되는 것이 아니라는 것이 재판소의 판결 이유였다. 이 기준에 대하여는 지나치게 엄격하다는 비판이 많이 제기되어 왔었는데 2002년 3월 UPA 사건[34]에서 주심을 맡았던 야콥 주심판사는 개인적 이해관계에 관한 종전의 기준을 재정립할 필요가 있다는 의견서를 내놓았고, 곧 이어 제1심 법원도 플라우만 판결에서 제시되었던 요건을 보다 완화하는 입장을 제시하면서 이러한 접근을 지지하는 듯한 판결을 내놓았으나[35] 유럽재판소는 이런 태도를 배척하였다. 원고 적격의 요건을 건드리는 것은 사법당국의 권한 밖의 일이며, 이것은 입법자의 몫이라는 것이 재판소가 내세운 이유였다. 과거 재판소가 일련의 판결들을 통해 공동체 시민들의 권리를 보장하는 기회를 충분히 확보하는 데 주력하였고 공동체 조약 제230조의 적용 범위를 확장하였던 것에 비추어볼 때 이러한 재판소의 소극적 태도는 놀랄 만한 일이었고, 이에 대하여는 상당한 논쟁이 있어 왔다. 취소소송의 대상이 규제인 경우에도 재판소는 플라우만 판결에서와 같은 '배타적 집단 이익'의 기준을 원고 적격의 요건으로 삼아오고 있다.[36] 재판소는 취소소송의 대상이 규제인지 아닌

34) Case C-50/00P, *Unión de Pequenños Agricultores v. Council* [2002] ECR-I 6677.

35) Case T-177/01, *Jégo Quéré & Cie SA v.. Commission* [2002] ECR-II 2365.

36) Case C-309/89, *Codorniu SA v. Council* [1994] ECR-I 1853; Joined cases 789 and 790/79, *Calpak SpA v. Commission* [1980] ECR 1949.

지는 그 실질에 따라 판단하고 형식과 명칭에 구애되지 않는다는 입장을 취하고 있다. 이는 다시 말해 공동체의 기관들이 일반 사인들이 잘 문제삼을 수 없는 종류의 입법형식을 취해 취소소송의 기회를 막거나 감소시키려는 시도는 허용될 수 없다는 점을 보여준다.[37)]

5.4.1.6. 직접적 이해

개인적 이해관계(individual concern)를 입증한다 하더라도 원고는 다시 그것이 직접적 이해관계(direct concern)에 있음을 증명하여야 한다. 유럽재판소는 회원국에 대하여 취소대상의 행위의 이행과 관련된 재량권이 부여되지 않은 경우에만 그 조치에 대하여 직접적 이해관계가 있다고 인정한다. 보조금에 관한 집행위원회의 결정이 문제된 에리다니아 사건의 경우 보조금의 분배권한이 해당 국가에 있었기 때문에 위 결정에 대하여 원고는 직접적 이해관계가 없다고 판단되었다.[38)] 또 재판소는 취소대상 행위와 이로 인하여 원고가 받는 영향 사이에 직접적인 인과관계가 있을 경우에만 제3자의 취소소송이 가능하다고 한다.[39)]

5.4.2. 제소기한

조약은 취소소송의 제소기한을 2개월로 정해 놓고 있다. 이 기간의 기산은 해당 행위가 공표된 때로부터, 또는 당사자에게 통지되었거나 당사자가 그 통지를 받았으리라고 판단되는 날로부터 시작한다.

---

37) Joined cases 41 to 44-70, *NV International Fruit Company and others v. Commission* [1971] ECR 411.

38) Joined cases 10 and 18-68, *Società "Eridania" and others v. Commission* [1969] ECR 459.

39) Joined cases 41 to 44-70, *NV International Fruit Company and others v. Commission* [1971] ECR 411.

5.4.3. 취소의 효과

조약 제231조는 재판소가 원고의 청구를 이유 있다고 판단하면 해당 행위에 대한 무효를 선고하도록 규정하고 있다. 재판소에서 일정한 상황, 특히 선의의 제3자가 불측의 피해를 입을지도 모르는 경우에는 판결이 미치는 시간적 효력을 판결 선고 이후로 국한하는 경우도 있지만,[40] 보통 무효의 판결에는 소급효가 인정된다. 공동체 조약 제233조에 의하면 공동체의 기관들은 재판소의 판결에 따라야 할 의무가 있지만 이들이 이행하지 않았을 경우에 대비한 별도의 제재는 정해 놓고 있지 않다. 이는 회원국들이 판결에 따르지 않을 경우엔 벌금을 부과받게 되는 것과 다르다. 다만, 이와 같이 공동체의 기관이 재판소의 판결에 적시된 의무를 이행하지 않을 때에는 조약 제288조에 따라 손해배상책임을 지게 될 것이다.

5.5. 공동체 기관들에 대한 이행소송(조약 제232조)

5.5.1. 청구적격

조약 제232조는 유럽의회, 각료회의 또는 집행위원회가 이 조약을 위반하여 특정한 조치를 취하지 않을 경우 재판소에 그 이행을 구할 수 있다고 규정하고 있다. 이런 소송은 조약 제232조 제4항에 따라 유럽중앙은행에 대하여도 가능하다. 조약 제232조는 제230조와는 동전의 앞뒷면과 같은 관계에 있는데, 후자가 기관들의 조치의 위법성에 대한 것이라면 전자는 공동체의 의무를 이행하라

40) Case 72/81, *Commission v. Belgium* [1982] ECR 183.

고 촉구하는 것이다. 물론 이 때에는 원고가 해당 공동체 기관에 특정한 행위를 하여야 할 의무가 존재함을 입증하여야 한다. 조약은 회원국들과 모든 공동체의 기관들에 대하여 자동적으로 원고 적격을 부여하고 있다. 유럽중앙은행도 자신의 업무권한에 속한 것이라면 원고로서 이행소송을 제기할 수 있다. 자연인과 법인도 어느 기관이 자신에게 특정한 조치를 취하여 줄 의무가 있다는 점을 입증하여 제한적으로 이행청구를 할 수 있다. 여기에서 말하는 특정한 조치란 법률적 효과를 예정하고 있는 것이므로 권고나 의견은 포함되지 않는다. 재판소가 이행청구를 받아들이기 위해서는 이들이 개인적 이해관계 및 직접적 이해관계를 입증하여야 함은 취소소송의 경우와 같다.[41]

5.5.2. 제232조의 절차

소송을 제기하기 전에 청구인은 먼저 당해 기관에 대하여 부작위 상태에 있는 의무를 이행하여 줄 것을 요청하는 절차를 거쳐야만 한다. 이런 요구가 있으면 해당 기관은 2개월 이내에 취하여야 할 조치에 대한 자신의 입장을 설명하여야 하고, 이런 설명이 있으면 더 이상 소송절차는 진행되지 않는다.[42] 그러나 경우에 따라서는 재판소는 예외적으로 조약 제230조에 따라 공동체 기관의 입장설명 그 자체에 대한 불복청구를 받아들이기도 한다.[43] 기관에서 아무런 응답이 없는 경우에 당사자는 2개월 이내에 소송을 제기할 수 있다.

---

41) Case C-107/91, *Empresa Nacional de Urânio SA v. Commission* [1993] ECR-I 599.

42) Case 48/65, *Alfons Lütticke GmbH v. Commission* [1966] ECR 27.

43) Case 191/82, *Seed Crushers and Oil Producers Association v. Commission* [1983] ECR 2913.

5.6. 불법항변(조약 제241조)

공동체 조약 제241조는 규정(Regulations)의 효력에 대하여 간접적으로 다툴 수 있는 길을 터 주고 있는데, 재판소는 다툼의 대상이 되는 규정의 성격을 파악함에 있어서는 그 제정 형식보다는 실질을 고려한다.[44] 불법항변(plea of illegality)이란 독자적인 소송수단이 아니라[45] 특정인에 대하여 사법 내지 행정절차가 계류 중인 경우 이로 인하여 불이익을 입게 되는 당사자가 소극적 방어 방법으로 행사할 수 있는 권리인데, 재판소는 이 항변 소송의 목적은 불법적인 규제의 적용으로부터 개인을 보호하는 데 있다고 한다. 이 소송 역시 조약 제230조와 같은 사유로 제기될 수 있다. 이 청구가 받아들여지면 그 사건에 있어서의 해당 규제는 적용되지 못한다는 판결이 선고되는 데 그치고 규제 자체의 무효에까지는 이르지 아니한다. 항변 인용에 의하여 규제에 따라 이루어졌던 각종 조치 역시 자동적으로 무효가 되고 이에 터잡은 후속 조치도 불복의 대상이 된다.

5.7. 손해배상청구(조약 제288조)

5.7.1. 계약상 책임[46]

조약 제288조 제1항에 의하면 공동체를 상대로 계약상 책임을

44) Case 92/78, *SpA Simmenthal v. Commission* [1979] ECR 777.

45) Case 31/62 and 33/62, *Milchwerke Heinz Wohrmann & Sohn KG v. Commission* [1962] ECR 965.

46) 넓게 보면 법률적인 의사표시를 요건으로 하는 법률행위를 말한다고 할 것인데, 여기에서는 그냥 계약책임(contractual liability)으로 쓴다.

물을 경우의 준거법은 당해 계약에 적용되는 법률이 된다. 따라서 계약의 해석 및 이행문제와 관련하여 개인은 관할 회원국 법원에 당해 계약의 준거법을 토대로 공동체 기관을 상대로 소송을 제기할 수 있다. 공동체와 개인의 관계라도 계약과 같은 법률행위를 매개로 할 경우에는 사적 자치의 원칙에 따르기 때문이다.

5.7.2. 비계약상 책임[47)]

조약 제288조 제2항은 공동체의 비계약상의 책임에 관하여 규정하고 있다. 공동체 조약 제235조는 공동체의 기관들 및 유럽중앙은행 또는 이들의 피용인이 직무 수행과 관련하여 야기한 손해와[48)] 관련된 소송의 관할권을 유럽재판소에 부여하고 있다. 제288조에 의한 소송은 독립된 형태의 소송으로서 원고의 자격에 제한을 두지 않고 있으나[49)] 출소기한은 손해발생일 또는 피해자가 손해를 알았으리라고 합리적으로 기대되는 시점으로부터 5년으로 제한된다. 원고는 이 소송에서 일반적인 불법행위를 원인으로 한 재판에서와 같이 피고측의 고의 내지 과실과 손해, 그리고 양자 사이의 인과관계를 입증하여야 한다. 불법행위는 행정행위에서 오는 것과 입법행위에서 오는 것 두 경우로 나누어 볼 수 있다.

5.7.2.1. 행정행위

불법행위 소송이 공동체의 법규 적용이나 소속 직원들에 의한 업무 수행상의 행위를 그 원인으로 하는 경우 공동체나 해당 기관

47) 의사표시를 요건으로 하지 않고 법률적 효과를 발생시키는 사실 내지 불법행위를 말한다.

48) 여기서 직무와 관련된 피용인들의 행위로 인한 공동체의 책임의 법적 성격은 감독책임이다.

49) Case 48/65, *Alfons Lütticke GmbH v. Commission* [1966] ECR 27.

은 불법행위 또는 불법부작위에 대하여 공동책임을 진다. 여기에서 불법 내지 위법의 정도에 이르는 과실을 판단하는 요소로는 부주의, 관련사실에 대한 판단 누락, 개인에게 허락되는 절차적 권리 미보장, 권한을 위임 받은 주체에 대한 적정한 감독 소홀, 잘못의 정도 등을 들 수 있다.[50]

5.7.2.2. 입법행위

재판소는 제기된 소송의 원인이 입법행위에 기인한 경우에 관하여는 공동체의 책임을 인정하기 위한 전제요건으로서 몇 가지 일반적인 기준을 공식화하여 놓았다.

① 입법행위를 함에 있어 공동체 당국에게 경제정책과 관련하여 행사할 수 있는 선택의 재량권이 부여되어 있는가?

② 만약 그렇다면, 그 과정에서 개인의 권리보호를 위한 법치원칙에 대한 침해가 있었는가?

③ 만약 그렇다면, 그 침해가 중대한가?

쇼펜스테트 공식[51]으로도 알려진 이 세 가지의 요건을 충족하였을 때 입법행위로 인하여 발생한 손해에 대하여도 공동체의 책임을 인정할 수 있다는 것이 재판소의 입장이다. 여기에서 말하는 법치원칙이란 차별금지 또는 법적 예측 가능성과 같이 공동체의 일반적 법률원칙을 말한다. 침해의 중대성 여부는[52] 침해된 규정의 명확성, 공동체 기관에 허락된 재량의 정도, 원인행위가 무지에 기한 것인지, 고의 내지 의도적인 것인지 등 다양한 요인을 고려하여 결정될 것이다. 원고는 손해와 입법행위 사이의 인과관계도 입증하여야 하는데, 재판소는 원고에 대하여 공동체의 행위가 손실 또는 손해를

50) Case 145/83, *Stanley George Adams v. Commission* [1985] ECR 3539.
51) Case 5-71, *Aktien-Zuckerfabrik Schöppenstedt v. Council* [1971] ECR 975.
52) 이는 다른 말로 침해의 명백성(manifest)으로 표현하기도 한다.

야기하였을 것과 인과관계의 고리가 깨지지 않았어야 할 것, 이 두 가지를 요구한다. 두 번째 요건과 관련하여 재판소는 회원국에 의하여 인과관계의 고리가 깨어졌다면 공동체 차원에서 회원국 정부에 대한 감독권한을 적절하게 행사하는 데 실패하였다고 인정되지 않는 한 회원국의 책임만 남고, 공동체는 면책된다고 한다.[53] 공동체와 회원국의 공동불법행위가 인정되는 경우에도 우선 회원국이 일차적인 책임을 지는 것으로 간주되므로 당해 소송은 유럽재판소가 아닌 적정한 회원국 법원에 제기되어야만 한다. 피해자에게도 손해발생의 원인이 된 과실이 있다면 그 정도에 따라 청구 자체가 배척되거나 손해액이 감경될 수 있다.[54] 손해배상책임에 있어서의 과실상계에 관한 일반적 법 원리가 적용되는 것이다. 조약 제288조는 공동체로 하여금 그 기관이나 피용인에 의하여 야기된 손해에 대하여 적정한 배상을 하도록 규정하고 있는데 문제는 배상의 범위를 어떻게 정하는가 하는 것이다. 재판소는 배상범위는 현실적이며 구체적으로 특정되어야 하고 기대이익의 손실은 인정되지 않는다고 한다.[55] 손해배상 청구소송은 독자적으로 이루어지거나 또는 공동체 조약 제230조 및 제232조에 따른 청구와 부대적으로 제기될 수도 있다.

53) Case 48/65, *Alfons Lütticke GmbH v. Commission* [1966] ECR 27.
54) Case 145/83, *Stanley George Adams v. Commission* [1985] ECR 3539.
55) Case 26/74, *Société Roquette frères v. Commission* [1976] ECR 677.

제6장

재화의 자유이동

유럽공동체는 유럽 내에서의 평화와 경제적 안정을 달성하는 것을 우선의 목적으로 하여 만들어졌고, 공동체 조약은 이런 의도와 정신이 이루어지도록 하기 위하여 다양한 목표들을 설정해 놓았다. 이런 목표들을 분류할 경우 대부분 경제적 영역에 해당되는 것이긴 하지만, 사회적 통합 내지 정치적 영역에서의 통합까지 염두에 둔 목표들도 상당한데, 경제적 통합이란 정치적 내지 사회적인 그것과 전혀 별개의 것이 될 수 없음을 고려할 때 이는 당연한 것이기도 하다. 전통적으로 유럽통합의 최우선 목표가 되어 왔던 공동시장의 달성은 공동체 조약 제2조에 나타나 있다. 조약 제3조는 그러한 목표달성의 보장을 위하여 공동체가 취하여야 할 일련의 행동들을 나열함으로써 공동시장 달성의 목적을 구체적으로 확장하고 있다. 특별히 조약은 제3조 (c)에서 공동체에 대하여 이른바 4대 자유로 알려져 있는 '재화, 인력, 용역 및 자본의 자유로운 이동에 장애가 되는 모든 요소들의 철폐의무'를 부과하는 한편, 제14조를 통해 역내시장(internal market)이란 자유로운 이동이 보장되도록 모든 장벽이 없어진 시장을 의미한다고 하여 위와 같은 목적을 재천명하고 있다.

6.1. 무역에 있어서의 금전적 장벽 제거

공동체 도입 이전에 유럽의 각국들은 자국 내로 수출입되는 물품에 대하여 관세를 부과하여 왔는데, 따라서 회원국들 간의 관세장벽을 허무는 네서부터 단일시장 형성의 첫 걸음이 시작될 수밖에 없었다.

6.1.1. 관세동맹의 설립 및 공동관세(조약 제23조 및 제24조)

조약 제23조는 공동체는 관세동맹(customs union)에 기초를 둔다고 선언하고 있다. 관세동맹이란 당해 회원국들 사이에서 모든 관세 및 관세에 준하는 부담이 제거된다는 사실을 뜻한다. 조약 제23조는 또한 공동관세(CCT: Common Customs Tariff)를 예정해 두고 있다. 공동관세란 공동체 역외와의 사이에 이루어지는 수출입 대상인 재화에 대하여 당해 재화의 수출입 회원국이 어디인가를 불문하고 단일세율로 부과하는 관세를 말한다. 조약 제24조는 일단 공동관세를 부과받은 역외 재화는 역내 물품과 차별받지 않고 자유롭게 유통될 수 있다고 규정하고 있다. 공동관세의 부과주체는 회원국들이 아닌 공동체 자신이며 여기서 얻어진 수입은 공동체의 수입예산 항목 중의 하나를 이룬다. 여기에서 주의하여야 할 것은 관세 외에 각 회원국들이 내국세 제도에 따라 각 재화에 부과하는 조세 내지 준 조세 부담금과 공동체의 공동관세는 별개라는 사실이다. 물론 내국세법에 따라 독자 과세를 할 때에는 자국 내 재화와 수입품과 차별을 두지 않고 일률적인 취급을 한다는 점을 전제로 한다. 공동체 차원에서 마지막으로 관세장벽이 없어지고 공동관세제도가 도입된 것은 1968년 7월에 이르러서였다.

6.1.2. 새로운 관세의무 및 우회적 징수조치의 금지 (조약 제25조)

재화의 자유이동을 완전히 보장하기 위해서는 금전적인 관세장벽을 철폐하는 것만으로는 부족하고 회원국들이 자국 기업과 상품을 보호하기 위해 우회적인 비관세장벽을 만들어내는 것까지 차단해야만 비로소 가능하다고 할 수 있다. 이에 공동체 조약 제25조는 회원국들에게 수입품에 대한 새로운 관세나 이와 동일한 효과를 내는 여타 징수의 도입을 금지하고 있다. 위 조약 규정은 수입품은 물론 수출품에도 공히 해당되는바, 회원국들에 대하여 통일적으로 적용되기 위해서는 적어도 '우회적 징수'의 의미와 정확한 범위에 관하여 유럽재판소에 의한 해석이 필요하였다. 우선 위 조약에서는 자유이동의 대상이 되는 재화(goods)에 관하여 따로 정의규정을 두지 않고 있는데, 재판소는 공동체의 목적 달성을 위해 여기에서 말하는 '재화'의 범위를 될 수 있는 한 넓게 인정해 왔다. 재판소에 따르면 화폐에 의해 금전적 가치가 계량될 수 있으며 상업적 거래의 대상이 될 수 있는 것들은 모두 재화의 범위에 들어간다고 한다.[1] 또 재판소는 위 조약 제25조를 적용할 것인지의 여부를 결정함에 있어 회원국이 관세나 기타 부과조치를 취하는 목적은 고려될 여지가 없으며, 그 동기와 목적이 어떠하든 간에 실제로 이로 인하여 생기는 당해 제품의 가격 등에 대한 효과만이 기준이 될 뿐이라고 한다.[2] 우회적 징수의 범위에 관하여도 재판소는 이를 넓게 인정하여 여기에는 단지 어떤 재화가 국경을 넘었다는 이유로 국내 및 국외 재화에 부과되는 모든 금전적인 부담이 포함된다고 한다.[3] 일단 어느 관세나 우회적 징수조치가 조약 제25조에 해당된다고 판단되면 이것은 즉시 금지대상에 포함되어 불

1) Case 7/68, *Commission v. Italy* [1968] ECR 617, The 1st Art Treasures case.
2) *Ibid.*
3) *Ibid.*

법으로 인정된다. 조약은 이러한 금지에 대한 예외 규정을 따로 두지 않았지만 재판소는 일정한 경우 조약 제25조의 적용을 배제하고 있다. 여기엔 법률의 규정에 의한 강제검역 및 상업적 서비스 조항에 따른 비용 청구가 포함된다. 재판소가 이러한 정도의 비용은 회원국에게 징수할 수 있도록 함으로써 그렇지 않을 경우 회원국이 불합리하게 떠안을 수밖에 없는 비용 회수의 길을 터주고 있는 것이다. 비용징수로서 예외적으로 허용되기 위해서는 아래의 몇 가지 요건을 충족해야만 한다.

① 검사비용

회원국이 다음과 같은 조건 하에서 재화 검사 비용을 부과하는 경우엔 금지되는 우회적 징수조치에 해당되지 않는다.[4)]

• 당해 조사가 공동체의 법령이나 국제법규범에 따라 강제적일 것[5)]
• 조사과정에서 국산 재화나 수입품에 따른 차별대우가 없을 것[6)]
• 공동체의 이익에 부합되며 재화의 자유이동을 촉진하기 위한 것일 것
• 징수금액이 조사에 들어간 실제 비용을 초과하지 않을 것[7)]
• 부과액이 조사된 재화의 양에 비례하여야 하고 그 가액이나 품질에 비례하지 않을 것[8)]

② 서비스 비용

회원국이 제공된 서비스의 비용을 징수함에 있어서 다음과 같은 조건이 충족되는 경우에는 그 징수행위를 금지된 우회적 징수조치로 보지 않는다.[9)]

---

4) Case 18/87, *Commission v. Germany* [1988] ECR 5427. 이 사건에서는 동물검역비용 징수가 쟁점이 되었었다.
5) Case 46/76, *Bauhuis v. Netherlands* [1977] ECR 5.
6) Case 87/75, *Conceria Daniele Bresciani v. Italy* [1976] ECR 129.
7) *Ibid.*
8) *Ibid.*
9) Case 24/68, *Commission v. Italy* [1969] ECR 193.

- 제공된 서비스가 수입업자 또는 수출업자의 특별한 이익을 위한 경우[10]
- 징수액이 서비스의 대상이 된 재화의 수량에 비례하고, 가액이나 품질을 기준으로 하지 않을 것[11]
- 징수액이 검사에 소요된 비용을 초과하지 않을 것[12]
- 국산품이나 수입품이나 동등하게 취급할 것[13]

6.1.3. 차별적인 국내 조세법의 금지(조약 제90-93조)

공동체 조약은 회원국들이 자체적인 예산 수입원의 하나로 자국 내의 재화에 대한 내국세를 부과하는 권한까지 막지는 않는다. 공동체 조약에서 허용하는 내국세는 일반적으로 원산지를 불문하고 객관적인 기준에 따라 재화에 대하여 부과하는 징수금을 말한다. 따라서 회원국의 주권에 따라 부과되는 재화에 대한 내국세가 수입품을 차별하고 자국 제품을 보호하기 위한 것이라면 공동체 차원에서는 불법이 된다. 조약 제90조는 "어떤 회원국도 다른 회원국들의 상품에 대하여 유사한 자국산 제품에 직접 또는 간접적으로 부과되는 정도를 초과하는 여하한 명목의 내국세를 부과해서는 안 된다"고 규정하고 있다. 위 규정은 조약 제25조를 보다 구체적으로 보완하는 의미로 받아들여지고 있다. 그런데 조약 제90조에서 말하는 '유사한 자국산 제품'과 관련하여 과연 '유사성'의 정확한 의미와 그 정도가 어떤 것인지가 쟁점이 된 사건들이 꽤 있었다. 핑크 푸르트 사건[14]에서 재판소는 '유사한 제품'이란 반드시 같은 제품을

10) *Ibid.*
11) Case 87/75, *Conceria Daniele Bresciani v. Italy* [1976] ECR 129.
12) *Ibid.*
13) *Ibid.*
14) Case 27/67, *Firma Fink-Frucht GmbH v. Hauptzollamt München-Landsbergerstrasse* [1968] ECR 327.

말하는 것은 아니며 당해 회원국의 세법상 같은 세목군(稅目群)에 포함되면 족하다고 하였다. 맥주와 와인이 유사한 제품으로 분류될 수 있는가 하는 문제가 쟁점이 되었던 사안에서 재판소는 소비자들에게 하나의 제품을 또 다른 제품으로 대체할 의사가 있느냐의 여부가 일응의 기준이 될 수 있다면서, 두 제품의 유사성을 인정한 바 있다.[15] 이는 경제학적인 관점에서의 대체재 내지 보완재의 개념을 차용한 것이라 할 수 있다. 주류 제품의 유사성을 판단함에 있어서는 술의 성분, 원재료의 특성 및 소비자의 사용방법이 유사성을 가르는 기준으로 제시된 바도 있다.[16]

6.1.4. 간접 차별적 내국세

사실 국내제품과 수입품을 명백하게 차별하는 내국세 제도보다는 겉으로는 양자를 동등하게 취급하는 듯하지만 실질적으로는 수입품에 불리한 차별을 가져오는 간접적인 방법이 더 문제라고 할 수 있다. 흄볼트 사건은 이와 관련된 아주 대표적인 사례라고 할 수 있다.[17] 프랑스 정부는 자동차의 내연기관 실린더 수를 기준으로 자동차세를 누진적으로 부과하는 법안을 만들면서 16기통을 기준하여 그 이상의 차량에 대하여는 세율을 차등화하여 누진율을 높였는데, 이 법안이 만들어질 당시 프랑스에서 만들어지는 차량 중에서 16기통 이상의 자동차는 없었다. 다시 말해 오직 수입 자동차들만이 고율의 누진세를 적용받게 된 셈이었다. 결국 프랑스의 위와 같은 세제는 우회적 차별징수로 판성받았다. 위와 같이 직접 또는 간접적으로 공동체에서 금지하는 차별적 징수를 행

---

15) Case 170/78, *Commission v. UK* [1983] ECR 2265.

16) Case 168/78, *Commission v. France* [1980] ECR 1339.

17) Case 112/84, *Michel Humbolt v. Directeur des services fiscaux* [1985] ECR 1367.

한 회원국들에게는 어떤 책임이 뒤따르는가. 이미 살펴본 바와 같이 조약 제25조는 직접효를 갖고 있으므로[18] 수입상들은 관할 회원국 법원에 침해 국가를 상대로 침해된 권리의 회복 내지 부과된 의무에 대한 항변권을 행사할 수 있다. 위반 국가는 그 수입업자가 추가로 지불한 비용을 소비자들에게 전가하여 제품가격으로 회수하지 않은 이상[19] 부당하게 징수한 각종 금액을 그들에게 반환하여야 한다.[20] 이와 별도로 조약 제226조 내지 제228조에 따라 위반국가는 집행위원회 또는 다른 회원국들로부터 유럽재판소에 제소당할 수도 있다. 조약 제90조 역시 직접효를 갖고 있으므로 개인들도 자국 법원에 이 조항에 따라 권리를 주장할 수 있다. 차별적인 내국세를 부과한 회원국이 집행위원회에 의하여 조사받을 수 있음은 물론이다.

---

18) Case 26/62, *Van Gend & Loos v. Netherlands* [1963] ECR English special edition 1.

19) *Joined cases C-192/95 to C-218/95, [1997] ECR-I 165; Societe Comateb Société Comateb (C-192/95), Société Panigua (C-193/95), Société Edouard et fils (C-194/95), Société de distribution de vins et liqueurs (C-195/95), Etablissements André Haan (C-196/95), Société Diffusion générale de quincaillerie (C-197/95), Société Diffusion générale (C-198/95), Société Cama Renault (C-199/95), Scp Ovide et Dorville (C-200/95), Société Ducros Guadeloupe (C-201/95), Société Comptoir commercial Caraibes (C-202/95), Société Giafa (C-203/95), Société LVS (C-204/95), Société Catherine et Jean-Claude Tabar Nouval (C-205/95), Société L'Heure et L'Or (C-206/95), Société Général bazar bricolage (C-207/95), Société Grain d'or (C-208/95), Société Cash Service (C-209/95), Etablissements Efira (C-210/95), Société Farandole (C-211/95), Société Carat (C-212/95), Société Rio (C-213/95), Société guadeloupéenne de distribution moderne (SGDM) (C-214/95), Martinique automobiles SA (C-215/95), Socovi SARL (C-216/95), Etablissements Gabriel Vangour et Cie SARL (C-217/95), Simat Guadeloupe SARL (C-218/95) v. Directeur general des douanes et droits indirects.*

20) Case 199/82, *Amministrazione delle Finanze dello Stato v. SpA San Giorgio* [1983] ECR 3595.

6.2. 비금전적 장벽의 제거

회원국들 간 무역에 있어서의 금전적 장벽만을 금지하는 것만으로는 역내에서의 재화의 자유이동을 보장하는 데 충분치 않다. 비금전적 장벽 역시 재화의 자유로운 이동에 장애가 된다. 비금전적 수단에는 쿼터제와 같은 수량제한, 강제적 조사의무의 부과, 성분 또는 포장에 관한 무역규제와 같은 거래를 제한하는 조치들이 포함된다. 이에 공동체 조약에서는 수량제한 및 사실상 수량 제한의 효과를 가져오는 각종 조치들을 금지하고 있다.

6.2.1. 수량제한 및 우회적 제한금지(조약 제28－30조)

조약 제28조는 "수입품에 대한 수량 제한 및 이와 동일한 효과를 갖는 제반 조치는 금지된다"고 규정하고 있고,[21] 조약 제29조는 수출품에 관하여 역시 비슷한 내용을 두고 있다. 반면 조약 제30조는 예외적으로 아주 엄격한 요건하에 공동시장의 형성과 유지보다도 더 중요한 문제가 달려 있다고 인정되는 경우에는 회원국들이 재화의 자유이동을 제한하는 수단을 취할 수도 있도록 허용하고 있다. 전통적으로 유럽재판소는 조약 제28조와 제29조는 넓게 해석함으로써 각 회원국들의 독자적인 무역규제 관련 법규들을 공동체 차원에서 조정, 통합해 내고, 이와 달리 조약 제30조는 좁게 해석함으로써 될 수 있는 한 재화의 자유이동을 제한할 수 있는 회원국들의 재량을 축소시켜 왔다고 할 수 있다.

21) Measures Having Equivalent Effect, 흔히 MHEE로 약칭되는데 문자 그대로 해석하자면 '동등한 효력을 갖는 조치(등효조치, 等效措置)'라고 할 수 있는바, 여기에서는 우회적 수단 내지 조치로 해석하기로 한다.

6.2.2. 수량제한

수량제한은 어느 회원국 시장에 들어오거나 나가는 특정한 상품에 숫자의 제한을 부과하는 국내조치를 말한다. 이런 제한의 목적은 국내 시장의 보호를 위한 것인데, 여기에는 쿼터(quotas)와 총량제한(total bans) 조치가 모두 포함된다.[22]

6.2.3. 우회조치 금지

수량제한의 금지와 함께 조약 제28조는 수량제한과 같은 효과를 가져오는 여타의 수단들, 이른바 우회적인 수량제한 조치들 역시 금지하고 있다. 금지되는 우회적 조치의 개념과 그 범위를 둘러싸고는 오랫동안 논쟁이 있어왔는데 공동체의 제2차적 법률 및 재판소의 판례들을 통해 이제는 크게 가닥이 잡혀진 상태라고 할 수 있다. 일반적으로 금지되는 우회적인 조치란 수입행위를 보다 어렵게 하거나 비용을 발생토록 하는 행위 내지 자국 재화의 판매를 촉진하거나 유리하게 만드는 일련의 행위들을 말한다. 집행위원회 지시문 70/50/EEC[23]은 조약 제28조의 의미를 명확하게 하기 위하여 입안되었는데 지금도 위 조약의 규정을 해석하는 기준이 된다. 위 지시문은 수입품에만 적용됨으로써 차별 적용의도가 명백한 조치(DAMs)와[24] 수입품 및 국내제품에 공히 적용됨으로써 차별 적용의도가 명백하지 않은 조치(IDAMs),[25] 두 가지 유형으로 구분하고 전자의 경우에는 조약 제28조의 금지대상에 들어가고, 후자는 보통 여

22) Case 2/73, *Riseria Luigi Geddo v. Ente Nazionale Risi* [1973] ECR 865; Case 34/79, *Regina v. Maurice Donald Henn and John Frederick Ernest Darby* [1979] ECR 3795.

23) OJ 1097, L13/29.

24) 'distinctly applicable measures', 이 머리글자를 따서 'DAMs'라고 한다.

25) 'indistinctly applicable measures', 머리글자를 따서 'IDAMs'로 칭한다.

기에 포함되지 않는다고 한다. 그러나 유럽재판소의 판결들 중에는 이 기준에 구애되지 않고 독자적인 판단이 내려진 경우도 있음을 유의할 필요가 있다.

조약 제28조상에서 주로 언급되어 있는 차별의 주체는 회원국들이지만 재판소는 그 범위를 넓게 해석하여 왔다. 아일랜드 물산장려 사건에서[26] 재판소는 아일랜드 물산장려 운동은 정부의 지원을 받음으로써 조약 제28조 소정의 금지대상에 포함된다고 판결하였다. 심지어 농산물 수입을 실력으로 저지하였던 프랑스 농가들의 행위에 대해 재판소는 프랑스 정부에서 상품 자유이동을 보장하기 위한 적절한 조치를 취하였다고 볼 수 없는 이상 이 또한 조약 제28조에 위반하는 것으로 판단하였다.[27] 유럽재판소는 조약 제28조의 해석과 관련하여 많은 주목할 만한 판결들을 통해 재화의 자유이동을 직·간접적으로 제한하려는 회원국들의 자국 이기주의에 결정적인 제동을 걸어왔는데, 그 주요한 판결들을 순서대로 살펴보기로 한다.

6.2.4. 다손빌 공식(The Dassonville Formula)[28]

지시문 70/50/EEC에서 자국산이나 수입품에 모두 적용됨으로써 차별 적용의도가 명백하지 않은 조치들은 조약 제28조에 해당되지 않는다고 하였음에도 불구하고 재판소는 "회원국들간의 역내 거래에 장애를 줄 수 있는 회원국들의 무역규제조치는 그것이 직접적이건 간접적이건, 또한 현실적이건 잠재적이건 불문하고 수량을 제한하는 것과 같은 효과를 갖는 것으로 간주된다"는 판결을 내렸다.[29] 조약 제28조에서 정하고 있는 이른바 우회적 조치에 관한 직권 해

26) Case 113/80, *Commission v. Ireland* [1981] ECR 1625.
27) Case C-265/95, *Commission v. France* [1997] ECR-I 6959.
28) Case 8/74, *Procureur du Roi v. Benoît and Gustave Dassonville* [1974] ECR 837.
29) *Ibid.*

석을 통해 재판소는 수입품에만 적용되는지 국내제품에도 적용되는지를 불문하고 회원국들 사이의 거래를 제한하는 효과를 가져올 가능성이 있는 조치들은 모두 위 조약상의 금지대상인 우회조치에 해당된다고 판시했다. 이런 전반적인 해석으로 인해 회원국들이 자신들만의 무역규제를 만듦에 있어서의 재량권이란 극히 축소될 수밖에 없었다.

6.2.5. 카시스 드종 판결

카시스 드종 판결[30]에서 재판소는 조리(條理)를[31] 적용하면서 적당한 공동체 차원의 통합된 법률이 없는 상황에서 비차별적(non-discriminatory)조치에 필요성과 강제성이 인정될 때에는 적법한 것으로서 허용되어 제28조의 금지범위에 포함되지 않는다고 하였다. 여기에서 말하는 필요성이란 당해 조치보다 약한 정도의 수단으로는 목적을 달성할 수 없는 경우를, 그리고 강제성이란 공동체의 법률이나 국제법에서 그러한 조치를 요구하는 것을 말한다. 재판소는 더 나아가 이런 비차별적 조치가 허용되는 특별한 목적으로서 회계감시의 실효성 확보, 공중보건의 보호, 상거래의 형평성 보장 및 소비자 보호를 들고 있다. 위와 같은 목적들은 제한적인 것은 아니며, 재판소에 의하여 그 이후의 사건들을 통해 추가된 바 있는데, 대표적인 것들로는 회원국 문화의 촉진과[32] 환경보호를 들 수 있다.[33] 재판소에서 조약 제28조의 해석의 도구로서 조리의 개념을 적용한 것은 상당한 의미를 갖고 있다. 그 전까지 회원국들이 역내에서 거

30) Case 120/78, *Rewe-Zentral AG v. Bundesmonopolverwaltung für Branntwein* [1979] ECR 649.

31) 'rule of reason'.

32) Joined cases 60 and 61/84, *Cinéthèque SA and others v. Fédération nationale des cinémas francais* [1985] ECR 2605.

33) Case 302/86, *Commission v. Denmark* [1988] ECR 4607.

래되는 수입품에 대하여 취한 조치는 일단 다손빌 판결에 따라 조약 제30조에 의하여 정당화되지 못하는 이상 자동적으로 금지되는 것으로 해석되어 왔었다. 그러나 일괄적 금지의 경직성이 가져오는 현실적 문제에 부딪치면서 수입품과 국내제품에 대한 비차별적 조치의 경우에는 다소 유연하게 금지대상에서 제외될 수 있는 길을 허용받게 되었다.[34]

6.2.6. 판매조건부과

제28조의 범위와 적용기준을 둘러싼 혼선으로 인해 회원국들 법원 및 유럽재판소에는 이후에도 많은 사건들이 밀려들었는데, 재판소는 켁 사건[35]을 통해 우회조치(MHEEs)와 관련된 판결들을 재검토하여 명확히 하는 기회를 갖게 되었다. 재판소는 기존의 다손빌 판결의 취지를 일부 파기하면서 회원국에서 내리는 특정한 판매조건이 당해 국가에서 영업을 하는 모든 거래의 주체들에게 차별 없이 미치고 법률상 및 사실상으로 국산품이나 수입품을 불문하고 같은 방식으로 영향을 미친다면 그러한 제한조치는 기존의 판결에서 금지하였던 우회조치에 해당되지 않는다고 판시했다. 한 마디로 기존의 비차별적 조치도 원칙적으로 금지되는 우회조치에 포함된다는 입장에서 한 발 물러나 비차별적인 판매조건부여의 경우에는 금지대상으로 분류되지 않는다는 것이었다. 그러나 켁 판결에 대하여도 그렇다면 과연 '판매조건'의 성질이 무엇인가에 대한 의문은 남는다는 지적이 있다. 판결들을 종합해 보면 재판소는 재화 자체와 관련된 조치, 즉 내재적 조치와 재화 외적인 조치로 나누어 내재적 조치는 금지의 대상으로 보고, 외적인 조치는 비차별적인 이상 허용된

---

34) Case 788/79, *Italy v. Herbert Gilli and Paul Andres* [1980] ECR 2071.
35) Joined cases C-267/91 and C-268/91, *France v. Bernard Keck and Daniel Mithouard* [1993] ECR-I 6097.

다고 보는 것 같다. 재화와 직접 관련된 사항으로는 재화의 성분, 구성, 크기, 등급, 포장, 중량, 방식 등을 말하고, 재화 외적인 판매조건이란 마케팅, 광고, 판매주체, 판매장소 및 판매시기를 말한다. 이러한 해석은 특정한 의약품의 광고를 금지하는 규정에 대하여 재판소가 이를 판매조건부여로 보아 조약 제28조의 금지 대상에서 제외시켜 주었던 사안을 통해서 엿볼 수 있다.[36] 후네르문 사건에서도 재판소는 주유소의 영업마감시간을 강제로 정하는 규정을 판매조건부여로 해석하여 조약 제28조의 적용을 면제해 준 바 있다.[37]

6.2.7. 시장진입방해조치

국산품과 수입품을 차별하는 회원국들의 조치는 두말할 나위 없이 조약 제28조에 의하여 금지된다. 비차별적인 판매조건부여는 조약 제28조에 포함되지 않지만[38] 그것이 국산품보다 수입제품의 시장진입을 더 어렵게 하는 결과를 가져온다면 이 역시 우회적 조치(MHEE)에 해당되어 금지된다. 스웨덴 정부는 법률을 통해 무역관련 잡지에 주류 광고를 금지시켰는데 이는 수입주류만을 겨냥한 것이 아니라 국내 주류제품에도 적용되는 것이었다. 그러나 이런 광고금지 규정이 비차별적 성격을 갖고 있음에도 불구하고 유럽재판소는 광고금지는 결국 소비자들에게 인지도가 높은 기존의 국내 주류제품보다는 신규로 수입되는 제품에 치명적인 영향을 미친다는 원고의 청구를 받아들여 금지대상인 우회조치에 해당한다는 판결을 내렸다.[39] 사실 아직까지도 조약 제28조의 적용대상의 범위가 어디

36) Joined cases C-401/92 and C-402/92, *Netherlands v. Tankstation and Boermans* [1994] ECR-I 2199.

37) Case C-292/92, *Ruth Hünermund and others v. Landesapothekerkammer Baden* [1993] ECR-I 6787.

38) Joined cases C-267/91 and C-268/91, *France v. Bernard Keck and Daniel Mithouard* [1993] ECR-I 6097.

까지인지에 관하여는 지금까지 나온 판결들만을 가지고는 명확한 기준이 제시되었다고 하기에는 불충분하다. 다만 지금까지 나온 판결들을 통해 재판소에서 요구하는 일련의 기준들을 정리해 보면 다음과 같이 요약할 수 있다.

① 해당조치가 수입품만 겨냥한 것인지, 아니면 국내제품에도 동일하게 적용되는지 여부[40)]

② 해당 조치가 비차별적 조치인 경우 그것이 판매조건, 다시 말해 재화의 외적인 요소에 관련된 것인지 여부[41)]

③ 판매조건인 경우 이것이 국산품보다 수입제품의 시장진입을 더 어렵게 하거나 방해하는지 여부[42)]

④ 해당 조치가 조리[43)] 또는 조약 제30조에 의하여 정당화될 수 있는지 여부

6.2.8. 우회조치와 조약 제29조

수입품의 경우보다는 덜하지만 그래도 회원국들 입장에서 자국의 수출품에 대하여 제한을 가하는 경우가 있는데, 조약 제29조는 이런 경우를 상정하여 수출품에 대한 수량제한 및 우회적 조치도 금지하고 있다. 조약 제29조는 일응 수입품에 대한 제한을 금지하고 있는 조약 제28조의 내용을 그대로 옮겨 놓은 듯하지만 재판소의 해석은 조약 제28조의 사례에서 보았던 일련의 판결들과는 다르다고 할 수 있다.[44)] 재판소에 의하면 조약 제28조상의 조치들은 수입품과 국내품

39) Case C-405/98, *Konsumentombudsmannen v. Gourmet International Products AB* [2002] ECR-I 1795.

40) Case 8/74, *Procureur du Roi v. Benoit and Gustave Dassonville* [1974] ECR 837.

41) Joined cases C-267/91 and C-268/91, *France v. Bernard Keck and Daniel Mithouard* [1993] ECR-I 6097.

42) Case C-405/98, *Konsumentombudsmannen v. Gourmet International Products AB* [2002] ECR-I 1795.

43) 여기에서 조리에 의하여 정당화될 수 있는 조치는 비차별적 조치(non-discriminatory)에 한한다. Cassis(Case 120/78) 사건 참조.

에 공히 적용되는 것인지 또는 수입품에만 적용되는 것인지 불문하고, 다시 말해 차별적 조치(DAMs)는 물론 비차별적 조치(IDAMs)도 포함하지만, 조약 제29조는 차별적 적용조치, 다시 말해 회원국이 자국의 제품을 수출할 경우에 일정한 조건이나 의무를 부과하는 경우에 적용된다고 한다.[45] 동일한 제품에 대하여 그 운송목적지가 국내인 경우에는 특별한 검사서류가 필요 없지만 수출을 위해서는 이것이 필요하다고 한 네덜란드 정부의 조치가 우회적 수출제한조치로서 금지된다는 판결을 받은 사례가 그 대표적인 경우이다.[46] 도축장 기준이 적합하지 않은 국가들에 대한 생축 수출을 허가하지 않은 조치에 대하여서도 같은 취지의 판결이 내려진 바 있다.[47]

6.3. 예외적 허용(조약 제30조)

6.3.1. 예외인정의 취지와 한계

공동체는 회원국 차원에서 불가피하게 필요하다고 인정되는 경우에는 설령 재화의 자유이동에 제한이 되는 조치라 하더라도 예외적으로 이를 허용하고 있다. 조약 제30조는 공중도덕, 공공의 안전 및 공공정책, 사람, 동물 기타 식물의 안전과 삶의 보호, 회원국 문화재 보호, 산업 및 지적재산권의 보호 차원에서 예외적으로 회원국들이 수출입 재화에 대하여 거래의 제한이나 금지조치를 취할 수 있

44) Dassonvile(Case 8/74), Cassis(Case 120/78) 및 Keck cases(Case C-267/91 and C-268/91).
45) Case 15/79, *Groenveld BV v. Produktschap* [1979] ECR 3409.
46) Case 237/82, *Jongeneel Kaas v. Netherlands* [1984] ECR 483.
47) Case 5/94, *UK v. Ministry of Agriculture, Fisheries and Food, ex parte: Lomas* [1996] ECR-I 2553.

도록 길을 터주고 있다. 다만 이 때에도 거래의 제한 내지 금지조치로 인하여 얻어지는 긍정적인 효과가 부정적인 효과보다 더 커야 한다. 위와 같은 요건을 충족하는 이상 그러한 조치들은 회원국들 간의 거래에 대한 자의적인 차별(arbitrary discrimination) 또는 위장된 제한조치(disguised restriction)에 해당되지 아니한다. 다만 이 경우에도 유럽재판소는 위 조약 제30조를 해석함에 있어 재화의 자유이동의 기본원칙에 위협이 되지 않도록 예외적 허용의 기준을 매우 좁게 인정하여 왔다. 대표적인 사례로 프랑스가 취했던 술 광고 제한 조치를 둘러싼 분쟁을 들 수 있다. 한번은 프랑스 정부에서 술 광고를 제한하는 조치를 내렸었는데, 이 조치는 과실주보다는 특별히 곡주 광고를 엄격히 제한하고 있었다. 프랑스 정부가 내세운 이유는 과실주보다는 곡주가 더 건강에 해롭다는 것이었는데, 객관적인 임상실험 결과는 곡주나 과실주나 인체에 유해하기는 마찬가지라는 사실을 보여주고 있었다. 공교롭게도 당시 프랑스 국내에서 생산되는 주류의 대부분은 과실주였고, 곡주는 일반적으로 수입품이 유통되고 있었다. 재판소는 이 사건에서 위와 같은 프랑스 정부의 조치는 자의적 차별(arbitrary discrimination)로서 허용되지 않는다고 판시하였다.[48)]

한편 뉴카슬병(病) 사건[49)]은 위장된 제한조치(disguised restriction)의 한 사례를 보여준다. 영국 정부는 가금류의 전염병의 일종인 뉴카슬병의 확산을 막는다는 명목으로 이 병에 걸린 조류들을 모두 도살하는 정책을 취하지 않고 있는 국가들로부터 들여오는 가금류 및 가금류 부산물의 수입을 금지하였다. 영국 정부에서 이러한 조치의 정당성의 근거로 삼은 것은 조약 제30조상의 공중보건이었다. 그러나 심리 과정에서 드러난 조사와 증거에 의하면 뉴카슬 병은 굳이 도살하지 않더라도 다른 방법으로 통제 가능하고 더구나 영국 정부의 조치는 프랑스로부터 들여오는 칠면조 수입량이 점점 늘어나는 데 대한

---

48) Case 152/78, *Commission v. France* [1980] ECR 2299.
49) Case 40/82, *Commission v. UK* [1984] ECR 283.

영국 내 양계농가들이 집단적으로 불만 섞인 압력을 넣은 다음에 이루어졌음이 드러났다. 여기에다 프랑스의 칠면조 수출업자들이 영국 정부의 요구 기준을 맞추어주자 영국정부는 이번에는 새로운 제한을 부가하였다. 결국 영국 정부의 위와 같은 조치는 재판소로부터 공중의 안전 내지 보건을 위장한 제한이라는 판정을 받기에 이르렀다.

조약 제30조에 명시되지는 않았지만 일반적인 비례성의 원칙(principle of proportionality)은 회원국들이 자신들의 조치를 정당화하는 데도 적용되므로, 조약 제30조에 따른 조치라 하더라도 이를 통해 달성하려고 하는 특정한 목적에 필요한 범위를 넘어서까지 행사되어서는 안 된다.[50)]

6.3.2. 정당화 사유

어떠한 조치들이 조약 제28조 및 제29조의 금지사유의 예외로서 허용되는가에 관하여 공동체 조약은 제한적으로 몇 가지 사유를 열거해 놓았는데, 재판소는 이러한 요건 외에 다른 사유들을 추가하는 것에 대하여는 이는 입법상의 문제라는 시각을 갖고 매우 소극적인 입장을 보여왔다.[51)] 다만 회원국이 환경보호의 필요성에 의하여 일정한 제한조치를 부과한 사안에서 이를 이유로 한 조치에 정당성을 인정할 수 있다고 판시한 사례는 있다.[52)]

6.3.2.1. 공중도덕

포르노사진을 수입하려다가 영국 정부로부터 불법수입으로 기소당한 사업자가 영국 정부의 금지조치가 조약 제28조에 위반된다면서 항변하자 재판소는 각 회원국은 자신의 영토 안에서 통용되는

---

50) Case 124/81, *Commission v. UK* [1983] ECR 203.
51) Case 113/80, *Commission v. Ireland* [1981] ECR 1625.
52) Case C-379/98, *PreussenElektra AG v. Schleswag AG* [2001] ECR-I 2099.

공중도덕의 기준을 설정할 수 있는 권리가 있다는 이유로 영국 정부의 손을 들어 주었다.[53] 섹스관련 용품의 수입이 문제가 되었던 또 다른 사건인 콘게이트 판결에서는[54] 각국의 도덕기준은 회원국의 정서와 문화, 가치에 따라 주권적으로 결정할 수 있다는 원칙이 천명되긴 하였으나 한편으로는 자국 내에 동일한 상품의 생산 및 판매를 규제하는 법률이 없는 상태에서는 새삼스럽게 회원국이 수입품에 대하여 조약 제30조를 근거로 하여 규제조치를 취할 수는 없다는 점도 명백하게 선언되었다. 위 사건은 피고가 공기 주입식의 실물크기의 섹스 인형을 수입하려다가 영국 정부에 제품들을 압수당한 사례였는데, 당시 실물 섹스 인형의 국내 생산을 금지하는 영국의 법규는 존재하지 않고 있었다. 위 두 가지 판결을 종합하면 재판소는 각 회원국에게 도덕기준의 제정에 관한 재량권을 주지만 이를 빌미로 한 자국산 제품과 수입제품에 대한 차별은 허용하지 않는다는 입장을 견지하고 있음을 알 수 있다.

6.3.2.2. 공공정책

회원국이 자국의 공공정책을 이유로 수출입품에 차별조치를 함으로써 정당성을 부여받은 사례는 극히 드물다고 할 수 있으나, 재판소는 전통적으로 해당 회원국의 가장 기본적인 이해관계와 관련되어 있는 권리를 보호하는 차원에서 이루어지는 일련의 조치에는 정당성이 인정될 수 있다고 판시한 바 있다.[55]

6.3.2.3. 공공의 안전

공공의 안전은 자신들의 조치의 정당화를 위한 수단으로 회원

53) Case 34/79, *Regina v. Maurice Donald Henn* [1979] ECR 3795.

54) Case 121/85, *Conegate Limited v. HM Customs & Excise* [1986] ECR 1007.

55) Case 7/78, *Regina v. Ernest George Thompson and others* [1978] ECR 2247.

국들이 가장 많이 주장하는 것이다. 아일랜드 정부는 석유수입업체들로 하여금 자사 수입량의 35%에 해당하는 물량은 의무적으로 아일랜드 국립석유공사로부터 고정된 가격으로 매입하도록 하는 조치를 취한 적이 있었다. 재판소는 이 사안에서 아일랜드 정부의 석유사업자들에 대한 그와 같은 의무부과는 석유파동과 같은 국가적 위기발생시 가장 기본적인 석유 수요량을 맞춰줄 수 있는 정유회사의 존립을 유지하도록 하는 데 필요하고 따라서 그와 같은 조치는 공공의 안전이라는 관점에서 정당화될 수 있다고 판시한 바 있다.[56]

6.3.2.4. 동식물의 보호와 보건

재판소는 동식물보호 내지 공중보건상의 이유로 회원국들의 조치가 정당화되기 위해서는 먼저 다음과 같은 두 가지 사실들이 고려되어야만 한다고 한다. 하나는 공동체 차원에서 이를 아우르는 법규범이 있는지 여부이고, 다른 하나는 과학적 지식의 정도이다. 먼저 공동체 차원에서의 통합적인 법규범이 있는 경우에는 당연히 이에 따라야 하고, 만일 통합적 규범이 없다면 후술하는 바와 같은 상호승인원칙에 따라 어느 한 국가에서 적법하게 생산된 제품은 다른 전 회원국들의 최소한의 기준은 충족시키는 것으로 간주되므로, 이 원칙이 적용되지 않는 범위 안에서만 정당성이 인정될 수 있을 것이다.[57]

과학지식의 정도가 명확하지 않은 경우에는 당해 조치를 취하여야 할 기술적 필요뿐만 아니라,[58] 조사 내지 무작위 추출의 필요성이 인정되고 이것이 비례성의 원칙에 따라 행하여질 것을 전제로

56) Case 72/83, *Campus Oil Limited and others v. Minister for Industry and Energy* [1984] ECR 2727.

57) Case 190/87, *Oberkreisdirektor and others v. Handelsonderneming Moormann BV* [1988] ECR 4689.

58) Case 178/84, *Commission v. Germany* [1987] ECR 1227.

하여 회원국들에 일정한 정도의 재량이 허용될 수 있다고 한다.[59] 수입품에 대한 조사행위는 국산품과 비교하였을 때 현실적인 위험이 내재되어 있을 경우에만 정당화되고[60] 보건증명서가 첨부된 수입품에 대하여는 지속적인 검사가 아닌 무작위추출 조사만이 인정됨이 원칙이다.[61] 회원국들이 내세우는 정당화 사유가 조리에 해당하기도 하고[62] 조약 제30조, 특히 공중보건의 사유에 해당하기도 하여 중복되는 경우가 있는데 재판소는 회원국들이 항변사유로 조리를 먼저 내세우고 있더라도 이에 구애받지 않고 먼저 조약 제30조에 해당하는지 여부를 가리기도 한다.

6.3.2.5. 산업 및 지적재산권 보호

산업 내지 지적재산권에는 상표, 저작권, 특허권 등이 포함되는데, 조약 제295조는 "공동체 조약은 지적소유권의 제도를 규율하는 회원국들의 법규범을 저해하여서는 안 된다"고 하여 이런 권리를 보장하고 있음을 명문화하고 있다. 문제는 자국의 지적재산권 보호법률에 의하여 지적소유권을 갖고 있는 자가 이러한 법률에 근거하여 특정한 상품의 재수입(re-importation)을 막게 되는 경우 결과적으로 공동체에서 금하고 있는 거래제한이 초래된다는 점에 있다. 이에 대하여 유럽재판소는 지적소유권의 존재(existence)와 이런 권리들의 행사(exercise)를 구분함으로써 재화의 자유이동의 원칙과 지적소유권의 보호의 필요성 사이에 균형을 도모하는 입장을 취해왔다. 재판소는 지적재산권은 이 권리를 통해 만들어진 재화가 공동체 역내에 자유로운 유통의 대상이 됨으로써 당해 권리가 소진되지 않는 경우에 한하여 조약 제30조에 의하여 보호 대상이 된다고 판시하고 있

59) Case 174/82, *Netherlands v. Sandoz BV* [1983] ECR 2445.
60) Case 4/75, *Rewe-Zentralfinanz v. Landwirtschaftskammer* [1975] ECR 843.
61) Case C-228/91, *Commission v. Italy* [1993] ECR-I 2701.
62) *Cassis*(Case 120/78) 사건.

다.[63] 이 판결의 취지를 사례를 통해 보도록 하자. 만일 A가 어떤 발명을 하였다면 그는 특허권을 소유하게 된다. 이 A가 자신의 특허권을 생산업자인 B에게 실시토록 권리를 부여하였다면, 이 행위로써 A는 자신의 특허권을 실행한 셈이 된다. 그런데 B가 특허권을 실시하여 제품을 생산하고 이를 자국 내에만 유통시킨다면 A는 여전히 B가 속한 회원국의 지적소유권 관련법에 의하여 보호를 받게 되고 이 때 공동체의 법규는 A의 특허권과는 아무런 관계가 없다. 그러나 B가 자신이 만든 제품을 다른 회원국에 수출하게 되는 경우 A는 자신의 특허권을 근거로 위 제품의 유통에 대한 통제를 할 권한이 없게 되고 이것은 물품이 재수입되는 경우에도 마찬가지이다. 이 때 재판소의 논리는 A가 B에게 특허권을 실시토록 허락함으로써 A의 권리는 소진되었다(exhausted)는 것이다.[64] 재판소의 판결과는 별도로 입법적 차원에서는 현재 지적재산권과 관련된 각 회원국들의 법률들을 공동체 차원에서 통합 조정하여 제2차적 법안들을 만들어내려는 시도가 진행 중이다.

6.4. 비금전적 장벽의 제거 — 상호승인원칙

카시스 드종 사건을 통해 재판소는 공동체 내의 거래와 관련하여 두 번째로 중요한 원칙 하나를 전개하였는데, 이것은 어떤 상품이 어느 한 회원국가에서 적법하게 생산되어 유통되고 있다면 이 사실 자체로부터 수입회원국에서 요구하는 최소한의 제품 기준도 충족시키고 있는 것으로 보아야 한다는 것이다. 이를 보통 '상호승

63) Case 15/74, *Centrafarm BV v. Sterling Drug Inc.* [1974] ECR 1147.
64) Case 16/74, *Centrafarm BV v. Winthrop BV* [1974] ECR 1183; Case 78/70, *Deutsche Grammophon v. Metro-SB-Großmärkte* [1971] ECR 487.

인원칙'(mutual recognition) 또는 '카시스 드종 사건 제2원칙'(The second Cassis principle)이라고 한다. 이 판결의 이면에는 회원국들이 자국 산업을 보호하기 위해서 또는 기타 여러 가지 이유로 제품기준이나 소비자 보호 등을 명분으로 까탈스러운 비금전적 무역장벽을 쌓는 것을 용납하지 않겠다는 강력한 의지가 깔려 있다고 할 수 있다. 그러나 이 원칙에 대하여는 수입 회원국이 자국내의 통상적인 품목 기준을 충족시키기 위해서는 생산국에서 인정되는 것 이상의 추가조치가 필요하다는 증거를 제시하는 경우에는 예외가 허용될 수도 있다.[65] 유럽재판소를 통해 발전된 위와 같은 다양한 원칙들은 각국의 무역규제를 한데 묶어 통일된 기준을 만들어냄으로써 단일시장의 초석을 놓는 데 중요한 역할을 하였으며, 특히 조약 제94조 및 95조를 통해 후속적인 입법을 취하는 기폭제가 되었다고 할 수 있다. 집행위원회는 상호승인의 원칙이 갖는 중요성을 인식하여 각 회원국들에 대하여 "수출 회원국가에서 전통과 관행적으로 이루어지는 생산공정과 규칙에 따라 적법하게 제조되어 그 국내에서 유통되고 있는 물품이라면 무엇이든지 원칙적으로 다른 수입 회원국의 영토에의 반입이 받아들여져야만 한다"고 선언하고 있다.[66]

---

65) Case 18/84, *Commission v. France* [1985] ECR 1339.

66) Commission Communication OJ 1980, 256/2.

제 7 장 사람과 서비스의 자유이동

완전한 공동시장이 되기 위해서는 재화의 자유로운 이동뿐만 아니라 국경을 넘어 인력과 서비스의 자유로운 이동 역시 가능해져야 한다. 공동체조약 제3조 및 제14조는 이런 취지를 명시하고 있으며, 영국과 아일랜드를 제외한 나머지 유럽연합 회원국들은 쉔겐 조약(Schengen Agreement)을 통해 역내 국경에서의 검색을 철폐하려는 시도를 하고 있다.

7.1. 유럽연합 시민권(Citizenship of EU)

공동체 조약 제18조는 유럽연합의 모든 시민들은 회원국들의 영토 내에서 자유롭게 이동하고 거주할 수 있는 권리를 갖는다고 선언하고 있다. 여기서 말하는 유럽연합 시민이란 개념은 유럽연합과 그 시민들 사이의 관계를 강화시키기 위한 목적으로 암스테르담 조약에 의해 도입된 것으로서, 조약 제17조는 회원국의 국적을 가진 자는 누구든지 연합의 시민으로 규정하고 있다. 따라서 회원국의 국적을 가진 사람만이 자유이동에 따른 권리와 혜택을 누릴 수 있다. 그렇다고 해서 이것이 비회원국 국적자는 공동체의 법규상 아무런 권리가 없다는 것을 뜻하지는 않는다. 비자, 이민 및 망명에 관한 내용을 담고 있는 조약 제61조 내지 제69조에 따라 비시민권자의 권리도 일정한 범위 안에서 보호받을 수 있고, 또 유럽연합 시민권자의 가족인 사람은 설령 비회원국 국적자라 하더라도 시민권자와의 가족관계를 통해 간접적으로 권리를 누릴 수 있다. 그러나 아직까지 역외 제3국가의 시민들의 지위와 권리에 관한 통일적 법률체계는 확립되어 있지 않다.

7.2. 경제적 지위(Economic Status)

유럽연합의 시민으로서 갖는 이동의 자유의 성격과 본질을 파악하기 위해서는 먼저 그들이 갖고 있는 경제적 지위를 알아야 한다. 왜냐하면 공동체 법규는 경제적 활동에 관한 것과 비경제적 활동에 관한 것, 두 가지로 분류하여 다루고 있는데, 공동체 조약이 전자에 관하여 집중되어 있다면 공동체의 제2차적 법원들은 후자에 관한 권리를 규율하는 데 초점이 맞추어져 있기 때문이다.

7.2.1. 비경제활동 종사자의 자유이동

공동체 조약이 당초부터 경제적 측면에 치우쳐 있었던 까닭에 비경제적 활동에 종사하는 사람들의 권리에 관하여 공동체 조약이 상당 부분 침묵을 지켜왔다는 사실은 놀라운 일이 못 된다. 그러나 지금은 비경제적 활동을 하는 유럽연합 시민들에게도 근로자에게 인정되는 것과 유사한 정도의 자유이동권리를 보장하는 내용을 골자로 하는 세 종류의 지시문들이 있다.[1)]

① 지시문 93/96/EEC[2)]는 주재국(Host Member State)[3)]에서 수학함에 있어 해당 국가에 재정적 부담을 지우지 않을 만한 충분한 자력이 있는 것을 전제로 직업훈련과정 이수를 허락받은 학생들의 권리에 관하여 규정하고 있다.

② 지시문 90/365/EEC는 정년퇴직 또는 업무상 재해로 노동능력을 상실하여 더 이상 근로를 할 수 없는 종전 피용자 또는 자영업자들로서 여생을 주재국으로 이주하여 살기를 원하는 사람들의 권리에 관하여 규정하고 있다.

③ 지시문 90/364/EEC는 공동체 법규상으로 특별한 경제적 활동에 관한 자격은 부여받고 있지 못하지만 주재국의 사회보장제도에 부담을 지우지 않을 만큼 자력이 충분한 사람들의 권리에 관하여 규정하고 있다.

7.2.2. 경제활동 종사자의 자유이동

조약은 경제활동에 종사하는 자들의 이동의 자유에 관한 권리

---

1) 이들을 종종 '90년대 지시문들'(The '90s Directives)이라고 하기도 한다. 현재 유럽연합의 시민들 및 그들 가족의 역내 자유이동 및 거주에 관한 권리를 담고 있는 새로운 지시문이 입법과정에 있는데, 세 가지의 지시문들을 포함하여 이 분야를 규율하는 현행 법률체계는 이 새로운 지시문으로 대체될 예정이다.

2) 개정 전 지시문 90/366/EEC.

3) 여기에서 주재국(Host Member State)이라는 말은 자국이 아닌 다른 회원국들 중 하나로 이주하려고 하거나 이주한 국가를 말한다.

의 범주를 1) 고용 및 근로자의 권리,[4] 2) 주재국에 회사나 사업체를 둘 수 있는 기업설립의 권리,[5] 3) 용역을 제공받거나 제공하기 위해 주재국에 임시로 입국할 수 있는 권리,[6] 이렇게 세 가지로 나누고 있다. 여기에 더하여 위 조항들보다 더 직접적이거나 구체적이지는 않지만 국적을 이유로 한 차별의 금지를 정하고 있는 공동체 조약 제12조도 유럽연합 시민들의 역내 이동의 자유를 보장하는 근거가 된다.

7.2.2.1. 근로자의 자유이동(조약 제39조—42조)

'근로자'(worker)란 무엇인가에 대하여 조약이나 제2차적인 법률에서 따로 명확하게 개념이 정의된 바 없기 때문에 이것은 유럽재판소의 판결들을 통해 사법적으로 해석되어 왔다. 유럽재판소의 판례에 의하면 근로자란 한 마디로 고용된 사람(employed person)으로 정의될 수 있으나 이 용어는 역내에서 자유이동의 권리를 누리는 사람들의 범위를 확장하기 위한 목적 아래 매우 넓게 이해되고 있다. 재판소에서 근로자의 범위를 넓게 그리고 포괄적으로 해석했던 대표적인 사례들을 보기로 한다. 근로자란 반드시 현재 직장을 가지고 있을 필요는 없으며 실직을 했지만 다른 직업을 찾아 근로에 종사할 수 있는 능력이 있으면 이에 포함된다.[7] 제공되는 근로가 실제로 이루어지고 있거나 경제적 가치를 띠고 있는 한 명목상의 노동만 아니라면 시간제 근로자 역시 공동체 법규상의 근로자에 들어간다.[8] 독일과 네덜란드를 넘나들며 양측의 수입으로 최저 임

4) 공동체 조약 제39조 내지 제42조.

5) 위 조약 제43조 내지 제48조.

6) 위 조약 제49조 내지 제55조.

7) Case 75/63, *Mrs Hoekstra v. Administration of The Industrial Board for Retail Trades and Businesses* [1964] 347.

8) Case 53/81, *Levin v. Staatssecretaris van Justitie (Netherlands)* [1982] ECR 1035.

금수준을 유지하던 시간제 음악강사에게도 근로자의 개념이 인정되었고,[9] 종교단체의 일원으로 있으면서 공식적인 임금이라기보다는 용돈 수준의 생활비를 간간히 받았던 사람도 근로자로 인정한다는 판결이 있었다.[10] 그러나 정부의 마약중독자 재활훈련 프로그램의 일환으로 사회적응성을 키우기 위해 정부에서 만들어 준 직업을 갖고 있었던 사람에게는 근로자로서의 적격을 인정하지 아니하였다.[11] 여기에서 고려된 것은 경제적 활동의 진정성(眞正性)이었다. 재판소에서 따지는 진정성이란 당해 근로자가 자발적으로 경제적 활동을 할 의사와 능력이 있느냐를 말한다고 할 수 있는데, 이와 관련하여 재판소는 구직의 의사가 있는 근로자에게는 주재국에 대한 입국과 구직 기간에 상응하는 정도의 체재권이 허용되어야 한다고 한다.[12]

7.2.2.2. 근로자에 대한 출입국 및 거주권

공동체 조약 제39조는 이민 노동자들과 관련된 주요한 사항들을 담고 있는데 여기에는 다음과 같은 권리들이 포함된다.

① 현실적으로 발생한 고용청약에 대한 승락 및 이 목적을 위해 당해 주재국으로 자유롭게 입국할 수 있는 권리

② 주재국 근로자와 동일한 조건으로 고용목적을 위해 주재국에 거주할 수 있는 권리

③ 주재국에서의 고용계약 종료 후 계속하여 거주할 수 있는 권리[13]

---

9) Case 139/85, *Kempf v. Staatssecretaris van Justitie (Netherlands)* [1986] ECR 1741.

10) Case 196/87, *Udo Steymann v. Staatssecretaris van Justitie (Netherlands)* [1988] ECR 6159.

11) Case 344/87, *Bettray v. Staatssecretaris van Justitie* [1989] ECR 1621.

12) Case C-292/89, *UK v. Immigration Appeal Tribunal, ex parte Gustaff Desiderius Antonissen* [1991] ECR-I 745.

13) 여기에는 정년퇴직과 업무수행 중에 발생한 재해장애로 인해 더 이상 근로에

조약에서 규정된 근로자들의 자유이동에 관한 권리는 수권조항(授權條項)이라고 할 수 있는 제40조에 근거하여 만들어진 제2차적 법원에 의하여 계속하여 확장되고 구체화되어 왔다. 지시문 68/360/EEC의 경우 근로자들에게 자국으로부터의 출국권, 주재국으로의 입국권 및 거주허가를 얻을 수 있는 권리 등을 담고 있다. 위 지시문은 근로자들에 대한 출입국권리를 상세하게 규정하고 있다. 예를 들면 회원국은 자국의 핵심기술자들의 출국을 거부할 수 없으며 이들이 요구할 경우 여권을 교부하고 출국을 허락하여야 한다는 것과 같은 것이다. 또 이 지시문은 주재국의 경우 근로자들에 대한 여권이나 신분증 지참은 요구할 수 있으나 그 외에 입국비자나 기타 부대 서류들을 요구함으로써 사실상 이주 근로자들의 입국을 곤란하게 방해하는 장애요인을 만들어서는 안 된다는 점도 분명히 하고 있다. 여권 기타 신분증을 갖추고 주재국에서의 고용관계를 증명하는 근로자에 대하여는 즉시 최소한 5년 단위로 자동 갱신될 수 있는 체류허가를 내주어야 한다.

7.2.2.3. 주재국 근로자들과의 동등한 처우권

공동체 조약 제39조는 일단 주재국에 합법적으로 체류를 시작한 이주근로자들에 대하여 그들의 국적을 이유로 고용조건, 보수 및 기타 작업환경 등에 있어서의 차별을 하여서는 안 된다고 규정하고 있다. 이는 국적에 따른 차별을 금지하고 있는 포괄적 성격의 조약 제12조의 취지에 의하여도 뒷받침된다. 각료회의 규정 1612/68/EEC는 근로자들이 갖고 있는 이러한 권리를 더 구체적으로 확장하여 직업 및 업무의 성격상 합리적으로 요구되는 언어능력을 조건으로 하는 것은 허용되지만 그 밖에 주재국 내에서 이주근로자들로 하여금 직업을 얻거나 구직활동을 함에 있어서 국내 근로자들보다 더

종사할 수 없게 된 경우가 포함된다.

어렵게 하는 어떠한 법규들도 이는 명백히 공동체의 법률에 위반하는 것이라고 선언하고 있다. 또한 위 규정은 고용에 있어서의 평등대우에 관하여 언급하면서 입법과정을 거쳐 만들어진 행정지침이건 아니면 사실상 관행으로 받아들여져 온 것이건 간에[14] 그것이 차별적인 내용으로 이루어진 이상 모두 금지된다고 한다. 다시 말해 은밀한 차별을 포함해 직, 간접적인 모든 차별조치가 법률에 위반된다. 이주근로자들에게는 국내 근로자들과 동일한 사회 및 조세적 편의가 제공되어야 하는데, 위 규정에서 특히 언급하고 있는 것들을 보면 다음과 같다.

① 직업훈련 기회 보장: 이주근로자들에게도 국내 근로자들과 동등한 조건으로 직업학교 및 재훈련시설에 들어갈 수 있는 접근권이 보장되어야 한다.

② 노조원자격부여: 여기엔 노조 간부로 선임될 수 있는 권리도 포함된다.

③ 주택공급: 주택공급 등에 있어서 이주근로자들에게도 국내 근로자들과 동일한 권리가 주어져야만 한다.

7.2.2.4. 사회적 편의 보장

이주노동자들이 누릴 수 있는 이른바 사회적 편의(social advantages)의 범위는 재판소에 계류된 많은 사건들의 쟁점이 되어 왔었다. 재판소의 기본적인 입장은 그 범위를 좁게 해석하여서는 안 되고, 특히 그 권리가 고용계약서에 첨부됨으로써 발생하는 것이 아니므로 고용약정의 한 내용으로 들어갈 필요조차 없다는 것이었다. 이주노동자가 사망하여 그 미망인에게 주재국에 계속하여 체류할 수 있는 권리가 인정될 수 있는지가 쟁점이 되었던 사안에서 재판소는 망인의 배우자에게도 국내 근로자의 배우자와 똑같은 사회적 편의를 제

14) 여기에는 자치적인 전문가 단체들, 예컨대 변호사회 등도 포함된다.

공받을 수 있는 권리가 있음을 확인하였다.[15] 개별적인 사안마다 조금씩 차이는 있지만 일반적으로 재판소에서 이주노동자들에게 사회적 편의권 부여를 결정하는 데 고려하는 요소들로는 당해 노동자로서의 지위, 주재국에서의 거주 및 공동체 안에서의 이동의 편의를 해 주는 데 따른 이익의 증대 가능성을 들 수 있다.[16] 사회적 편의보장의 범위가 어디까지인가에 대하여 재미있는 사례 중의 하나는 리드 사건[17]이다. 이 사건에서 재판소는 독신자인 이주노동자의 본국이 혼인한 배우자나 사실상의 배우자를 구분하지 않고 같은 권리를 주고 있다면 주재국에서도 사실상의 배우자의 입국을 허용하여 같이 살 수 있도록 해 주어야 한다고 판시하였다. 물론 이 경우 문제가 된 사실상의 배우자는 그 자신의 지위만으로는 주재국에의 입국이 허용될 수 없는 처지에 있었다. 그러나 이러한 사회적 편의 보장에도 한계가 있는데 재판소는 모든 사회적 편의보장에서의 동등한 기회를 갖는 권리는 근로관계를 바탕으로 하여 거주하고 있는 노동자에게만 허용되고, 구직을 위해 임시로 체류허가를 받은 근로자에게는 인정되지 않는다고 한다.[18] 직업훈련에의 접근권과 사회적 편의 보장은 서로 중복될 수도 있는데, 재판소는 직업교육의 성격을 엄격하게 해석하는 한편[19] 직업과 추구하는 학습과의 사이에 상관관계가 있어야만 한다는 점도 명백히 하고 있다.[20]

---

15) Case 32/75, *Anita Cristini v. Société nationale des chemins (France)* [1975] ECR 1085.

16) Case 207/78, *Belgium v. Gilbert Even* [1979] ECR 2019

17) Case 59/85, *Netherlands v. Ann Florence Reed* [1986] ECR 1283

18) Case 316/85, *Centre public (Belgium) v. Marie-Christine Lebon* [1987] ECR 2811.

19) Case 39/86, *Sylvie Lair v. Universität Hannover (Germany)* [1988] ECR 3161.

20) Case 197/86, *Steven Malcolm Brown v. The Secretary of State for Scotland* [1988] ECR 3205.

크리스티니 사건[21)]

프랑스 철도회사는 가족 여행객들을 위해 일정한 숫자 이상의 대가족들이 여행하는 경우 철도요금을 대폭 할인하여 주고 있었다. 프랑스에 들어와 일하던 크리스티니 가족들이 여행을 하면서 이 할인규정에 따라 자신들에게도 요금할인 혜택을 주도록 했으나 철도회사는 이를 거절하였다. 크리스티니 가족의 국적이 이탈리아라는 이유였다. 크리스티니 가족들이 제소한 사건에서 철도회사는 주재국에서 제공하는 사회적 편의는 고용계약서상으로 명시된 것에 한하여 비국적 근로자에게 부여하면 족하다고 항변하였지만, 재판소는 그와 같은 주장은 차별금지를 목적으로 하는 규제1612/68에 반하는 것으로서 허용될 수 없다며 배척하였다.

7.2.3. 언어능력

규정 1612/68이 이주노동자들에 대하여 언어능력과 관련된 조건을 부여할 수 있는 여지를 인정하고 있지만, 재판소는 언어적 지식에 관한 회원국의 정책은 이를 부여함으로써 달성하고자 하는 목적에 비례하여야만 하며, 이주 노동자들을 차별하는 수단으로 적용되어서는 안 된다고 하는데 그 대표적인 사건으로 그뢰너 사건[22)]을 들 수 있다.

위 사건의 원고였던 그뢰너는 아일랜드의 한 대학의 교사 자리를 신청했다가 구술시험에서 불합격되어 임용되지 못했다. 문제가 된 구술시험은 아일랜드 정부에서 자국의 고유언어 사용의 장려를 위해 치르는 갤릭어 검정시험으로서 아일랜드 국내인에게도 위 시

21) Case 32/75, *Anita Cristini v. Société nationale des chemins (France)* [1975] ECR 1085.

22) Case C-379/87, *Anita Groener v. Minister for Education (Ireland)* [1989] ECR 3967.

험은 똑같이 요구되었었다. 재판소는 아일랜드 정부의 조치가 국적을 이유로 한 차별이 아니고 부과된 언어능력 조건도 합리적이라는 이유로 원고의 청구를 기각하였다.

7.2.4. 차별의 범위

공동체의 법규는 국적을 이유로 한 직접적인 차별에 대하여 명확하게 이를 금지하고 있는바, 재판소는 이주노동자들보다는 자국 노동자들에 의해서 훨씬 더 쉽게 수행될 수 있는 각종 제한이나 조건들을 부과하는, 이른바 간접적 차별도 역시 불법으로 선언하고 있다. 오 플린 사건[23)]은 재판소에서 간접적 차별의 범위를 얼마나 넓게 인정하고 있는지를 보여주는 좋은 사례라고 할 수 있는데, 이 사건에서 장례식이 자국 영토 내에서 거행된 노동자에 한하여 국내 매장이 허용되도록 한 영국정부의 규제는 간접적 차별에 해당되어 공동체 법률에 위반된다는 판결이 내렸다. 그러나 간접적 차별이라고 해도 객관적인 정당화 사유가 있는 경우 허용됨은 물론이다.[24)]

7.2.5. 고용시장에의 접근권리

유럽재판소는 국적을 이유로 자국과 이주노동자 사이에 차별을 두는 각종 조치를 금시할 뿐만 아니라 한 발 더 나아가 국직에 의

---

23) Case C-237/94, *John O'Flynn v. Adjudication Officer (UK)* [1996] ECR-I 2617.

24) Case C-279/93, *Finanzamt Köln-Altstadt v. Roland Schumacker* [1995] ECR-I 225; Case C-204/90, *Hanns-Martin Bachmann v. Belgium* [1992] ECR-I 249.

한 차별이 없는 경우에도 노동자들의 자유이동을 제한하는 조치들은 모두 금지의 대상이 된다고 한다.[25] 이 보스만 사건에서는 축구선수들을 상대로 한 초국가적인 강제이적 제도가 해당 선수들로 하여금 다른 회원국들에서의 피고용기회를 방해할 여지가 있기 때문에 자유이동에 대한 과도한 장애요소가 된다는 판단을 받았다.[26] 이 경우에도 이런 제한조치가 공공의 이익이라는 관점에서 객관적으로 정당화될 수도 있음은 위에서 본 바와 같다. 객관적 정당화란 개념은 당초에는 인력이 아닌 서비스의 자유이동을 둘러싼 사건에서 발전되어 나온 것으로서,[27] 재판소는 회원국의 조치가 비국적자에 대한 차별조치가 아니면서 자유이동에 저해되는 조치에 대하여는 적정한 요건하에 해당 조치가 객관적 정당성을 띨 수 있음을 선언하고 있다.[28] 겝하드 사건을 통해 재판소는 조약에서 보장되고 있는 기본적 자유의 실현에 장애가 되거나 이를 저해하는 회원국의 조치가 공동체 법률위반에 해당하지 않으려면 다음과 같은 네 가지 요건을 갖추어야 한다고 한다.[29]

① 당해 조치가 비 차별적 방식으로 적용되고 있을 것

② 공중의 이익을 위한 법적 구속력이 부여됨으로써 당해 조치에 정당성이 인정될 수 있을 것

③ 이를 통해 추구하는 목적달성을 담보하는 데 적합할 것

④ 목적을 이루는 데 필요한 범위를 넘지 않을 것(비례성의 원칙)

---

25) Case C-415/93, *Union Royale Belge des societes de football association ASBL v. Jean-Marc Bosman* [1995] ECR-I 4921.

26) Case C-415/93, *Union Royale Belge des societes de football association ASBL v. Jean-Marc Bosman* [1995] ECR-I 4921

27) Case 33/74, *Johannes Henricus Maria v. Bestuur van de Bedrijfsvereniging* [1974] ECR 1299; Case 279/80, *Netherlands v. Alfred John Webb* [1981] ECR 3305.

28) Case C-415/93, *Union Royale Belge des societes de football association ASBL v. Jean-Marc Bosman* [1995] ECR-I 4921.

29) Case C-55/94, *Reinhard Gebhard v. Consiglio dell'Ordine (Italy)* [1995] ECR-I 4165.

위와 같은 재판소의 접근 방식은 카시스 드종 사건[30]을 통해 재화의 이동을 제한하는 조치들이 일정한 요건하에서 정당화될 수 있는 상황을 예정한 이른바 '조리'(rule of reason)이론을 전개하였던 것과 매우 유사하다고 할 수 있다. 이렇게 함으로써 재판소는 회원국들 및 사적 이해관계 당사자들에 대하여 공동체 조약의 정신을 확장시키면서 아울러 법적 예측가능성을 높여주고 있다고 할 수 있다.

7.2.6. 고용계약 종료 후의 체재권

공동체 조약 제39조 제3항 (d)는 이주근로자들에게 주재국에서의 고용관계가 종료된 뒤에 계속하여 거주할 수 있는 권리에 관하여 규정하고 있다. 위 조약은 위 권리를 구체화하도록 하는 제2차적 법원을 예정하고 있고, 이에 기하여 제정된 집행위원회 규정 1251/70/EEC를 통해 정년퇴직 또는 업무상 재해로 영구 장해를 입은 근로자의 주재국에서의 체류권이 보다 구체화되고 있다.

7.2.6.1. 정년퇴직(Retirement)

위 규정에 따르면 이주노동자는 다음의 세 가지 요건을 모두 충족하는 경우 퇴직 후 주재국에 거주할 수 있는 권리를 취득한다.

① 주재국의 관련법령에 의하여 고령연금을 수령할 수 있는 나이에 도달했을 것

② 주재국에서 최소한 12개월 이상 고용되어 일했을 것

③ 주재국에서 최소한 3년 이상 거주했을 것

30) Case 120/78, *Rewe-Zentral AG v. Bundesmonopolverwaltung für Branntwein* [1979] ECR 649.

7.2.6.2. 장해(Incapacity)

위 규정은 주재국에 계속하여 2년 이상 거주한 노동자들이 아래 요건 중 어느 하나에 해당하면 주재국에의 거주권을 부여한다고 정해놓고 있다.

① 영구 장해의 결과로 주재국에서의 근로관계가 종료되었을 것
② 작업 중 사고 또는 직업병으로 인해 장해가 초래되었고, 이로 인해 주재국의 해당 기관에서 전부 또는 부분적으로 연금지급의무를 지게 될 것

여기에서 한 가지 유의할 점은 이주근로자의 배우자가 주재국의 국적자인 경우에는 정년퇴직이나 장해를 불문하고 위에서 본 바와 같은 거주기간의 제한은 적용되지 않는다는 사실이다.

7.2.6.3. 주재국이 두 개 이상인 경우

자국을 떠나 A 국가에 거주하면서 직장은 B 국에서 다니는 근로자들의 경우도 생각할 수 있다. 즉 주재국이 두 개 이상이 되는 셈이다. 이런 근로자가 직장이 있는 주재국(B)에서의 근로관계가 종료된 뒤 계속하여 거주지 주재국(A)에서 살기를 바라는 경우엔 다음과 같은 두 가지 요건을 충족하여야 한다.

① 거주희망 주재국 내에 3년 이상 계속적으로 주소 및 고용관계가 있었을 것
② 일주일에 최소한 한 번 이상은 위 국가로 돌아가곤 하였을 것

정년퇴직 또는 장해사유로 인해 주재국에서의 거주권을 인정받은 사람들에게는 당해 회원국으로부터 지리적으로 전국적 범위에 걸쳐 유효한 체재허가가 이루어지고, 이런 허가는 자동적으로 갱신된다. 또한 이들에게는 주재국 국민들과 똑같은 수준의 제반 사회적 편의를 제공받을 권리도 인정된다.

7.3. 근로자 가족들의 권리

공동체 설립조약들은 이주노동자들이 가족들과 함께 생활할 권리에 관하여 직접 언급하거나 그 가족들이 주재국에서 누릴 권리에 대하여 특별한 규정을 두지 않은 까닭에 이 문제는 제2차적 입법사항으로 남겨져 왔었다. 규정 1612/68/EEC는 이주 근로자들의 가족들과 관련된 몇 가지 권리에 관하여 정해 두고 있는데, 예컨대 여기에서는 근로자들의 가족들이 갖는 권리는 그 가족들이 유럽연합 시민권자인지 여부에 달려 있지 않고 비록 비시민권자라 할지라도 가족들이라면 누구든지 권리를 누릴 수 있다고 규정하고 있다. 그러나 이주근로자가 가족들을 데려올 때에는 적정한 주거환경이 마련되어 있어야만 하는데 재판소 역시 이것을 하나의 요건으로 인정하고 있다.[31] 그러나 가족들이 해당 근로자와 일정한 시간 이상을 계속하여 같이 동거하고 있어야만 하는 것은 요건이 아니다.[32]

7.3.1. 근로자의 가족의 범위

규정 1612/68/EEC는 근로자의 가족들의 범위에 관하여 다음과 같이 규정하고 있다.

① 배우자

② 자녀, 손자 및 기타 방계 비속으로서 21세 이하로 근로자로부터 부양을 받고 있을 것

③ 부모, 조부모 및 기타 방계 존속으로서 근로자로부터 부양을 받고 있을 것

31) Case 131/85, *Emir Gül v. Regierungsprasident Düsseldorf* [1986] ECR 1573.

32) Case 267/83, *Aissatou Diatta v. Land Berlin* [1985] ECR 567.

여기에서 말하는 배우자(spouse)에 대하여 재판소는 법률적으로 혼인관계에 있는 배우자만을 말한다고 하여 엄격하게 해석한다.[33] 그러나 사회적 편의 보장(social advantage)에 관하여는 위에서 본 바와 같이 안정적으로 사실혼의 관계에 있는 자들에 대하여 혼인한 부부들에 대한 것과 유사한 정도의 지위와 권리를 부여하는 회원국 내에서는 비록 사실혼 관계에 있는 배우자라 하더라도 법률혼이 아니라는 이유로 차별하지는 못한다는 것이 재판소의 판결임을 유의할 필요가 있다. 이주 근로자가 이혼한 경우 배우자의 지위가 어떻게 되는가에 관하여 직접적인 판결은 없지만 비시민권자인 배우자의 거주권이 사후에 발생한 이혼으로 인하여 영향을 받지는 않는다고 보는 것이 재판소의 입장이다.[34]

7.3.2. 근로자의 가족들의 권리

이주노동자의 피부양가족들의 출입국 및 거주에 관한 권리는 근로자의 경우와 마찬가지로 대부분 지시문 68/360/EEC에 의하여 규율되는데, 지시문은 "이주 근로자들의 가족 구성원들은 내국인들이 피부양자로서 누리는 것과 같은 권리를 향유한다"고 규정하고 있다. 이주근로자의 가족들 역시 출입국 권리와 관련해서 근로자와 같은 정도의 서류만을 작성하면 되고, 거주허가를 받기 위해서는 자신의 인적 사항,[35] 해당 근로자와의 신분관계 및 해당 근로자와 피부양관계를 소명하는 자료를 제출하여야 한다. 규정 1612/68/EEC는 이주근로자의 가족들에게도 주재국 내에서의 직업을 가질 권리가 있음을 명시하고 있다. 다만, 여기에서 말하는 가족들이란 유럽연합 비시민권자를 뜻하는데, 이는 시민권자인 가족들에게는 부양 이주

33) Case 59/85, *Netherlands v. Ann Florence Reed* [1986] ECR 1283.

34) Case C-370/90, *UK v. Immigration Appeal Tribunal et Surinder Singh, ex parte Secretary of State for Home Department* [1992] ECR-I 4265.

35) 여권 기타 신분증이 있으면 증빙이 됨.

근로자와의 신분관계에 의해서가 아니라 시민권자의 지위 자체에서 근로의 권리가 보장되기 때문이다.

7.3.3. 교육받을 권리

위 규정 1612/68/EEC는 주재국에 체류하는 근로자의 자녀들에게 일반 공교육, 견습 및 직업훈련 교육 등의 기회를 차별 없이 부여하도록 하고 있다. 유럽재판소는 이 규정을 좀더 넓게 해석하여 이주 근로자들의 자녀들에게는 자국 근로자의 자녀들과 동등한 교육의 기회를 보장하여야 하는데, 여기에는 상급학교 입학허가도 포함된다고 한다.[36] 또 이주근로자의 자녀들은 설령 그들의 부모들이 본국으로 돌아간다 하더라도 현재 받고 있는 교육과정을 마칠 때까지는 주재국에 머물 수 있고,[37] 교육을 받을 권리 중에는 피부양자가 만 21세에 도달하는 시점에 여전히 학업 중에 있다면 이를 마칠 수 있는 권리까지 포함된다.[38] 근로자의 배우자는 교육과 관련하여 폭넓은 권리를 향유하지는 못하지만 조약 제12조의 차별금지의 취지에 따라 교육, 견습 또는 직업교육의 기회에 있어 내국인과 동등한 기회를 보장받는다.[39]

7.3.4. 유족 체류권

규정 1251/70/EEC는 이주 근로자의 주재국에의 체류권에 관하여 상세하게 규율할 뿐 아니라 근로자가 사망한 경우 그 유가족들

36) Case 76/72, *Michel S. v. Fonds* [1973] ECR 457.

37) Joined cases 389/87 and 390/87, *Echternach and A. Moritz v. Minister van Onderwijs en Wetenschappen (Netherlands)* [1989] ECR 723.

38) *Case C-7/94, Landesamt für Ausbildungsförderung Nordrhein-Westfalen v. Lubor Gaal* [1995] ECR-I 1031.

39) Case 152/82, *Sandro Forcheri and Marisa Forcheri v. Belgium* [1983] ECR 2323.

에게도 체재권이 부여되는 경우를 자세히 기술하고 있다. 이들은 아래의 세 가지 중 최소한 어느 하나에 해당하면 주재국에 머물 수 있는 권리를 갖게 된다.

① 당해 근로자가 사망일로부터 기산하여 계속하여 2년 이상 주재국에 거주하고 있었던 경우
② 사망의 원인이 업무상의 사고이거나 직업병으로 인한 것인 경우
③ 생존 배우자가 주재국의 국적을 갖고 있거나 갖고 있었던 자로서 사망한 근로자와의 혼인으로 인해 국적을 상실하였던 경우
④ 정년 퇴직한 이후에 사망한 경우에는 망인이 이미 주재국의 체류권을 적법하게 획득하고 있었음을 요건으로 하여 그 가족들에게도 체류권이 인정된다. 재판소는 사망한 근로자의 유가족들 역시 규정 1251/70/ECC에 따라 내국인들과 동등한 대우를 받게 된다는 점을 확인하고 있다.[40)]

7.4. 근로자의 권리에 대한 제한

7.4.1. 공공정책, 치안 및 공중보건을 사유로 한 제한

7.4.1.1. 출입국 및 거주권에 대한 제한

공동체는 근로자들에게 공동체 역내의 자유이동을 보장하는 것이 비합리적이거나 바람직하지 않은 경우도 있음을 상정하면서 이런 경우엔 회원국들로 하여금 근로자들에 대해 이동의 자유를 보장

40) Case 32/75, *Anita Cristini v. Societe nationale des chemins (France)* [1975] ECR 1085.

할 필요가 없다고 규정하고 있는데, 공동체 조약 제39조 제3항에서 회원국들에게 근로자들의 이동의 자유를 제한할 수 있는 사유로 들고 있는 것은 공공정책, 치안 또는 공중보건이다. 위 조항은 지시문 64/221/EEC를 통해 구체화되고 있는데 여기에서는 공공정책이나 치안적 필요에 바탕을 두고 조치를 취할 경우에는 문제가 된 사람의 개인적인 행위만을 기준으로 삼아야 한다고 정해 놓고 있다.[41] 지시문은 전과사실의 존재만으로 회원국이 당해 근로자에게 입국이나 거주권 부여를 거부할 수 있는 권리를 자동적으로 허용하는 것은 아니며, 여권이나 신분증의 유효기간 만료시에 추방할 수 있는 권리를 인정하는 것도 아니라고 한다. 지시문의 부속서에는 회원국들이 공중보건을 이유로 입국을 거절할 수 있는 질병의 목록들이 있는데, 그러나 이 때에도 일단 주재국에 입국한 다음에 발생한 질병이나 장해요인은 추방 또는 거주허가의 갱신을 거절할 수 있는 사유가 되지 못한다. 부속서에는 공공정책이나 치안에 위협요소로 작용할 수 있는 약물중독이나 정신적 이상증세도 나열해 놓고 있다.

7.4.1.2. 절차적 권리의 보장

위 지시문에는 대륙법계의 행정절차법규 체제를 원용하여 어느 회원국이 근로자에 대하여 입국 또는 거주권을 거절하는 경우에 지켜야 할 절차적 권리보장에 관한 규정이 있다. 자유이동의 권리가 거절된 근로자에게 보장된 절차적 권리들로서는 거주신청에 대한 불허처분 또는 추방조치에 대한 상세한 설명을 들을 권리,[42] 불이익처분에 대한 이의 내지 불복의 권리[43] 및 처분에 대한 사법심사를 구할 수 있는 권리가 있다.

---

41) Case 41/74, *Yvonne van Duyn v. Home Office (UK)* [1974] ECR 1337.

42) 급박한 치안상의 필요가 있는 경우에는 예외이다.

43) 이의 내지 불복에 대한 심판을 하는 기구는 원 처분청과는 별개의 독립된 기관이어야 한다.

7.4.1.3. 판결의 경향

재판소는 근로자들의 자유이동을 제한하는 법률들에 대하여는 그 범위를 좁게 인정해 오고 있는바, 재화의 자유이동에 대한 예외를 두고 있는 조약 제30조를 해석할 때와 마찬가지로 근로자들의 자유이동에 대한 예외조치로서 허용되기 위해서는 비례성의 원칙과 객관적 정당성의 요건을 갖추어야 한다.

회원국 정부가 공공정책이나 치안상의 필요를 근거로 하여 근로자들의 자유이동을 제한하기 위해서는 당해 근로자의 입국이 '공공정책에 실제로 그리고 충분히 위협'(genuine and sufficiently serious threat to public policy)이 될 정도여야 하고, 여기서 말하는 위협이란 '그 회원국의 기본적인 이해관계에 영향을 미치는 것'(affect one of The fundamental interests of The State)을 말한다.[44)]

프랑스의 창녀가 벨기에에의 입국이 거부되었던 사건에서 유럽재판소는 자국인들에 의한 유사한 행위가 같은 정도의 제재조치를 가져오지 않는 한, 다시 말해 주재국 국민들에게 허용되고 있는 행위에 관하여 공공정책을 이유로 하여 이주노동자에게만 도덕적 기준을 적용하여 이동의 자유를 제한하거나 추방하는 것은 허용될 수 없다고 한다.[45)] 전과나 현재 진행 중인 형사피고사건이 해당국에 현존하는 위협의 요소가 된다는 증명이 없는 한 이것만으로는 해당 근로자에 대한 추방을 정당화할 수는 없다.[46)] 공공의 치안질서를 위한 일반예방적 차원에서 전과경력을 이유로 추방하는 것은 허용되지 않는다. 독일에서 일하던 이탈리아 근로자 한 명이 오발사고로 자기의 형을 죽이는 바람에 불법총기소지죄로 유죄판결을 받고 추방되기에 이르자 독일 정부를 상대로 소송을 제기하였는데, 관할 독

44) Case 30/77, *Regina v. Pierre Bouchereau* [1977] ECR 1999.
45) Joined cases 115 and 116/81, *Rezguia Adoui v. Belgian State and City of Liège* [1982] ECR 1665.
46) Case 30/77, *Regina v. Pierre Bouchereau* [1977] ECR 1999.

일 법원은 일반예방적 차원에서 공공정책을 이유로 추방이 가능한지에 관하여 질의하였다.[47] 이에 대해 재판소는 공공정책상의 필요란 범죄자 개인에 의한 치안질서 파괴로 인해 정당화되는 것이지, 일반적인 예방을 그 사유로 삼을 수는 없다고 하였다.

프랑스 전과자 사건[48]

프랑스 국적자인 삐에르는 1975년 일자리를 찾아 영국으로 건너왔다. 그런데 그는 이듬해인 1976년 6월 마약불법소지죄로 유죄판결을 받았는데, 사실 그 이전인 같은 해 1월, 그에게는 유사한 죄명으로 12개월의 집행유예가 선고된 상태였었다. 영국 형사법원은 유럽재판소측에 그를 추방하기 위해 어떤 전과들을 그 근거로 삼아야 하는지에 관하여 질의하였는데, 이에 대하여 재판소는 오직 당해 근로자의 개인적인 행위가 공공정책을 달성하기 위한 요건에 현존하는 위협을 구성한다는 입증이 있을 경우에만 전과 사실들을 참조할 수 있을 뿐이라고 하면서 여기에는 재범의 가능성도 포함된다고 판시하였다. 이 말은 전과사실 자체는 언제나 근로자의 자유이동을 제한함에 있어서 독자적인 고려요소가 될 수 없다는 뜻이 아니라 과거의 행동 자체만으로도 경우에 따라서는 그 행위가 충분히 위험하다고 여겨지면 현존하는 위협요인으로 인정될 여지도 있다는 것으로 이해될 수 있다.

7.4.2. 공공부문에 있어서의 근로자의 권리 제한

공동체 조약 제39조 제4항은 조약 제39조는 공공부문(public service)에서의 고용과 관련하여서는 적용되지 않는다고 규정하고 있다. 공공

---

47) Case 67/74, *Carmelo Angelo Bonsignore v. Oberstadtdirektor der Stadt Köln* [1975] ECR 297.

48) Case 30/77, *Regina v. Pierre Bouchereau* [1977] ECR 1999.

부문의 정의 역시 입법적으로 명확하게 나타난 바 없기 때문에 이를 둘러싼 해석 또한 재판소의 몫으로 남겨져 왔고, 재판소는 근로자의 자유이동에 대한 예외적 제한사유 중 하나인 이 개념에 대하여 엄격한 판단을 해 왔다. 재판소는 조약 제39조 제4항의 적용대상이 되기 위하여는, 여기에서 정하고 있는 고용의 개념은 국가 또는 기타 공적 기관들의 일반적인 이해관계를 보장하기 위한 목적으로 행정법규에 의하여 부여된 권한행사 및 의무의 이행 참여와 직간접적인 관련성을 가져야 하고, 따라서 수행되는 업무의 성격을 고려하지 않은 채 공공부분의 일자리를 자국인에게만 허용하는 것은 인정될 수 없다고 판시하였다.[49] 위 판결을 비롯한 일련의 재판소의 판결 동향을 간추려 보면 어떤 지위 내지 신분관계가 자국에 대한 특정한 충성 의무를 요구하는 경우, 예컨대 군인, 경찰, 판사, 조세 징수자 및 고위직 공무원 등은 조약 제39조 제4항에서 말하는 공공부문의 직종에 포함되는 것으로 해석된다. 집행위원회는 통첩 72/2를 통해 공공부문의 직종 포함 여부에 관한 일련의 기준을 제시한 바 있는데,[50] 이를 통해 공중보건서비스, 공립학교의 교사, 비군사적인 분야에 있어서의 공적인 연구, 상거래를 규율하는 공적인 기관 등은 타국적 연합 시민권자들에게 제한되는 공공부문의 직종으로 보기 어렵다는 결론을 내리고 있다. 재판소의 엄격한 해석과 집행위원회의 위 통첩에 따른 기준은 회원국들의 자국의 정체성 확보의 필요성과의 관계에서 앞으로 상당한 논란을 가져올 것으로 전망된다.

7.4.3. 근로자의 자유이동에 관한 권리의 강제이행

개인들에게 유럽연합 역내에서의 거주이전의 자유를 보장하고 있는 공동체 법규에 대한 이해에 덧붙여, 이러한 권리를 현실적으로

49) Case 149/79, *Commission v. Belgium* [1982] ECR 1845.
50) Notice in 1988, OJ No, 72/2.

어떤 방식으로 누구에 대하여 주장하고 그 이행을 강제시킬 수 있는가에 관한 점도 살펴볼 필요가 있다. 직접효의 원칙에 따라 통상적으로 개인들은 자국의 법정에 관련된 공동체 법규를 근거로 제소할 수 있다. 특별히 재판소는 조약 제39조는 모든 회원국들의 사법체계속에 직접 적용될 수 있으며 이에 반하는 회원국들의 법률은 즉시 적용이 중단된다고 하여[51] 위 조항이 개인들, 즉 유럽연합 시민권자들에게 직접 권리를 부여하고 있음을 강조해오고 있다. 나아가 재판소는 위 조항은 회원국들에게 자유이동을 용이하게 하도록 할 의무를 부과할 뿐 아니라, 이해관계에 있는 개인들에게도 역시 유사한 의무를 부과한다는 점을 천명하고 있다. 보스만 사건에서는 피고 중 하나로 벨기에 축구협회가 당사자로 된 바 있고,[52] 특히 안고네세 사건을 통해 재판소는 근로자의 자유이동에 관한 공동체 법률 원칙은 공공기관뿐만 아니라 개인에 대하여도 의무를 부과하고 있다고 판시하였다.[53] 만일 회원국이 자유이동과 관련된 의무를 불이행하는 경우에는 집행위원회 또는 다른 회원국들이[54] 위반 국가들을 상대로 조약 제226 내지 제228조에 기하여 강제이행절차를 밟을 수 있다.

7.5. 기업설립의 자유 및 서비스 제공의 자유

근로자들의 자유이동의 촉진 및 이주근로자들 및 그들의 가족에

---

51) Case 167/73, *Commission v. France* [1974] ECR 359.

52) Case C-415/93, *Union royale belge des societes de football association v. Jean-Marc Bosman* [1995] ECR-I 4921.

53) Case C-282/98, *Roman Angonese v. Cassa di Risparmio di Bolzana Spa,* (unreported).

54) 회원국은 집행위원회에 제소를 요구하고, 이에 대하여 집행위원회가 제소권을 행사하지 않는 경우에만 재판소에 직접 제소할 수 있다.

대한 국적을 이유로 한 차별금지를 정하고 있는 외에, 공동체 조약은 또한 자영업자들에 대하여도 유사한 권리와 보호를 예정해 두고 있다. 조약 제43조 내지 제48조에서는 주재국에 기업을 설립하려는 자들에 대한 제한을 금지하고 있고, 제49조 내지 제55조는 주재국에 상주 영업장소가 없이도 서비스를 제공하기 위해 자유롭게 이동할 수 있는 권리를 규정하고 있다. 조약에서는 경제활동인력의 자유이동을 크게 세 가지로 따로 나누어 규정하고 있지만, 재판소는 판결을 통해 이들 사이에 존재하는 공통요소에 관하여 강조해왔다. 근로자의 자유이동, 기업설립의 자유 및 서비스 제공의 자유는 공동체 법률에 의해 특정 회원국 영토 내로의 입국 및 거주, 그리고 국적을 이유로 한 모든 차별의 금지에 관한 한 동일한 원칙 위에 자리잡고 있다고 한 로이어 사건[55]은 그 대표적인 예라고 할 수 있다.

7.5.1. 기업설립의 자유

공동체 조약 제43조는 유럽연합 시민들은 주재국에서 당해 국가의 국민들이 누리는 것과 같은 정도의 기업설립의 권리를 갖는다고 규정하고 있다. 또한 이러한 권리에는 이미 다른 회원국에 설립되어 있는 회사의 대리상, 분사무소 및 자회사를 설립하는 권리도 포함되어 있다. 이러한 기업설립의 활동은 주재국의 관련법규를 준수하여야 하는데 다만 위 법규가 국적을 이유로 한 차별대우를 담고 있을 때에는 공동체법률 우위의 원칙에 따라 주재국의 법규가 무효로 선언될 수 있을 것이다.

7.5.1.1. 설립의 범위

재판소는 설립(establishment)에 관하여 "사실상의 경제적 활동 추구를 목적으로 불특정 기한을 두고 다른 회원국에 고정된 영업장소

55) Case 48/75, *Jean Noel Royer* [1976] ECR 497.

를 두는 것"[56]으로 정의한다. 이러한 설립의 권리는 자연인(natural person)뿐만 아니라 이미 다른 회원국에 기히 설립되어 있음을 소명할 수 있음을 전제로 하여 의제된 법인(artificial legal person)에도 인정된다. 지시문 68/360/EEC가 근로자들의 자유이동에 관한 제한을 철폐하는 내용을 담고 있다면, 지시문 73/148/EEC는 자영업자 및 이들의 가족들에 관한 제한을 폐지하고, 자국인들과의 동등한 대우를 해야만 하는 것을 골자로 하고 있다. 이와 관련된 또 다른 지시문 75/34/EEC는 자영업자의 영업활동이 종료된 이후에 주재국에 계속하여 거주할 수 있는 권리에 관한 규정을 담고 있다.

7.5.1.2. 차별의 판별기준

근로자의 자유이동 및 재화의 자유이동에 관한 일련의 판결들을 통해 재판소는 직접 및 간접적인 차별 모두 조약 제43조에 위반된다는 입장을 취해 왔다. 비국적자에 의한 회사설립만을 규제하는 회원국 국내법규가 차별조치에 해당함은 두말할 나위가 없지만, 국적자와 비국적자를 가리지 않고 모두에게 적용되는 법률, 이른바 비차별적 적용(indistinctly applicable)의 성격을 갖는 법규라 하더라도 조약 제43조에 위반될 수 있다.[57] 재판소는 한 발 더 나아가 어떠한 회원국의 법률도 그것이 차별적이건 비차별적이건 불문하고 공동체의 시민에게 불리하게 작용될 소지가 있다면 객관적으로 정당화할 만한 사유가 없는 한 금지될 수 있다는 입장을 취한다.[58] 경우에 따라서는 공동체의 법규를 적용받는 타 국적자와 국적자 사이의 역차별 문제가 생길 때도 있는데, 크누어 사건[59]은 그 대표적 사례라고 할 수 있다.

---

56) Case C-221/89, *The Queen v. Secretary of State for Transport, ex parte Factortame Ltd. and others* [1991] ECR-I 3905.

57) Case 71/76, *Jean Thieffry v. Conseil de l'ordre des avocats a la cour de Paris* [1977] ECR 765.

58) Case 143/87, *Christopher Stanton v. Institut national d'assurances sociales pour travailleurs indépendants (Inasti)* [1988] ECR 3877.

이 사건의 원고인 크누어는 네덜란드 사람으로서 벨기에에 머물면서 직업자격증을 취득하였는데, 본국으로 돌아왔을 때 네덜란드 정부는 이 자격증의 효력을 인정해 주지 않았다. 만일 타 국적의 유럽연합 시민권자가 같은 자격을 갖고 네덜란드 정부에 요구하였다면 조약상의 차별금지원칙에 따라 자격요건을 인정받을 수도 있는 상황이었다. 재판소는 네덜란드 정부의 조치는 유럽연합 시민들로부터 공동체 법규에 따라 인정되는 이익을 배제하는 행위라고 판시하면서 역차별 문제를 시정토록 하였다. 그 뒤 재판소는 직업 자격과 관련하여 판결을 통한 일련의 기준을 제시하여 오고 있다.

7.5.2. 자격인증

각 회원국들의 자격인증 제도는 인력의 자유이동에 중대한 장벽을 만들어낼 수 있다. 이에 조약 제47조는 각료회의에 공동체 내에서 이루어지는 각종 훈련 및 자격증 인증에 관한 지시문을 제정할 권한을 주고 있는데, 그 결과 각국의 자격증 관련 법규들을 통합하는 많은 법률들이 만들어졌다. 예를 들면 지시문 89/48/EEC 및 89/49/EEC는 고등교육학위 및 전문가 훈련과정에 관한 인증을, 지시문 77/249/EEC 및 98/5/EC는 특별히 법률자격증에 관한 내용을 담고 있다. 위와 같이 입법을 통해 해결되는 경우도 있지만 적당한 준거법이 없는 경우엔 재판소의 판결을 통해 해결될 수밖에 없는데, 비국적자가 소지하고 있는 훈련 이수증서 또는 자격증과 관련된 자국의 규정 및 요건을 비교하여 양자가 대등하다고 인정되는 경우 회원국들은 비국적자의 이수증서나 자격증도 인정해 주어야만 한다는 것이 재판소의 입장이다.[60] 비교결과 양자가 대등하지 않다고 보

59) Case 115/78, *Knoors v. Secretary of State for Economic Affairs (Netherlands)* [1979] ECR 399.

60) Case C-340/89, *Irène Vlassopoulou v. Ministerium für Justiz (Germany)*

여지는 경우 주재국은 그 이유를 비국적자에게 서면으로 설명해 줌으로써 사법적 심사의 기회를 갖도록 공개되어야 한다.[61] 전체적으로 비교하여 일부만이 대등하다고 판단되면 주재국은 비국적자에게 양자의 차이를 보완할 수 있도록 추가적인 훈련 또는 과정 이수를 요구할 수 있다. 현재 집행위원회 차원에서는 자격증 인증 및 이에 부수된 여타 문제와 관련하여 통합된 단일 규정을 새로운 법률형식으로 만들고 있는 중이다.

7.5.3. 기업설립의 자유에 대한 제한

근로자의 자유이동과 관련하여 위에서 이미 본 바와 같이 제한 내지 차별조치들 중에 어떤 것들은 공공정책, 치안 및 보건을 이유로 허용되고 있고 공공부문의 직종에의 고용제한도 인정된다. 기업설립 및 서비스 제공과 관련하여서도 유사한 이유로 특정한 경우 제한조치나 차별적 대우가 인정될 수 있다. 재판소도 공공정책, 치안 및 공중보건을 이유로 한 자유이동의 권리를 제한하고 있는 조약 제46조는 조약 제39조 제3항에 적용되어야만 한다는 판결을 내린 바 있고[62] 이와 같은 예외적 허용이 구체화되어 근로자와 기업설립의 경우에 공통적으로 적용되도록 만들어진 것이 지시문 64/221/EEC이다. 공권력 집행 분야에도 기업설립의 자유나 서비스 제공의 자유는 허용되지 않는다.[63] 다시 말해 특정 회원국의 행정집행 업무와 동일 내지 유사한 업을 영위할 목적의 회사설립이나 그와 같은 서비스의 제공은 회원국의 공권력을 침해하는 것으로서 인정될 수 없다. 그러나 이 경우에도 재판소는 근로자의 자유이동과 관련하여 제

[1991] ECR-I 2357.

61) Case 222/86, *UNECTEF v. Georges Heylens* [1987] ECR 4097.

62) Case 36/74, *Walrave and Koch v. Association Union* [1974] ECR 1405.

63) 조약 제45조.

한이 인정되는 공공부문의 개념에 관하여 될 수 있는 한 그 범위를 한정하려는 모습을 보여주고 있다고 할 수 있다.[64] 라이너스 판결[65]을 통해 재판소는 조약 제43조 역시 직접효를 갖고 있음을 명시한 바 있는데, 위에서 본 보스만 사건이나 안고네세 판결의 취지를 종합하면 적어도 부분적이나마 수평적 직접효까지 갖추고 있다고 볼 수 있다.

7.5.4. 서비스 제공의 자유

7.5.4.1. 서비스 제공의 자유원칙

기업설립의 자유가 주재국에 불특정 기한을 두고 영구적인 사업활동 기지를 만들 수 있는 권리라면, 서비스 제공을 위한 자유이동의 권리는 일반적으로 서비스 공급자가 주재국에 영구영업기반을 갖추지 않고 임시로 경제활동을 영위할 수 있는 권리라고 할 수 있다. 그러나 이런 구분이 명확하지만은 않은 것이어서 예컨대 겝하드 사건[66]과 같은 경우에서는 서비스 공급자가 주재국에 사무실 기타 물적 시설을 둘 수도 있다고 한다. 조약 제49조는 서비스 공급자의 영업장소가 수요자의 국가와 다른 회원국 내에 있다는 것을 이유로 한 차별을 금지하고 있다. 조약 제50조에서 말하는 서비스란 대가를 목적으로 제공되는 것으로서 예컨대, 산업 또는 상거래적 성격을 띤 활동, 전문가들 및 고도의 숙련공들의 용역을 가리킨다. 따라서 자원봉사 내지 시혜적으로 이루어지는 행위는 여기에서 말하는 서비스에 포함되지 않는다.[67] 유럽재판소는 서비스의 개념을 넓게 해석

---

64) Case 2/74, *Jean Reyners v. Belgian State,* [1974] ECR 631.

65) *Ibid.*

66) Case C-55/94, *Gebhard v. Consiglio dell'Ordine (Italy)* [1995] ECR-I 4165.

하여 의료서비스, 직업훈련 및 관광업을 여기에 포함시키고 있고, 서비스의 공급 권리뿐만 아니라 서비스를 받을 권리 역시 인정된다고 한다.68) 주재국에 항구적인 영업장소를 두지 않으면서 서비스를 제공하거나 받으려는 자에게 보장되는 권리 속에는 본인 및 그 가족들의 주재국에서의 주거권은 포함되지 않는다. 그러나 현실적으로는 위에서 본 바와 같이 주거권과 임시 영업을 위한 체류시설의 허용 등의 구분이 모호한 경우가 많이 있다. 국적을 이유로 한 서비스 제공 또는 수령의 자유를 차별하는 조치가 금지됨은 두말할 나위가 없고, 나아가 실제로 비국적자와 국석자를 차별하지는 않더라도 서비스의 역내 이동에 제한을 가져오는 조치라면 객관적으로 정당화할 만한 사유가 인정되지 않는 한 이 역시 금지된다.69)

7.5.4.2. 서비스 제공의 자유에 대한 제한

조약 제55조는 특별히 기업설립의 자유와 관련한 조약 제45 및 제46조상의 예외적 제한들은 서비스를 제공하거나 제공받기 위해 이동하는 자유에도 적용된다고 한다. 조약 제39조(근로자), 제46조(기업설립) 및 제55조(서비스)는 모두 공공정책, 치안 및 공중보건상의 이유를 근거로 자유이동원칙의 예외를 담고 있다. 또한 조약 제39조, 제45조 및 제55조에서는 모두 공권력의 집행 분야에 있어서의 예외도 담고 있다. 이 분야에 관한 유럽재판소의 판결은 역시 공동시장의 효과적인 달성이라는 목적을 위해 예외 규정을 매우 좁게 해석하고 있다.

---

67) Case 52/79, *Procureur du Roi v. Marc J.V.C. Debauve* [1980] ECR 833.

68) Joined cases 286/82 and 26/83, *Graziana Luisi and Giuseppe Carbone v. Ministero del Tesoro* [1984] ECR 377. Case 186/87, *Ian William Cowan v. Trésor public* [1989] ECR 195.

69) Case 384/93, *Alpine Investments BV v. Minister van Financien* [1995] ECR-I 1141; Joined cases C-369/96 and C-376/96, *Belgium v. Jean-Claude Arblade and others* [1999] ECR-I 8453.

7.6. 자유이동에 관한 입법동향

현재 유럽연합 차원에서는 유럽연합 시민들과 그들 가족들의 역내 이동 및 거주의 자유를 둘러싼 단일 법안 논의가 진행되고 있는 바, 이들이 법안 발효에 필요한 동의절차를 거치게 되면 아래에서 보는 규정과 지시문들은 하나의 지시문으로 통합되어 법률의 단일화가 이루어질 전망이다.

1. 규정 1612/68: 조약 제10조 및 제11조의 실행을 위한 것으로서 근로자들의 가족에 관한 사항을 정하고 있음
2. 지시문 64/221: 공공정책, 치안 및 공중보건을 이유로 한 자유이동 등에 관한 예외 규정[70)]
3. 지시문 68/360: 근로자들과 그 가족들의 자유이동 및 거주에 관한 제한철폐 내용
4. 지시문 73/148 : 영업설립 및 서비스에 관한 제한 철폐
5. 지시문 75/34 : 영업자의 거주권에 관한 규정
6. 지시문 90/364 : 다른 여타 그룹에 속하지 않은 자들의 거주의 권리에 관한 규정
7. 지시문 90/365 : 퇴직자의 거주권리
8. 지시문 93/96 : 학생들의 거주권리

새로운 법안 제정의 목적은 '가족'의 개념에 들어가는 정의를 보다 명확하게 하고 예외 규정은 제한함으로써 유럽연합 시민들에게 부여된 이동 및 주거의 자유의 권리를 촉진하려는 데 있다. 현재 진행 중인 법안 초안에 의하면 유럽연합 시민들은 개인 신분을 증명할 수 있는 증서를 소지하고 있을 것을 전제로 하여 다른 회원국에 6개월간 체류할 수 있도록 하고, 경제적 활동에 종사하거나

70) 지시문 75/35로 개정.

주재국에 경제적 부담을 주지 않을 정도의 충분한 자력을 갖고 있음을 소명하는 경우에는 그 이상의 거주도 허용토록 하고 있다. 학생으로서 직업훈련의 기회를 갖게 되거나 합법적으로 거주할 수 있는 자의 가족인 경우에도 마찬가지이다. 또한 새로운 법안은 배우자의 사망이나 그와의 이혼 등이 가족들의 이동 및 주재국 내의 거주권에 영향을 미치지 않음을 명시함과 아울러 주재국에 4년 이상 거주한 경우에는 영구 거주권도 가능토록 하고 있다. 치안 분야를 제외하고는 주재국의 내국인과의 평등한 대우를 받을 수 있는 권리도 보장될 것으로 예상된다. 공공정책, 치안 및 공중보건을 이유로 한 자유이동 및 거주에 대한 예외는 당사자의 개인적 성행이 당해 회원국의 이익에 충분하고도 현존하는 위협이 된다는 점이 소명될 것을 요건으로 허용되는 쪽으로 재구성될 예정이다.

제 8 장 공동체와 경쟁법

위에서 본 바와 같이 공동체의 최우선과제는 공동시장을 만들어 내는 것인데, 이는 다시 말해 거래상의 불필요한 모든 장벽들을 제거하는 것을 의미한다고 할 수 있다. 회원국들의 입장에서는 관세를 철폐하고 아울러 자국 법률에 의하여 역내의 사람들의 자유이동을 방해하거나 회원국 간의 수출입에 제한을 가져오는 불필요한 금전적 또는 비금전적 조치가 생기지 않도록 해야만 한다. 이런 활동들이 회원국들의 경제통합이라는 목적에 기여하는 것은 물론이지만, 그렇다고 해서 이것만으로 단일시장을 만들어내기에는 충분하지 않다. 조약은 1인 사업자로부터 다국적기업에 이르기까지 다양한 사업자들(undertakings)이 공동시장 창출의 보장을 위해 일정한 역할을 해야만 한다는 점을 분명하게 언급하고 있다. 공동체 조약 제3조 (g)는 공동체의 활동 중의 하나는 역내 시장에서의 경쟁이 왜곡되지 않도록 하는 데 있음을 명시하고 이에 따라 조약 제81조 및 제82조에서는 사업자들에게 자유로운 경쟁을 보장하기 위한 일련의 의무를 부과하고 있다. 이 조항들에 의하여 개별적으로 일정한 요건하에 사업자들의 반경쟁적 담합 또는 시장지배적인 지위의 남용이 금지되고 있다.

8.1. 공동체 경쟁법의 목적

공동체의 경쟁법은 자유이동을 실질적으로 보완 내지 이행하는 수단으로서의 역할을 수행하고 있는바, 그 목적은 매우 광범하다고 할 수 있다. 사람과 재화, 그리고 서비스의 자유이동과 관련한 다양한 법규들이 '회원국들'(Member States)에 의하여 만들어진 무역장벽을 제거하는 것이라면, 공동체의 경쟁법규들은 '사업자들'에 의하여 만들어진 무역장벽을 허무는 데 있다고 할 수 있다. 이와 같이 경쟁촉진 관련법규의 우선적인 목적은 공동체 역내에서의 경제적 통합을 조력하는 데 있지만 그 밖에도 경쟁분야와 관련된 법률 체제는 아래와 같은 기능들을 수행한다.

① 소비자 보호

사업자 간의 경쟁을 통해 가격고정 및 일방적인 인상 등을 억제하고 저가의 고품질의 재화 및 서비스에 대한 소비자의 선택의 기회를 넓혀준다.

② 효율성 제고

경쟁체제를 통해 독점체제하에서의 자원의 비효율적 사용을 억제하고 효과적인 자원분배가 이루어지도록 한다. 공정한 경쟁

③ 공정성 확보

공동체 조약 전문은 '공정한 경쟁' (fair competition)에 관하여 언급하고 있는데, 이는 국가보조의 금지와 같은 형태로 나타난다. 이를 통해 대기업뿐만 아니라 중소기업들도 아울러 공존·발전할 수 있도록 건전하면서도 규모별로 역할이 담보되어 있는 시장을 만들어낸다.

조약 제81조 및 제82조의 규정들은 미국의 「1890년 서먼 법」(Sherman Act, 1890)을 따온 것으로서 위 법은 거래를 제한하는 모든 계약, 기업결합 및 담합을 금지하고 아울러 거래와 상업활동에 있어

서의 독점화를 막는다는 내용을 담고 있다. 세계 여러 나라의 경쟁법규의 모태가 되었다고 할 수 있는 이 법이 추구하는 목적은 두 개 이상의 사업자들 간의 담합 기타 이와 유사한 행위로 인해 초래되는 자유경쟁에 대한 왜곡을 금지하고 독점 내지 과점 사업자들에 의하여 시장지배적 권한이 남용되는 것을 방지하는 데 있다.

8.2. 경쟁제한적 행위의 금지(조약 제81조)

공동체 조약 제81조는 사업자들로 하여금 공동체 역내의 거래에 제한적 효과를 가져오는 반 경쟁적인 협정을 금지하고, 이러한 협정들은 예외적으로 허용될 만한 정당한 사유가 없는 한 무효가 된다고 선언하고 있다. 조약 제81조 제1항은 "회원국들 간의 거래에 영향을 미칠 수 있는 것으로서 공동시장 내에서의 경쟁을 방해, 제한 또는 왜곡시킬 목적을 갖고 있거나 이런 영향을 가져오는 일체의 사업자들 간의 협정, 사업자 단체의 결정 및 담합은 금지된다"고 규정하고 있다.

8.2.1. 사업자(Undertakings)

위 조약에서 말하는 사업자란 개인 사업자로부터 다국적 기업에 이르기까지 매우 광범위한 모든 유형을 포함하고 있는데, 경제적 활동에 종사할 수 있는 능력이 있는 한 사업자의 개념에 들어간다.[1)]

1) Case C-41/90, *Klaus Höfner and Fritz Elser v. Macrotron GmbH* [1991] ECR-I 1979.

사업자란 반드시 법인격을 갖출 필요도 없다. 사업자의 개념을 보여주는 좋은 사례 중의 하나는 집행위원회 결정 78/516/EEC (Re Unitel)에서 볼 수 있는데, 한 명의 오페라 가수도 경쟁법규에서 정하고 있는 사업자에 들어갈 수 있다는 것이 집행위원회의 판단이었다. 또한 여기에는 모기업도 포함되는바, 공동체의 역외 지역에서 설립된 기업이라 하더라도 그 자회사가 공동체 역내에서 한 행위에 대하여는 모기업으로서 책임을 지게 된다.[2)]

8.2.2. 사업자 단체(Associations of Undertakings)

여기에서 말하는 사업자 단체란 거래의 주체들이 연합하여 만든 조직으로서 이러한 연합체에서 내린 결정은 물론 회원들에 대하여 구속력이 없는 권고(recommendations)도 금지대상에 포함된다.

8.2.3. 협정(Agreements)

여기에서 말하는 협정(agreements) 또한 매우 넓고 포괄적인 개념으로 사용되는바, 공식적 계약인지 여부를 불문하므로 소위 신사협정(gentleman's agreement)[3)]은 물론 일방계약(unilateral agreement)도

---

2) Case 48/69, *Imperial Chemical Industries v. Commission* [1972] ECR 619, "The Dyestuff case". Joined cases C-89/85, C-104/85, C 114/85, C-116/85, C-117/85 and C-125/85 to C-129/85, *Ahlstrom Osakeyhtio and others v. Commission* [1993] ECR-I 1307, "The Woodpulp case".

3) Cases 41, 44 and 45/69, *ACF Chemiefarma v. Commission*; Case 41/69, *ACF Chemiefarma NV v. Commission* [1970] ECR 661; Case 44/69, *Buchler v. Commission* [1970] ECR 733 and Case 45/69, *Boehringer Mannheim v. Commission* [1970] ECR 769, 이상의 사건들을 "Quinine cartel case"라고 한다.

이에 포함된다.[4)]

또한 수평적 협정(horizontal agreement)뿐만 아니라 수직적 협정(vertical agreement)도 여기에 들어가는데,[5)] 수평적 협정이란 같은 산업적 지위를 갖는 사업자들, 예컨대 생산자들 사이에서 이루어지는 협정을 말하고, 수직적 협정이란 생산자와 유통업자와 같이 거래상의 지위가 서로 상이한 사업자들 사이의 협정을 말한다. 조약 제81조상의 협정의 유형을 광범하게 해석하지 않으면 비공식적으로 은밀하게 이루어지는 담합행위들이 빠져나갈 수 있는 틈을 만들어 주어 결국 공동체 역내의 경쟁의 왜곡을 가져올 수 있기 때문에, 재판소는 전통적으로 담합의 유형을 포괄적으로 파악해 왔다. 윈드서핑 사건[6)]에 있어서도 재판소는 어떤 협정이 경쟁을 왜곡하는 지의 여부를 판단함에 있어서는 계약의 전 취지를 보아야 하고 계약 안에 있는 일부 제한적 내용이 설령 거래에 영향을 미치는 바 없다고 보인다 하더라도 이것만으로 경쟁제한의 효과가 없다고 단정할 수는 없다고 판시한 바 있다.

8.2.4. 담합행위(Concerted Practices)

담합행위란 이른바 계약체결의 단계에까지는 이르지 않았지만 대신 사업자들 사이에 경쟁에 따른 위험을 대체하고자 하는 사실상의 협력행위를 말한다고 할 수 있다.[7)] 담합행위 여부를 판단함에 있어 사업자 간의 계약행위의 존재까지는 필요 없으며, 여기에서 말

4) Case 107/82, *Allgemeine ElektrizitatsGesellschaft AEG-Telefunken AG v. Commission* [1983] ECR 3151.

5) Joined cases 56 and 58-64, *Consten S.à.R.L. and Grundig v. Commission* [1966] ECR 429.

6) Case 193/83, *Windsurfing International v. Commission* [1986] ECR 611.

7) Case 48/69, *Imperial Chemical Industries v. Commission* [1972] ECR 619, "The Dyestuff case".

하는 행위는 협정을 맺는 등의 행위 그 이상을 포괄한다고 할 수 있다. 일단 가격고정 내지 인상의 효과를 가져오는 행위가 있었다면 이 배후엔 과점자들 간의 상호의존적 행태가 있었다고 추정할 수 있고,[8] 입증책임은 피고들에게 돌아가므로 사업자들 자신이 그러한 담합행위가 없었다는 점을 증명하여야 한다.

8.2.5. 회원국들 사이의 거래에 영향을 미치는 행위

거래가 오직 한 회원국 사이에서만 이루어지는 경우엔 당해 회원국의 법률이 적용되며, 공동체의 경쟁법규가 적용될 여지는 없다.[9] 재판소는 공동체 조약 제81조가 적용되기 위해서는 현실적 영향(actual effect)이 있음이 입증되어야 한다고 하는데, 여기서 말하는 현실적 영향이란 결과로서 드러난 것은 물론 초래될 수 있는 잠재성이 있는 경우까지 포함한다.[10] 영향력을 판단함에 있어서 그것이 공동체에 해를 끼치고 있는지의 여부는 문제가 되지 않는다는 것이 재판소의 입장으로서 실제로 콘스텐 사건에서는[11] 문제가 된 사업자들 사이의 협정이 사실상 거래의 증가를 가져오는 효과를 갖고 있었으나, 재판소는 이와 무관하게 협정 자체는 여전히 경쟁법규의 제재대상이 될 수밖에 없다는 판결을 내린 바 있다. 그러나 공동체 내의 거래에 영향을 미친다고 해서 모두 다 조약 제81조의 적용을 받지는 않는다. 여기에서 말하는 영향은 자유로운 경쟁을 방해한다고 여겨질 만한 정도의 중요성을 띠어야 한다. 이와 관련된 대표적

---

8) *Ibid.*

9) Case 61/80, *Coöperatieve Stremselen Kleurselfabriek v. Commission* [1981] ECR 851. "Woodpulp case (Cases C-89/85 등)".

10) Case 56/65, *Société Technique Minière v. Maschinenbau Ulm GmbH* [1966] ECR 337.

11) Joined cases 56 and 58-64, *Consten S.à R.L. and Grundig v. Commission* [1966] ECR 429.

인 사건으로 포크 판결[12]이 있는데, 세탁기 생산업체인 포크가 독점 공급계약을 체결하였다가 문제가 된 이 사건에서는 포크측의 관련 시장 점유율이 1% 미만이라 역내 거래에서 차지하는 비중을 감안하면 의미 있는 정도의 영향을 미칠 가능성이 없다는 이유로 조약 제81조에서 면책되었다. 집행위원회는 지금은 조약 제81조 제1항의 해당 여부를 판단하기 위한 영향력의 유무의 파악을 위한 일련의 기준을 마련하여 제공하고 있는바,[13] 거래에 극히 미미한 정도의 영향을 미치는 행위들은 위 조항의 금지 대상에서 제외시키고 있다.

8.2.6. 협정의 목적 또는 효과

재판소는 협정의 목적(object)과 효과(effect)를 따로 분리해서 파악해야 한다는 입장을 취하고 있다.[14] 만일 그 목적이 반경쟁적이라면 이것이 미치는 효과에 대하여는 더 이상 심리할 필요 없이 당해 협정은 바로 조약 제81조에 해당된다. 그 목적이 반경쟁적인 것에 있지 않다고 보여지는 경우에는 '합리성의 법칙'(rule of reason)에 따라 당해 협정들이 초래하는 효과를 따져보아야 한다. 여기서 말하는 합리성의 법칙이란 미국 대법원이 스탠더드 오일사의 반독점법 위반사건[15]을 다루면서 전개한 이론으로서 기업결합이나 담합 등이 실질적으로 불합리하게 시장에서의 거래에 일정한 영향을 미쳐야만 반독점법의 규제 대상이 되는 것이지, 단지 독점적 사업자의 규모나 지배적 지위 자체만으로는 반독점법 위반에 해당되지 않는다는 것을 뜻한다.[16]

---

12) Case 5/69, *Franz Völk v. Vervaecke* [1969] ECR 295.

13) Notice on Agreements of Minor Importance, 2001.

14) Joined cases 56 and 58-64, *Consten S.à.R.L. and Grundig v. Commission* [1966] ECR 429.

15) *New Jersey v. United States,* 221 U.S. 1 (1911).

16) 스탠더드오일 사의 위 판결이 있기 전까지 미국 대법원은 셔먼법을 엄격하

따라서 협정의 효과가 시장 내에서의 거래를 불합리하게 제한하는 것으로 나타나지 않는다면 당해 협정은 반경쟁행위에 해당하지 아니하여 금지 대상에서 제외될 수도 있다. 그러나 이러한 이분적인 접근방법에 대하여는 당사자들의 동기는 반경쟁적인 데 있지 아니하지만 거래상에는 실제적인 영향을 초래하는 경우엔 어떻게 해결할 것인가 하는 문제와[17] 면책의 요건이 되는 합리성의 정도를 어떻게 보는가에 관한 명확한 기준제시가 어렵다는 비판도 있다. 또한 공동체 조약 제81조 제3항이 별도로 면책조항을 두고 있는 상황에서 굳이 미국과 같이 합리성의 법칙이란 개념을 차용할 필요가 있느냐 하는 의문도 제기될 수 있다.[18]

조약은 공동시장 내에서의 경쟁에 대한 방해, 제한 또는 왜곡을 금지하고 있는데, 조약 제81조 제1항은 다음 사례와 같은 내용이 포함된 협정들은 일단 경쟁에 영향을 주는 것으로 상정하고 있다.

① 가격고정 또는 기타 거래조건들을 강요하는 내용
② 생산, 유통, 기술개발 또는 투자를 제한 또는 통제하는 내용
③ 시장이나 원자재 공급을 나누는 내용
④ 같은 내용의 거래에 대하여 다른 조건을 부과함으로써 거래 상대방을 불리하게 하는 내용
⑤ 원계약의 내용과 관련성이 없는 부가적 계약을 원계약의 한 조건으로 내세워 강제로 체결토록 요구하는 내용

게 해석하여 거래를 제한하는 계약이나 담합은 그 제한이 실질적으로 법률위반의 효과를 초래하는지 여부를 불문하고 금지되는 것으로 판결해 왔었는데, 이러한 합리화 사유가 인정됨으로써 다소 유연한 해석이 가능해졌다. 그러나 일정한 유형의 제한, 예컨대 가격고정을 위한 담합 (price fixing agreements), 집단보이콧(group boycotts) 및 지리적 시상분할(geographical market divisions)에 대하여는 반증이 없는 한 반독점법 위반으로 판시함으로써 합리성의 법칙은 극히 예외적으로 적용된다고 할 수 있다.

17) Joined cases 56 and 58-64, *Consten S.à.R.L. and Grundig v. Commission* [1966] ECR 429; Case 258/78, *Nungesser KG and Kurt Eisele v. Commission* [1982] ECR 615.

18) 미국의 반독점법에는 공동체 조약 제81조 제3항과 같은 면책조항이 따로 없다.

재판소는 시장왜곡에까지 이르는지의 여부를 판단함에 있어서는 “문제가 된 당해 협정이 회원국들 사이의 거래 유형에 비추어 볼 때 직접 또는 간접적으로, 그리고 현실적 내지 잠정적으로 영향을 미칠 수 있다는 점이 예상될 수 있어야만 한다”고 한다.[19]

8.3. 조약 제81조 제1항의 위반효과 및 제3항에 의한 면책

어떤 협정이 조약 제81조 제1항의 적용 대상이 된다고 판단되면, 이것은 같은 조 제2항에 따라 자동적으로 무효가 된다.[20] 물론 이런 경우에도 조약 제81조 제3항에 따라 면책됨으로써 예외적으로 허용될 수도 있다. 조약 제81조 제2항을 적용하는 권한은 집행위원회와 회원국들의 법원에 분산되어 있다.[21]

조약 제81조 제3항은 사업자들 간의 협정, 사업자 단체들 간의 결정 및 담합행위로서 재화의 생산증대와 유통의 발달에 기여하고 기술 및 경제적 발달을 촉진하며, 소비자들로 하여금 이로 인하여 파생되는 이익을 골고루 갖도록 허용되는 경우라면 동조 제1항의 적용을 받지 않는다고 하여 면책요건을 정해 놓고 있다. 다만, 이 때에도 관련 사업자들에게 위와 같은 긍정적 목적을 달성하는 데 필요한 범위를 넘어서는 제한을 가해서는 안 되며 문제가 된 상품들 사이의 실질적 부분에서의 경쟁의 가능성을 빼앗는 것은 허용되지 않는다.

2004년 5월 1일 경쟁법규에 대한 대폭적인 개정이 있기 전까지

---

19) Case 56/65, *Societe Technique Miniere v. Maschinenbau Ulm GmbH* [1966] ECR 337.

20) 조약은 “....shall be automatically void”로 표현하고 있다.

21) Case C-234/89, *Stergios Delimitis v. Henninger Bräu AG* [1991] ECR-I 935.

공동체의 반독점 관련 법규체제는 위 면책조항을 둘러싸고 집행위원회에 대한 사업자들의 사전보고의무와 면책 판단에 관한 집행위원회의 전권행사라는 두 가지 기둥으로 운영되어 왔다고 할 수 있다. 종전의 각료회의 규정 제17은[22] 조약 제81조 제1항에 해당된다고 판단되는 각 협정, 결정 기타 담합의 주체들은 같은 조 제3항에 의한 면책을 위해서는 집행위원회에 사전에 이를 보고하고 위원회로부터 면책여부를 결정받도록 하고 있었다. 공동체 출범 초기에 이러한 집행위원회의 주도적인 권한 행사는 역내의 경쟁정책을 통합적으로 묶어내는 데 효율적이었으나,[23] 중앙집권적인 성격을 갖는 규정 제17은 회원국들의 경쟁법 관련 행정당국과 법원들의 권한을 제한함으로써 공동체 규모가 커지면서 이에 비례하여 집행위원회에 업무의 과부하를 초래하였고 정작 중요한 사건들에 대한 집중도를 떨어뜨리고 비효율적이라는 지적을 받아오게 되었다.[24] 이에 따라 새로 제정된 각료회의 규정 1/2003은 각 회원국 행정당국 및 법원들에 대하여도 조약상의 면책 요건을 직접 심리하여 판단할 수 있는 권한을 부여하고 있다.

8.4. 시장지배적 지위(조약 제82조)

조약 제82조는 "하나 또는 그 이상의 사업자들이 공동시장 내

22) Regulation No.17 First Regulation implementing Articles 81 and 82 of The Treaty. 위 규제는 2004. 5. 1. 자로 발효된 '규정 1/2003'로 인해 사실상 폐지되었다.

23) White paper on modernisation of The rules implementing Articles 81 and 82 of The EC Treaty- Commission Programme No 99/027, at para. 76.

24) Council Regulation (EC) No 1/2003 of 16 December 2002 on The implementation of The rules on competition laid down in Articles 81 and 82 of The Treaty, [2003] L1 OJ 1, at Recital 3.

지 시장의 상당한 부분 내에서 차지하는 우월적 지위의 남용은 회원국들 간의 거래에 영향을 미치고 공동시장과 양립할 수 없는 한 금지된다"고 규정하고 있다.

8.4.1. 하나 또는 그 이상의 사업자들

조약은 시장지배적 지위 그 자체를 막는 것이 아니라 지위의 '남용'을 막는 데 목적이 있음을 유의하여야 한다. 여기에서 말하는 사업자란 조약 제81조에서 말하는 사업자와 마찬가지로 상당히 넓고 포괄적인 개념이다. 그러나 일방 사업자의 지위가 조약 제82조에 포함된다는 점에 관하여는 이견이 없지만 집단적(collective) 또는 연합적(jointly)인 우월적 지위가 조약 제81조에 해당하는지 아니면 제82조에 포함되는지에 관하여는 해석이 갈리고 있다. 재판소는 과점 사업자들이 지배적 지위를 갖는 경우, 이는 조약 제81조에 의하여 규율 되어야 하며, 조약 제82조에 의해 판단할 것은 아니라고 한다.[25] 이에 반해 집행위원회는 조약 제82조에 의하여 평면유리 시장 내에서 세 개의 유리제조 회사들이 집단적으로 지배적 지위를 갖고 있다는 결정을 내린 사례에서 볼 수 있듯이 재판소와는 다른 시각을 갖고 있다.[26] 일반적으로 학자들은 조약 제82조는 사업자들의 행위가 조약 제81조에 해당되지 않는 경우에만 보충적으로 적용된다고 보고 있다.[27] 지배적 지위 자체가 금지되는 것이 아닌 까닭에 이런 사업자들의 행위가 남용(abuse)에 해당된다는 점이 입증되어야 하는데, 남용 여부를 판단함에 있어서는 관련시장(relevant market)의 속성과 그 시장에서의 해당 기업의 지배성(dominance)이 먼저 고려되어야 한다.

---

25) Case 85/76, *Hoffmann-La Roche v. Commission* [1979] ECR 461.

26) Joined cases T-68/89, T-77/89 and T-78/89, *Società Italiana Vetro and others v. Commission* [1992] ECR-II 1403.

27) Karen Davies, *op.cit*, p.133.

8.4.2. 관련시장(Relevant Market)

시장지배적 지위는 재화 또는 서비스의 공급 및 수요 시장 모두에 존재할 수 있다. 지배적 지위에 해당하는지 여부를 살피기 위해서는 먼저 지배력이 미치는 하나의 단위인 관련시장을 별개로 떼어 낼 필요가 있다. 관련시장의 범위를 정하기 위해서는 동일하거나 대체 가능한 상품이나 서비스가 있는지, 물리적인 시장영역 내지 지리적 여건 및 일시적 시장의 환경 변화는 어떤지 등이 고려되어야 한다.

8.4.2.1. 관련상품시장(Relevant Product Market: RPM)

관련시장이 쟁점이 되었던 대표적인 사건으로 바나나시장 사건을 들 수 있다.[28] 유럽의 메이저 바나나 공급업자가 관련되었던 이 사건에서 집행위원회는 바나나 가격이 오르면 이른바 '수요의 교차탄력성'(cross-elasticity of demand)[29]에 따라 소비자들이 바나나 이외의 과일들을 선택할 수 있으므로 관련상품시장의 범위를 바나나가 아닌 '과일시장'으로 보아야 한다는 사업자의 주장을 일축하고 관련상품시장의 범위를 '바나나 시장'으로 국한시켰다. 결국 사업자가 제소한 이 사건에서 재판소는 바나나 소비자들의 상당수가 바나나 대신 그보다 딱딱한 다른 과일들을 고를 수 있다고 기대하기 어렵다는 이유로 집행위원회의 손을 들어주었다.[30]

---

28) Case 27/76, *United Brands Company and United Brands Continental v. Commission* [1978] ECR 207, "The Bananas case".

29) 어느 제품의 가격이 변동될 경우 다른 제품의 수요에 미치는 영향의 정도를 수요의 교차탄력성이라고 한다. 예컨대, 기름값이 10% 올랐을 때 배기량 2,000cc이상 차량의 수요가 30% 줄어든다면 수요의 교차탄력성은 -3 (= -30%/10%)이 된다. 두 상품이 서로 보완재인 경우에는 어느 한 상품의 가격의 상승은 다른 제품의 수요 감소로 이어진다. 이 때 교차단력성의 값은 '양'이다. 대체재의 관계에 있을 때에는 교차탄력성의 값이 '음'이 된다. 두 제품 사이에 아무런 관련이 없는 경우에 교차탄력성은 '0'이다.

30) 왜냐하면 노인들, 어린이들이나 유아들 및 그 밖에 이가 없거나 신통치 않

콘티넨탈 캔 사건[31]에서는 육류와 생선통조림의 금속용기를 제조하는 사업자가 시장지배적 지위에 있다는 판정을 받았는데, 이 때에도 집행위원회는 소비자들의 입장에서 금속용기 대신 유리나 플라스틱 용기를 선택할 수 있는 여지가 얼마나 있는지를 기준으로 이를 판정하였다. 그러나 재판소는 여기에서 한 발 더 나아가 소비자들의 입장에서뿐만 아니라 채소 통조림의 금속용기를 생산하는 제조업자 및 공급자가 얼마나 쉽게 그들의 생산공정을 적절하게 변형하여 육류와 생선통조림용 금속용기를 만들어낼 수 있는지 여부도 고려하여야 한다고 하였다. 이른바 '공급의 교차 탄력성' (cross-elasticity of supply)을 인정한 것이다. 따라서 위 결정 및 판결들을 종합하면 관련상품시장을 결정함에 있어서는 무엇보다도 공급자 및 소비자 양 측면에서의 대체 가능성, 즉 '상호대체성'(interchangeability)이 관건임을 알 수 있다.

8.4.2.2. 관련지역시장(Relevant Geographical Market: RGM)

공동체 조약 제82조는 지배력이 미치는 지역적 범위가 공동체 전역에 달할 것을 요하지는 않으나 적어도 공동체의 상당한 부분(substantial part)에서 그 지배성이 있음이 입증될 것을 요구한다. 공동체의 지역이라고 하여 반드시 두 개 이상의 회원국에 걸쳐 있을 필요는 없다. 어느 한 회원국의 지역만으로도 공동체의 상당한 부분으로 인정될 수 있음을 유의하여야 한다.[32] 관련지역시장을 결정함에 있어서는 운송비 및 해당 지역의 소비자들의 특정한 성향 등을 고려하여야 한다. 상품의 운송이 용이하고 상대적으로 그 비용이 싸

은 사람들이 바나나 대신 다른 과일을 먹으리라고 기대하기는 어려우므로!

31) Case 6/72, *Europemballage Corporation and Continental Can Company v. Commission* [1973] ECR 215.

32) Joined cases C-241/91 P and C-242/91 P, *Radio Telefis Eireann (RTE) and Independent Television Publications (ITP) v. Commission* [1995] ECR-I 743. 이 사건에서는 아일랜드가 관련지역시장단위로 파악되었다.

게 들면 관련지역시장은 공동체 전역으로 확장되어야 할 것이고, 이와 반대로 운송여건이 나쁘거나 비용이 비싸 경쟁 사업자가 쉽게 동일한 물품을 공급하기 어렵거나 대체재의 유입도 어렵다면 그 지역에 국한하여 관련지역시장을 인정하여야 할 것이다.

8.4.2.3. 관련 계절적 또는 임시 시장 (Relevant Seasonal or Temporal Market)

경우에 따라서는 수요와 공급이 일시적으로 몰리거나 제한되는 것을 고려하지 않을 수 없는데 위에서 본 바나나 사건의 경우에도 여름철에는 바나나와 대체적인 여름 과일들이 풍성하게 나오게 되므로 집행위원회는 이 점도 감안하여야 한다는 항변이 나오기도 했었다. 그러나 이 사건에서는 집행위원회나 재판소 모두 임시적으로 시장지배적 사업자의 상품과 경쟁관계에 있는 대체상품이 시장에 나올 가능성이 많다는 이유만으로 관련시장을 확대해 주지는 않았다.

관련상품시장 및 관련지역시장에 관하여 집행위원회는 통첩을[33] 통해 일련의 기준을 마련해 주고 있는데, 이 문제에 관한 최종적인 해석의 권한은 재판소에 달려 있으므로 사법적 구속력은 없지만 현실적으로는 이 통첩이 중요한 가이드가 되고 있다.

8.4.3. 지배(Dominance)

일단 관련시장이 결정되면 그 시장단위 내에서 해당 상품이나 서비스가 지배적 성격을 갖고 있는지 판단하여야 한다. 재판소는 '지배'의 개념에 대하여 경쟁자, 거래자 및 최종 소비자들을 의식하

33) Commission Notice on The Defining of The Relevant Market for The Purposes of Community Competition Law (1997) OJ, C372.

지 않고 상당히 독립적으로 행동할 수 있는 권한을 갖고 시장 내에서의 경쟁을 방해할 수 있는 정도의 사업자가 누리는 경제적 지위라고 한다.[34] 나중에 재판소는 이 개념을 좀더 확대하여 "지배적 지위에 있다고 하기 위해서는 경쟁자를 배제시킬 수 있는 힘이 있다는 점만 증명되면 충분하다. 여기에는 현존하는 경쟁체제를 소멸시키거나 심각하게 약화시킬 수 있는 가능성 또는 잠재적인 경쟁자들의 시장진입을 방해하는 힘이 포함된다"고 판시하였다.[35]

위와 같은 판결들의 취지를 종합해 보면 시장 내에서의 지배란 어떤 사업자가 경쟁 관계에 있는 상대방 사업자, 잠재적인 경쟁자 또는 소비자들의 눈치를 보지 않고 그들의 반응이 어떠한가 고려하지 않고 시장에 영향을 줄 수 있는 행동을 일방적으로 해도 괜찮은 정도의 힘을 갖고 있는지 여부로 판정될 수 있음을 알 수 있다. 시장의 상황을 파악하기 위해서는 사업자의 시장점유율, 특정 상품의 유통구조 및 시장의 진입장벽 등이 고려되어야 한다.

8.4.4. 시장지배적 지위

사업자의 시장점유율이 높으면 높을수록 지배의 가능성도 높아짐은 물론이다. 시장점유율을 산정하기 위해서는 당해 사업자의 점유율뿐만 아니라 차순위 경쟁사업자의 점유율도 분석할 필요가 있다. 바나나 사건의 경우 문제가 된 사업자의 시장점유율은 40-45%로 나왔고, 그 다음 경쟁사업자의 점유율은 16%로 산정되었었는데, 결과적으로 위 사업자는 시장지배적 지위에 있다는 판정이 내려졌다. 그러나 시장점유율이 높다는 것이 자동적으로 시장지배적 지위

---

34) Case 27/76, *United Brands Company and United Brands Continental v. Commission* [1978] ECR 207, "The Bananas case".

35) Case 5/85, *AKZO Chemie BV and AKZO Chemie UK Ltd. v. Commission* [1986] ECR 2585.

에 있다는 사실을 의미하지는 않는다. 해당 관련시장에 다른 경쟁자들이 진입하기가 상대적으로 쉽다면 시장지배성은 인정되지 않는다. 시장진입장벽의 예로 들 수 있는 것들은 높은 투자비용, 원자재 획득 또는 공급에서의 어려움, 기술적 노하우 및 유통망 확보의 곤란 등인데 이런 문제들이 심각하다면 그 시장은 현재의 시장 참여자들에 의하여 지배되고 있을 가능성이 높다.

8.4.5. 남용(Abuse)

공동체 조약 제82조가 적용되기 위해서는 '남용'이 있어야만 한다. 미쉐린 사건[36]에서 재판소는 지배적 지위에 있는 기업은 경쟁을 저해하는 행위를 하여서는 안 될 특별한 책임이 있다고 판시하였다. 여기에서의 남용이란 객관적 개념이기 때문에 해당 사업자의 특정한 행위가 남용이라는 인식이 있거나 의도적으로 악의를 갖고 있을 필요까지는 없다.[37] 조약 및 판례를 통해 남용의 사례로 예시된 몇 가지 경우를 보면 다음과 같다.

① 불공정한 가격을 요구하는 경우[38]

② 경쟁사업자를 배제하기 위해 출혈판매를 하는 경우[39]

③ 경쟁사업자에게 필요한 원자재 등의 공급을 거부하는 경우[40]

④ 공급조건에 있어서 차등을 두는 경우[41]

⑤ 인수합병[42]

---

36) Case 322/81, *NV Nederlandsche Banden Industrie Michelin v. Commission* [1983] ECR 3461.

37) Case 85/76, *Hoffmann-La Roche v. Commission* [1979] ECR 461.

38) *Ibid.*

39) Case 5/85, *AKZO Chemie BV and AKZO Chemie UK Ltd. v. Commission* [1986] ECR 2585.

40) Case 6 and 7/73, *Commercial Solvents* [1974] ECR 223.

41) Case 322/81, *NV Nederlandsche Banden Industrie Michelin v. Commission* [1983] ECR 3461.

8.5. 인수합병 규제(Merger Control)

기업간 결합은 사업자간 경쟁에 있어 긍정적인 효과뿐만 아니라 부정적 효과도 가져온다. 조약 제81조나 제82조 모두 이러한 기업인수합병에 관하여는 특별한 명시적 언급을 하고 있지 않다. 기업인수합병에 관한 규제의 필요성을 촉발시킨 것은 콘티넨탈 캔 사건[43]이었다. 1971년 집행위원회는 뉴욕의 콘티넨탈 캔 컴퍼니가 독일(당시는 서독)과 네덜란드 회사를 인수하는 것에 대하여 제82조를 근거로 이러한 인수행위는 공동체 역내의 금속 캔과 병 뚜껑 생산의 독점적 지위를 가져온다고 결정을 내렸다. 재판소도 판결 이유에서 비록 제81조 및 제82조가 직접적으로 인수합병에 관하여 언급하고 있는 것은 아니지만 역내에서의 경쟁을 보호하기 위하여 합목적적인 근거조약으로 해석될 수 있다고 하였다. 이에 따라 만들어진 것이 합병에 관한 집행위원회의 규정 4064/89로서 이것은 1990년 9월부터 발효되었다가 2004년 5월 1일자로 각료회의 규정 139/2004로 대치되었다.[44]

위 규정은 원칙적으로 결합하는 기업들의 전 세계 매출이 50억 유로 이상인 경우로서 공동체 내에서의 합병되는 두 개 이상의 기업매출 합계가 2억 5천만 유로 이상일 때 적용된다. 다만, 각 사업자들의 역내 매출의 2/3 이상이 하나의 동일한 회원국 내에서 발생하는 경우에는 예외로 한다.[45] 그러나 매출 규모가 위 요건에 해당

---

42) Case 6/72, *Europemballage Corporation and Continental Can Company v. Commission* [1973] ECR 215.

43) *Ibid.*

44) Council Regulation (EC) No 139/2004 of 20 January 2004 on The control of concentrations between undertakings (The EC Merger Regulation). OJ, L 24 , 29/01/2004 pp.1-22.

45) 위 규정 제1조 제1항.

하지 않더라도 공동체 차원에서는 아래와 같은 요건을 충족하는 경우에는 이 또한 규율 대상에 넣고 있다.

① 사업자들의 전 세계 매출이 25억 유로 이상일 것

② 사업자들의 전 매출이 적어도 최소한 3개 회원국에서 1억 유로 이상에 달할 것

③ 두 개 이상의 사업자의 매출 규모가 2,500만 유로 이상인 회원국이 최소 3개 이상인 경우로서 각 사업자의 공동체 내에서의 매출이 1,000만 유로 이상일 것

위 규정 제4조는 공동체 차원의 규율 대상이라고 여겨지는 인수합병을 하려는 사업자들에게 계약체결 전 또는 대외적인 공표 이전에 집행위원회에 사전에 통보하도록 의무를 부과하고 있다. 이 통지를 받은 집행위원회는 규정 적용대상으로 판단하면 즉시 이러한 통지가 있었던 사실, 관련당사자의 인적 사항, 사업자의 국적, 인수합병의 성격 및 관련되는 경제분야가 어떤 것인지 등을 공표하게 된다. 이에 대하여 이해관계자들은 인수합병으로 인하여 입을 영향 등에 대하여 서면 등으로 의견을 개진할 수 있다. 집행위원회는 또한 각 관련 당사자들로부터 제출받은 내용을 각 회원국 정부에 보내어 회원국 차원의 입장을 듣고, 자국의 산업에 부정적인 영향을 미칠 수 있다고 주장하는 회원국에 대하여는 해당 국가의 관련 부처에 의하여 검토할 수 있는 기회를 부여한다.

집행위원회에서 승인을 받지 않는 한 당해 기업결합은 불법이 된다. 집행위원회에서 인수합병을 승인하기 위하여 고려하는 요소로는 시장점유율, 시장구조, 진입장벽 등을 들 수 있는데,[46] 위 규제는 공동체 역내의 기술 개발, 경제발전, 소비자 보호 등을 위해 재량적으로 승인권한을 행사할 수 있는 여지를 집행위원회에 허용하고 있다.

---

46) Case IV/M/053 *Re Aerospatiale /Alexia/ De Havilland* (Commission Decision)

8.6. 조약 제81조 및 제82조의 이행

8.6.1. 개인에 의한 이행강제

재판소는 일관하여 조약 제81조 및 제82조는 직접효가 있음을 판시해 오고 있다.[47] 회원국 법정에 경쟁법과 관련된 사안이 제소되고 여기에 공동체의 경쟁법규 적용이 문제되는 경우 그 법원은 조약 제234조에 따라 재판소에 전심절차를 밟을 수 있다. 회원국 법원은 공동체의 경쟁법규를 위반한 당사자에 대하여 자국법에서 예정하고 있는 적정한 구제조치를 인정할 수 있는데,[48] 다만 이 구제조치가 공동체의 법규의 실효성을 담보할 만한 효과가 있어야 함은 물론이다.[49] 회원국의 행정 당국의 경쟁법규 위반행위로 인하여 피해를 입은 개인은 프랑코비치 판결의 취지에 따라 자국에 대한 국가배상책임을 물을 수도 있다.[50]

8.6.2. 집행위원회에 의한 강제

8.6.2.1. 조사권

집행위원회의 조사권한은 두 가지로 분류될 수 있다. 하나는 계류 중인 사건의 분석을 위해 일반적인 시장현황을 조사하거나 일

47) Case 127/73, *Belgische Radio en Televisie v. SV SABAM and NV Fonior* [1974] ECR 313.

48) Case 45/76, *Comet BV v. Produktschap voor Siergewassen* [1976] ECR 2043.

49) Case C-271/91, *Helen Marshall v. Southampton and South-West Hampshire AHA* [1993] ECR-I 4367, "Marshall No.2. Case".

50) Cases C-6/90 and C-9/90, *Andrea Francovich and others v. Italian Republic* [1991] ECR-I 5357.

정한 분야에 있어서 공동체의 경쟁법규 위반의 혐의가 있는지에 관하여 파악하는 것이고, 다른 하나는 제3자의 진정이나 위원회의 직권으로 특정한 사업자에 대한 조사를 개시하는 것이다. 후자의 경우에는 집행위원회가 회원국에 대하여 요구함으로써 이루어질 수도 있다.[51] 집행위원회의 조사 대상에는 당해 기업뿐만 아니라 연관된 시장의 다른 기업들, 전문가들도 포함되며 이들에 대하여 서면 답변도 요구할 수 있다. 집행위원회의 조사권한에는 당사자 사업장이나 경쟁 사업자의 사업장에 대한 방문 및 수색도 포함되고, 회원국들은 집행위원회로부터 이런 업무를 수행함에 있어 조력을 요청받은 경우 사법경찰권 등을 지원할 의무가 있다.[52]

당해 사업자와 직접 관련이 없는 장소라 하더라도 공동체의 경쟁법규를 위반하였다는 점을 입증할 만한 증거가 은닉되어 있다고 의심되는 상당한 지역, 예컨대, 사업자의 임직원의 개인 주택이나 항공기, 선박 등도 조사의 대상이 될 수 있다.[53] 이 경우에도 회원국의 법원은 집행위원회의 조치가 적정한지 여부에 관하여 사법적 판단을 하게 되고 영장발부 등의 권한을 통해 과도한 행위에 대하여는 이를 통제할 수 있다.[54] 그러나 여기서 유의하여야 할 것은 회원국 법원은 절차적 심리를 위해 집행위원회에 대하여 경쟁법규 위반의 자료 등을 요구함으로써 실체적 판단의 기회를 달라고 요구할 수는 없다는 점이다. 집행위원회의 결정의 적법성 여부는 오로지 유럽재판소의 전권에 속하기 때문이다.[55] 이 부분에 관하여는 향후 회원국들과 집행위원회 사이에 적지 않은 마찰이 일어날 소지가 있다고 할 수 있다.

---

51) Article 22.2 of Regulation 1/2003.

52) D.G. Goyder, *EC Competition Law*(4th ed., Oxford, Oxford University Press, 2003), p.458.

53) Art.21.1 under Council Regulation No1/2003.

54) *Ibid.*

55) Article 20.8 of Regulation 1/2003; Article 21.3 of Regulation 1/2003 relating with The Commission's power of inspecting other premises, e.g. a representative's private home.

8.6.2.2. 벌금 부과권한

벌금과 이행벌칙 제도는 조약 제81조 및 제82조의 유럽연합의 경쟁법규체제의 실효성을 담보하는 필수 불가결한 요소라고 할 수 있다.[56] 1969년도에 네덜란드, 독일 및 프랑스의 회사들이 키니네 카르텔을 만들었다가 조약 제81조 제1항 위반으로 집행위원회로부터 벌금을 부과받은 것이 그 첫 번째 사례였다. 그 후 1990년도에 소다회를 생산하는 사업자들 간에 시장점유율 담합행위에 대하여 벌금이 부과되었고, 1991년 도시바 사가 유럽의 유통 회사들에게 불법배포행위를 하였다는 이유로 벌금을 부과받음으로써 공동체 역외 기업들에 대하여도 벌금이 가해질 수 있다는 첫 사례가 나왔다. 그러나 집행위원회 차원에서 적극적으로 벌금형 부과에 나선 것은 2001년도 이후라고 볼 수 있는데 2004년 3월에는 마이크로소프트 사에 대하여 497,196,304유로라는 천문학적인 벌금이 부과된 바 있다.

벌금 제도는 두 가지 유형으로 나뉘는데 하나는 절차적 의무위반에 대하여 부과하는 것이고, 다른 하나는 공동체 경쟁법규상의 실체적 의무위반에 대하여 가하는 것이다. 집행위원회는 사업자 또는 사업자 단체에 대하여 집행위원회의 조사과정에서 요구되는 의무를 위반하였다고 인정되는 경우 직전 사업년도의 총 매출액의 1%를 초과하지 않는 범위 내에서 벌금을 부과할 수 있다.[57] 이 절차상 의무 위반에는 조사를 거부하는 것뿐만 아니라 부정확하거나 왜곡된 정보를 제공하는 것까지 포함된다.

집행위원회는 또한 위 조약들을 위반하였거나 집행위원회에서 발령한 잠정처분을 따르지 않은 경우 또는 규제1/2003 제9항의 구속력 있는 권고안에 위반한 사업자에 대하여[58] 직전 년도 매출액의 10%를 넘지 않는 범위 내에서 벌금을 부과할 수 있다.[59] 여기에

56) Council Regulation No1/2003, at (29) of The preamble.
57) Art.23.1 under Council Regulation No1/2003.
58) Art.23.2 under Council Regulation No1/2003.

더하여 집행위원회는 사업자가 위반 행위를 시정할 때까지 전년도 1일 평균 매출액의 5%를 초과하지 않는 범위 내에서 매일 일정금액을 이행 강제금으로 부과할 수도 있다.[60]

8.6.2.3. 잠정 또는 특별이행처분

집행위원회는 공동체내의 경쟁에 심각한 위협이 되고 회복할 수 없는 손해가 생길 우려가 있는 경우에는 잠정처분을 명할 수 있다.[61] 종전의 규정 17은 집행위원회에 이러한 권한을 명시적으로 주고 있지는 않았지만,[62] 재판소에 의하여 이러한 권한은 인정되어 왔었는데,[63] 규정 1/2003이 만들어지면서 명문화된 것이다. 잠정처분을 위해서는 심각하고도 돌이킬 수 없는 손해의 염려 외에 당해 사업자의 경쟁법규 위반 사실이 '일견 명백'(prima facie)하여야 한다.[64]

8.6.3. 처분대상 사업자의 절차적 권리

공동체의 경쟁법규에 근거한 집행위원회의 권한은 수권 범위 내에서 적정하게 달성되어야 하며, 집행위원회의 권한 남용이나 법규 적용의 잘못에 대하여 해당 사업자는 재판소에 대하여 사법적 구제를 요청할 수 있다.[65] 집행위원회는 원칙적으로 어떤 결정을 내리게 된 근거가 된 제반 정보, 다시 말해 조사과정을 포함한 행정

---

59) *Ibid.*
60) Art.24.1 under Council Regulation No1/2003.
61) Art.8 under Council Regulation No1/2003.
62) White Paper, at para. 122.
63) Joined cases 229 and 228/82 R, *Ford Werke AG v. Commission* [1982] ECR 3091.
64) Art.8 under Council Regulation No1/2003.
65) 조약 제230조.

절차를 통해 수집한 정보를 이해당사자에게 공개하여야 한다.[66)]

사업자는 자신에 대한 조사가 시작될 경우 집행위원회로부터 사전에 이를 통보받을 권리가 있으며,[67)] 정보제공을 요구받을 때도 근거 법규와 조사의 특정한 목적을 고지 받음으로서[68)] 미리 충분한 해명과 방어를 할 기회를 가질 수 있다. 사업자는 서면으로뿐만 아니라 구술로도 해명할 수 있으며,[69)] 유리한 증거로서 각종 서면을 제출할 수도 있고 나아가 필요한 제3자를 조사해 달라고 요청할 수도 있다.[70)] 사업자의 이러한 절차적 권리가 침해되었다고 인정되는 경우에는 이를 이유로 재판소에 구제조치를 구할 수도 있다. 사업자는 방어권 행사를 위하여 집행위원회에 대하여 조사과정 중에 획득된 각종 자료의 열람 등을 요구할 수 있는데, 다만 제3자의 영업비밀, 집행위원회의 내부문서 기타 기밀정보는 예외이다.[71)]

8.7. 회원국 정부의 독점행위

공동체 조약 제81조 및 제82조가 사업자들의 반경쟁행위에 대한 규제를 담고 있지만, 회원국의 정부기관 내지 국영기업 또는 공기업들의 독점행위 등도 위 조약에 의하여 규율되어야 할 것이다. 조약 제86조는 회원국들에 대하여 일정한 산업에 대한 국가독점(State monopolies)[72)]을 인정하면서도 이것이 조약 제81조 및 제82조

66) 조약 제287조
67) Article 2.2 of Regulation 773/2004.
68) Article 18.2 of Regulation 1/2003.
69) Article 12 of Regulation 773/2004.
70) Article 10.3 of Regulation 773/2004.
71) Case T-7/89, *Hercules Chemicals v. Commission*, [1991] ECR-II 1711, at para. 54; Article 15.2 of Regulation 773/2004.

와의 균형을 이루어야 한다고 선언하고 있는바, 따라서 이러한 부문의 경쟁의 제한 역시 그 목적을 달성함에 있어 필요하고도 적정한 비례의 원칙을 넘어서는 안 됨은 물론이다. 특정 기업들에 대한 세제 지원, 융자 등 국가보조가 전면적으로 금지되는 것은 아니지만, 이러한 행위들이 회원국들 간의 거래에 영향을 미친다면 공동시장과 양립할 수 없어 허용되지 않는다.[73] 조약은 공동시장과 양립될 수 있는 정부보조의 목록을 제시하는 한편[74] 집행위원회에 대하여는 현존하는 각 회원국 정부보조에 대한 심사의무도 규정하고 있어[75] 공동체 차원에서의 통제를 예정해 두고 있다. 만일 어느 회원국이 새로운 정부보조 수단을 채택하려면 사전에 집행위원회에 이를 통지하여야 한다.[76] 재판소는 조약에 위반하여 이루어진 국가 보조금은 회수되어야 한다고 한다.[77]

72) 여기엔 수도, 가스, 전기, 기차, 복권 사업 등이 들어갈 수 있을 것이다.
73) 조약 제87조.
74) 조약 제87조.
75) 조약 제88조 제1항.
76) 조약 제88조 제3항.
77) Case 70/72, *Commission v. Germany* [1973] ECR 813.

제 9 장

공동체 주요판례

공동체의 독특한 법률체제가 만들어지기까지에는 유럽재판소의 적극적이며 과감한 조약의 해석 및 적용이 큰 역할을 했다고 할 수 있다. 합목적적인 접근방법을 근간으로 하는 이런 재판소의 누적된 법리들은 유럽연합과 주민들 사이의 간극을 메우고 공동체 통합을 심화시키는 데 결정적 기여를 했다고 해도 과언이 아니다. 지금까지 본문 중에 소개한 판례들 외에 분야별로 따로 수록하는 아래의 몇 가지의 판결들만을 보더라도 유럽공동체의 성격과 특징에 관한 이해가 더 깊어지리라 생각한다.

9.1. 유럽도로운송협정(ERTA) 권한쟁의 사건[1]

9.1.1. 사실관계

1962년 공동체 회원국들 중 5개국이 유럽 지역 내에 도로운송

1) Case 22/70, *European Commission v. EC Council* [1971] ECR 263; [1971] CMLR 335.

문제를 다룰 국제기구를 만들기 위한 목적으로 몇몇 비공동체 국가들과의 사이에 국제협정(ERTA)을 체결하였다.

한편 위 조약이 발효되기 전에 집행위원회는 당시 유럽시장공동체조약(EEC) 제75조에 따라 공동체의 공동운송정책에 관한 제안서를 기초해 놓은 상태였는데 이 제안서는 1969년에 가서야 각료회의 규정(Council Regulation 543/69)으로 입법되었다.

각료회의는 1970년 3월, 같은 해 4월부터 위 ERTA 조약의 개정 협상에 들어가기로 하였다. 물론 각료회의 내부적으로는 협상을 위한 이해관계 조정을 다 마치고 후속 협상은 회원국들간에 합의된 내용을 토대로 하는 데까지 의견의 일치를 보았다.

이에 대해 집행위원회는 각료회의에서의 위와 같은 토론과 결정이 조약상으로 공동체 내에 속하도록 되어 있는 국제협상을 각 회원국들 차원에서 하는 것은 집행위원회의 권한을 침해할 뿐 아니라 회원국들에게는 그럴 권리가 없다는 이유를 들어 유럽재판소에 제소하였다.

9.1.2. 판결요지

위 사건에 대하여 재판소는 "어떤 특정한 사안이 EC 조약에서 정하는 범위에 속한다고 인정되는 경우 EC 공동의 정책에 영향을 줄 수 있는 당해 사안에 관하여는 회원국들이 개별적으로 국가간 협상을 할 수 있는 권한이 없다"고 판시함으로써 집행위원회의 손을 들어 주었다.

이 판결이 근거로 삼은 것은 공동체 조약의 일반적 원칙들이었다. 이 판결로 인해 이미 공동체에 위임이 된 사안들, 특히 집행위원회를 통해서 하도록 되어 있는 문제와 관련하여서는 회원국들이 개별적 또는 집단적으로 제3국과 국제 협상을 할 수 없게 되었다.

이 사건은 집행위원회와 각료회의의 성격을 특징적으로 보여준다. 즉, 집행위원회는 공동체 전체를 대변하지만, 각료회의는 자국의 이해관계를 대변한다는 것이다.

9.2. 호르몬 정족수 사건[2)]

9.2.1. 사실관계

영국은 가축사육에 있어 특정 호르몬 사용을 금지하는 각료회의 지시문(Council directive)이 통과되자 각료회의를 상대로 이의 무효를 구하는 소송을 제기하였다. 이 조치는 각료회의 내에서 표결로 영국과 덴마크가 반대하고 나머지 국가들의 찬성으로 통과되었는데 영국이 무효 주장의 근거로 삼은 것은 이런 문제에 관하여는 만장일치에 의한 의결을 규정하고 있는 공동체 조약 제100조가 적용되었어야 한다는 것이었다.

반면 이 지시문에 찬성하는 국가들은 이 문제는 가중 다수결(qualified majority)에 의하여 의결이 가능하도록 한 공동체 조약 제43조에 따른 것이어서 적법하다는 주장을 폈다. 만일 공동체 조약 제100조가 적용되었어야 할 사안이라면 영국과 덴마크가 반대한 이상 위 지시문이 무효가 될 것임은 명백한 일이었다.

이에 대하여 각료회의는 위와 같은 유형의 입법을 거칠 때 관행적으로 조약 제43조에 따라 가중다수결로서 의사결정을 해온 전례가 있기 때문에 영국이 이 사건에 있어서 유독 만장일치에 의한 의사결정이 되었어야 한다고 주장하는 것은 부당하다고 항변하였다.

2) Case 68/86, *United Kingdom v. EC Council* [1988] 2 CMLR 453.

9.2.2. 판결요지

재판소는 가중다수결에 의한 의사결정을 정하고 있는 조약 제43조의 적용범위를 넓게 해석하여 이 조항이 농업과 관련된 직접 또는 간접적인 입법에도 미친다고 하면서 영국 정부의 청구를 기각하였다.

각료회의의 관행 항변에 대하여는 이런 전례가 입법과정에서 의결정족수에 관한 근거조항을 선택하는 기준이 될 수 없으며 의결정족수를 만장일치 또는 조건부 다수결로 할 것인가의 문제는 당해 법안의 성격을 객관적으로 고려하여 정하여야 할 것이고, 이는 사법심사의 대상이 된다고 판결하였다.

각료회의의 의결정족수를 어느 방식에 의하도록 할 것인가에 관한 최종적인 판단권한이 재판소에 있음을 명백히 함으로써 유럽재판소가 단순히 법률을 해석하는 데 그치지 않고 적극적으로 기관간 권한쟁의의 중심에 서겠다는 적극주의를 엿볼 수 있다.

9.3. 학습권사건[3)]

9.3.1. 사실관계

집행위원회는 공동체 조약 제7조 제2항에 의해 직업교육을 받는 학생들과 그 가족들의 거주권에 관한 지시문(directives) 기초작업을 하면서 입법절차에서 의회와의 공동협력절차(co-operation procedure)를 예정해 두고 있는 위 조항에 따라 유럽의회의 의견을 구하였다. 그리고 이 의견서가 오자 위원회에서 마련한 지시문 초안과 의견서를 각료회의에 보내 검토를 거치도록 하였다.

---

3) Case C-295/90, *European Parliament v. EC Council* [1992] 3 CMLR 281.

지시문 초안과 의견서를 검토한 뒤 각료회의는 위 지시문의 근거 조항을 조약 제7조 제2항에서 공동협력절차가 필요하지 않은 조약 제235조로 바꾸기 위해 수정안을 제출하도록 하였다.

이에 의회는 재판소에 각료회의 조치의 무효를 구하는 소송을 제기하였다. 의회의 주장의 근거는 조약의 특정 조항에 터잡은 것이 아니라 공동체 조약에 따라 설립된 의회에 내재되어 있다고 보이는 절차적 자기 방어권에 있었다.

9.3.2. 판결요지

재판소는 소송의 목적이 자신에게 부여된 선천적 권리를 보호하는 데 있고 이러한 권리가 침해되었음이 인정된다면 자신의 이해관계를 방어하기 위한 이러한 의회의 청구는 인용될 수 있다고 하면서 각료회의의 조치로 인해 의회의 재독(再讀, second reading)의 기회가 박탈된 점만 가지고도 의회의 권리가 침해되었다는 점은 충분히 인정된다고 판시하였다.

9.4. 산림보호 관련 의회 동의권 침해사건[4]

9.4.1. 사실관계

각료회의는 1986년 산림에 관한 두 가지 규정, 즉 대기오염으로부터의 역내 산림보호에 관한 규정 3528/86과 화재로부터의 산림

4) Joined cases C-164/97 and C-165/97, *European Parliament v. Council* [1999] ECR-I 1139.

보호에 관한 규정 3529/86을 채택하였다. 위 두 가지 규정은 공동체 조약 제37조와 제308조에 근거한 것이었다.

1992년 대기오염으로부터의 보호에 관한 규정은 개정되었고 화재로부터의 산림보호에 관한 규정은 신규정 2158/92로 대치되었는데 이들은 모두 위 조약 제37조 및 175조에 따른 것이었다.

1997년 각료회의는 산림보호에 관한 기간을 5년 동안 더 연장할 목적으로 위 두 가지 규정을 다시 개정하면서(307/95 및 308/97) 위 조약 제37조에만 근거를 두었다.[5)]

유럽의회는 유럽재판소에 위 규정 307/95 와 308/97의 무효 확인을 구하는 소송을 제기하였다. 의회의 청구원인은 두 가지 규정 모두 개정을 위해서는 각료회의와 의회의 공동 협력(co-operation) 을 요하는 위 조약 제175조에 따라야만 되는 것이었는데 각료회의가 조약 제37조만을 근거로 의회의 의견을 '단지 참고로만 하였을 뿐'(merely consulted)이라는 것이었다.

9.4.2. 판결요지

특정한 규제를 위한 입법을 하면서 어떤 법적 토대 위에서 해야 할 것인지 선택하여야 하는 경우 그 기준은 객관적 요소들을 고려하여 판단하여야 하고, 이러한 객관적 요소들은 사법 심사(Judicial review)의 대상이 된다. 이 객관적 요소들에는 규제의 목적(aim)과 내용(content)이 포함된다.

개정된 규정은 그 내용을 볼 때 농업의 생산잠재능력의 보호를 꾀한다는 점에서는 농업과, 또 산림 생태계의 보호와 감시를 목적으로 한다는 점에서 환경과 각각 관련되고 있음은 명백하다.

위와 같은 경우 문제가 되고 있는 규정이 주로 특정한 분야에

5) 위 조항은 농업 정책에 관한 사항을 의결할 경우엔 유럽의회의 동의권을 따로 요하지 않도록 하고 있다.

만 관련되고 다른 정책에는 부수적 효과만을 미치고 있는지 또는 규정상으로 두 가지 효과나 목적이 똑같이 중요한지 먼저 판단해 보아야 한다.

여기에서 산림보호에 관한 규제로 인해 일정한 농업 생산성에 대한 긍정적 효과를 가져오는 것은 사실이지만 이것은 어디까지나 산림 생태계를 보호하려는 주된 목적에 반사적으로 부수되는 결과라 할 수 있다.

따라서 의회의 동의 없이 위 규정을 제정한 각료회의의 행위는 환경정책에 관한 결정을 내릴 때에는 의회의 동의를 얻어야만 하도록 한 조약 제175조를 위반한 것이다.

9.5. 공동운송정책 사건[6)]

유럽의회는 각료회의가 운송에 관한 공동정책을 입안하지 않을 뿐 아니라 이를 위한 협상 틀조차 만들고 있지 않다는 이유로 공동체 조약 제175조 제1항에 따라 부작위위법확인소송을 제기하였다.

이에 대하여 각료회의는 우선 본안전 항변 사유로 입법부작위를 이유로 소송을 제기할 수 있는 기관에 대하여 공동체 조약 제175조에는 '공동체의 여타 기관들'(other institutions of The Community)이라고만 되어 있을 뿐이므로 의회가 이를 근거로 입법부작위 위법확인소송을 제기할 수는 없다고 주장하고 나아가 실체적 항변 사유로는 소송의 전제가 되는 위 제175조 소정의 요건이 충족되지 않는다고 하였다.

6) Case 13/83, *European Parliament v. EC Council* [1985] ECR 1513; [1985] 1 CMLR 138.

이에 대하여 재판소는 설령 조약의 다른 조항들이 의회의 제소권을 막고 있다 하더라도 이런 사실이 공동체의 여타 기관들에게 제소권을 부여하고 있는 조약 제175조에 근거하여 의회가 소송을 제기하는 것까지는 막지 못한다 할 것이므로 의회에 부작위위법확인의 소송을 구할 권원이 없다는 항변을 배척하였다. 왜냐하면 여기에서 말하는 '여타 기관'이란 각료회의와 집행위원회를 제외한 다른 기관들을 말하기 때문이고, 유럽의회는 이 속에 당연히 포함되기 때문이라는 것이다.

재판소는 각료회의의 실체적 항변사유, 즉 제175조의 요건이 충족되지 않는다는 주장도 배척함으로써 유럽의회의 손을 들어 주었다.

9.6. 네덜란드 제방사건[7]

9.6.1. 사실관계

1953년 엄청난 태풍과 해일로 인해 1,800명 이상의 사망자를 낸 네덜란드는 1958년 「바닷물의 역류 방지를 위한 제방 보강사업에 관한 법률」을 제정했다. 이 법에 따라 1990년 Kraaijeveld 회사 및 Kraaijeveld 가족이 소유한 토지 일부에 신축을 포함한 Merwede 제방 보강공사 계획이 수립되었다.

1992년 위 계획은 제방 보강에 관한 부분이 변경되었는데 이 수정안에는 Kraaijeveld 회사 공장부지가 포함되어 이에 따를 경우 위 회사는 공장에서 바다로 나가는 길이 막히게 되어 있었다. 해로를 확보해야만 사업을 하는 위 회사로서는 타격이 아닐 수 없었다.

네덜란드의 위 법에 의하면 제방의 총 연장이 5킬로미터 이상일

---

7) Case C-72/95, *Kraaijeveld BV v. Netherlands* [1996] ECR-I 5403.

경우에만 환경영향평가(environment impact assessment: EIA)를 받도록 되어 있었는데 위 제방 계획의 경우 여기에 해당하지 않아 공사 계획을 수립하거나 변경하면서 모두 환경영향평가절차는 거치지 않았다.

이 사건이 제소되자 쟁점은 환경영향평가에 관한 지시문 85/337에 따라 네덜란드 정부가 위 공사계획안 수정시 환경영향평가를 거쳤어야 했는지 여부로 귀착되었다. 위 지시문 85/337의 별첨 부속문 II(annex II)에는 환경영향평가를 거쳐야 할 공사목록이 나열되어 있는데 이 사건과 관련된 부속문 10(e)는 "운하공사와 홍수방제사업"(canalization and flood-relief works)인데, 네덜란드어로는 "werken in zaken kanalisering en reulering van waterwegen"으로 되어 있었다. 위 네덜란드어를 해석하면 "운하와 수로 조절에 관련된 공사"(works in relation to canalization and regulation of watercourses)가 된다.

우선 네덜란드 정부는 위 지시문의 네덜란드어 판에 의하면 "제방"(dyke)이란 용어는 없기 때문에 위 사건은 환경영향평가 대상에서 제외된다고 주장하였다.

또 나아가 지시문 85/337 제4조 (2)가 회원국들에게 부속문 II에 규정된 공사에 대하여 환경영향평가를 거쳐야 할지 여부에 대한 재량권을 부여하고 있기 때문에 네덜란드 정부가 제2조 (1)에 따라 반드시 환경영향평가를 거쳐야 할 의무가 있는 것은 아니라고 주장하였다.

9.6.2. 판결요지

공동체 법률 조항에 대한 문언 해석을 위해서는 각 회원국의 공식언어로 된 내용을 비교하여야 한다. 특히 각 언어별 해석이 상이할 경우에는 통일된 해석을 위하여 당해 조항의 목적과 일반적 구성(The purpose and general scheme of The rules)을 보아야 한다.

문제되고 있는 부속문 II 10(e)에서 홍수(flooding)에 관하여 정의하고 있는 각국의 지시문을 보면 영어와 핀란드어로는 “운하공사와 홍수방제작업”(canalization and flood relief works)으로, 독일어, 그리스어, 스페인어, 프랑스어, 이탈리아어, 네덜란드어 및 포르투갈어로는 “운하공사와 수로조절작업”(canalization and regulation of watercourses), 덴마크어와 스웨덴어로는 “수로조절작업”(regulating of watercourses)으로 되어 있다.

위와 같이 각국어의 규정이 상이한 경우 위 지시문의 목적과 구성을 고려하여 종합적으로 해석하여야 한다. 위 지시문 제1(2)는 프로젝트(project)를 지하자원채굴을 포함하여 자연적 환경과 조망에 인위적 간섭을 꾀하는 건설, 설비 및 기타 계획으로 규정하면서, 지시문 제2(1)은 환경의 자연적 속성, 규모 및 지리적 여건에 심대한 영향을 끼칠 수 있는 프로젝트를 규제함에 그 목적이 있음을 밝히고 있다. 한편 제3조는 환경영향평가는 인간, 동식물군, 토양, 수질, 공기, 기후, 자연조망, 광물자원과 문화적 유산에 대한 직·간접적인 영향을 파악하여 기술하고 이를 평가하는 것이라고 정하고 있는바, 위 지시문은 상당히 광범한 목적을 갖고 있다고 볼 수 있다. 따라서 설령 각 공식언어로 된 지시문의 문언이 정확히 일치하지는 않는다 하여도 위 지시문은 수질 보전과 홍수의 방지를 위한 모든 공사를 포괄하고 있다고 할 수 있다.

네덜란드 정부는 제방공사의 경우 둑을 높이 쌓아 올려 홍수를 예방하는 것을 목적으로 하고 있어서 흐르는 물(running water)을 조정, 통제하는 수로(watercourse)와는 다르다고 주장하지만, 제방을 통해 물이 가두어지는 경우, 이 고여있는 물이 토양의 구성, 농식물군 및 자연조망에 미치는 영향은 다를 바 없으므로 제방공사 역시 위 지시문의 대상에 포함된다고 할 수 있다.

환경영향평가는 그것이 완전한 별개의 공사인지 아니면 기존 건축물에 부가된 공사인지, 또는 기존 건축물과 밀접한 기능상의 관련성이 있는지 여부를 불문하고 독자적으로 이루어져야 하는 것으로서, 이 사건에서 부속문 II 10 (e)의 운하공사와 홍수방제작업은 제방 신축뿐만 아니라 기존 제방에 대한 보강공사도 포함한다. 보강공사는 기존 제방의 위치를 변경시키거나, 확대 또는 대체를 포함하는 것으로 새로운 제방이 기존 제방보다 더 크거나 튼튼한지 여부를 묻지 아니한다.

부속문 II 제4(2)가 회원국에 대하여 일정한 재량권을 부여하고 있는 것은 사실이지만 환경에 심대한 영향을 미칠 수 있는 프로젝트에 대하여는 재량권의 한계를 두고 있다. 회원국에 대하여 재량권을 준 것은 개별적, 구체적 프로젝트를 두고 환경영향평가를 거쳐야 할 것인지 여부를 판단할 수 있다는 것이지 회원국이 환경영향평가를 거쳐야 되는 것과 거치지 않아도 되는 것에 대한 기준을 미리 정해 두고 일정한 범위에 해당하는 모든 공사에 대하여 환경영향평가의무를 사전에 면책시키는 행위는 재량권의 범위를 벗어난 것이다.

9.7. 독일정부의 지시문 회람사건[8)]

9.7.1. 사실관계

1976년 공동체는 바다와 하천에 배출되는 위험한 물질을 규제하는 법안을 채택하고 이어서 규제대상 물질의 리스트와 함께 배출물질의 성질과 양을 고정하는 5가지의 지시문을 만들었다. 이에 따르면 회원국들은 18개월 내지 24개월 안에 위 지시문들에서 요구하

8) Case C-262/95, *Commission v. Germany* [1996] ECR-I 5729.

는 사항을 국내 입법화하도록 되어 있었다.

독일정부는 위 지시문을 다양한 정부회람(administrative circular)으로 만들었다.

집행위원회는 이를 부적절한 조치로 보고 공동체 조약 제226조에 따라 1989년 지시문 중 하나를 대상으로 하여 조약위반 여부에 관한 조사에 들어가고, 이어 1992년에는 나머지 4개의 지시문 모두에 대한 위반여부를 심리한 뒤 1995년 유럽재판소에 독일을 제소하였다.

9.7.2. 판결요지

집행위원회는 지시문들은 충분히 명료하고도 정확한 방식으로 그 완전한 적용이 보장되도록(to guarantee their full application in a sufficiently clear and precise manner) 입법화되어 필요한 경우 이해관계 당사자들이 자신들의 권리를 충분히 숙지하고 자국 법원에 이를 근거로 제소할 수 있을 정도가 되어야만 한다고 주장하는바, 환경 보호에 관한 지시문이 오염물질배출에 관한 규제를 담고 있는 이상 그 성질상 구속력있는 개별입법을 요한다고 보아야 한다.

독일정부는 집행위원회가 문제삼는 것은 국내입법의 형식에 관한 것일 뿐이라고 주장하나 국내 입법이 법령의 형식을 통해 입법화되었다고 하기 위해서는 정부로 하여금 그러한 규제를 할 수 있는 권한을 부여할 수 있는 기관, 즉 의회로부터의 권한 수여가 있어야 한다.

회원국은 자국 내 입법 시스템상의 관행이나 상황을 들어 지시문 소정의 시한까지의 입법의무 불이행을 정당화할 수 없다. 따라서 독일 정부는 위 지시문상의 의무를 해태하였다고 할 것이다.

9.8. 목욕수질기준 위반사건[9)]

9.8.1. 사실관계

유럽공동체는 1975년 목욕수질(quality of bathing water)에 관한 지시문 76/160을 채택하였는바, 이 지시문은 회원국에 당국에 의하여 입욕이 허가되고 있거나 명백하게 금지되고 있지 않은 곳은 물론 불특정 다수인에 의하여 전통적으로 입욕이 이루어지고 있는 곳이라면 담수나 해수를 불문하고 적용되도록 되어 있었다.

회원국들은 이 지시문을 통지받은 때로부터 10년 이내에 대상지역을 파악하여 지시문에서 요구하는 일정 기준 이상의 수질을 유지토록 하는 조치를 취할 의무가 있었다.

영국은 입욕 성수기에 하루 평균 500명 이하의 사람들이 찾는 곳은 대상 수역에서 제외시키고, 하루 평균 방문객이 1,500명 이상 되는 곳만 위 지시문에서 정하는 수질 보전지역으로 정하였다. 그 중간인 500명에서 1,500명 사이에 해당하는 지역은 해당 기관에서 적당하게 알아서 결정토록 하였다.

영국 정부가 Southport, Formby 및 Blackpool 등 상당수의 영국 해수욕장을 입욕수질 보전대상에서 누락시키고 지시문에서 규정하는 기준에 맞추지 않자 1986 년 집행위원회는 공동체 조약 제226조에 따라 영국의 조약위반 문제를 심리하기 시작했다.

영국정부는 1986년과 1987년에 걸쳐 수질보전 대상지역에 대한 기준을 바꿔 Southport, Formby 및 Blackpool을 비롯한 362개의 다른 수역을 공동체 지시문상의 수질보전대상 지역으로 정하고 이를 집행위원회에 통보하였다. 그러나 여전히 불만족스러웠던 집행위원회는 1990년 유럽재판소에 영국을 제소하였다.

9) Case C-56/90, *Commission v. UK* [1993] ECR-I 4109.

9.8.2. 판결요지

영국 정부는 당초 위 지시문에서 해당 수역 결정에 관한 일정한 지침이 없이 회원국의 재량에 맡기고 있었으므로 나름대로의 기준을 정하여 선별하였다고 주장하나, 영국 정부의 기준은 방문객 숫자만을 따진 것으로서 입욕수질 보전대상 여부를 결정하기 위해서는 입욕자의 숫자만을 볼 것이 아니라 화장실, 탈의실, 주차상 및 수상구조대원이 있는지 여부 등도 고려하여야 할 것이다.

특히 위와 같은 편의시설, 수영가능지역을 가리키는 부표 및 구조대원의 상주 등은 해당 수역이 많은 사람들에 의하여 이용되고 있다는 유력한 증거가 될 것인데, Blackpool이나 Southport 지역은 오래 전부터 위와 같은 요건을 갖춘 휴양지역으로 이용되어 왔다.

영국 정부는 나아가 지시문 소정의 수질 보전의무는 회원국 정부에서 해당 지역을 보전대상으로 선정한 이후부터 기산하여 10년 이내에 이행하면 된다고 주장하나 회원국의 위 의무의 기산점은 위 지시문이 각국에 통고된 때를 가리키는 것으로 보아야 한다.

따라서 위 지시문의 불이행에 대한 불가항력적인 이유를 제시 못하는 한 영국 정부의 조치는 공동체 조약에서 정하는 의무를 불이행한 것으로 판단된다.

9.9. 이탈리아 비행장 건설사건[10)]

9.9.1. 사실관계

이탈리아 정부는 1925년부터 군용비행장으로 이용되어 왔던

10) Case C-435/97, *World Wildlife Fund (WWF) and Others v. Italy* [1999] ECR-I 5613.

Bolzano 지방의 St. Jacob 공항을 민간 비행장으로 사용할 계획을 수립하였다. 이렇게 되기 위해서는 기존 활주로를 1,400미터로 더 늘리고 관제탑, 격납고, 공항연결도로 및 주차장을 새로 만들어야 했다.

1992년 7월에 제정된 Bolzano 자치법에 의하면 환경영향평가(Environmental Impact Assessment: EIA)의 대상이 되는 활주로 공사는 총 연장이 2,100미터 이상인 경우로 정해 놓고 그 외에 달리 공항건설에 관련된 환경영향평가의 기준은 정해져 있지 않았다.

이탈리아 정부는 1995년 1월 볼자노 공항 개축에 관한 지역개발안을 법률로 만들어 통과시켰는데 이 법은 개축으로 인한 환경영향연구(environmental impact study)를 의무조항으로 두고 있었다.

그런데 이 공사의 이해관계당사자들 사이에 볼자노 공항 증개축에 관한 개발안 동의에 앞서 이탈리아 법률상의 환경영향연구가 아닌 유럽공동체 지시문 85/337에 따른 환경영향평가(EIA)가 선행되어야 하지 않느냐는 주장이 제기되어 이 분쟁은 법원으로까지 이어졌고, 이탈리아 법원은 이 문제를 유럽재판소의 전심절차에 회부하였다.

9.9.2. 판결요지

어느 회원국이 시행할 특정한 프로젝트가 이미 공동체의 지시문에서 요구되는 환경영향평가의 대상이 되고 있다면 그 회원국은 기존의 법률이나 또는 새로 제정하는 법률을 통해 지시문을 대체하는 다른 절차를 만들어 환경영향평가의 의무를 면제받을 수 없다.

이 사건에서 문제되는 이탈리아 정부의 볼자노 공항 증개축에 관한 법률 상의 환경영향에 관한 연구는 지시문상의 환경영향평가에 관한 필수적인 요소들을 누락시키고 있는 것으로 보인다.

공동체가 특별히 지시문을 통해 회원국들에게 일정한 행위를 하도록 하는 의무를 부과하고 있는 경우 지시문에 의해 부여된 재량권을 일탈하여 만들어진 국내법을 적용받게 된 개인이 회원국의 법정에서 이 지시문의 효력을 주장할 수 없게 된다면 지시문이 갖는 효력은 반감될 것이다.

따라서 개인은 지시문상의 규정을 직접 근거로 하여 회원국을 상대로 제소할 수 있고, 법원이 판결을 내림에 있어서 지시문상의 재량권을 일탈한 회원국의 법률이나 명령은 배제하여야 한다.

이 사안과 같은 경우 회원국은 적정한 권한 행사를 통하여 당해 프로젝트가 환경에 중대한 영향을 미치는지 여부를 가릴 수 있는 조치를 취하여야 하고 만일 중대한 환경상의 영향이 있다면 환경영향평가를 받도록 하여야 한다.

9.10. 독일 PCP 독자 규제사건[11)]

9.10.1. 사실관계

펜타클로로페놀(Pentachlorophenol: PCP)은 주로 목재 방부재, 산업용 염색제, 무두질과정에서의 살균제 및 산업용수 내에 있는 갑각류 살충제 등으로 쓰이는 화학물질인데 사람과 환경에 위험한 것으로 알려져 있다. 공동체의 유해물질 분류, 포장 및 표기에 관한 지시문 67/548(Directive 67/548)에 의하면 위 물질은 흡입하거나 접촉 또는 마실 경우 피부, 눈, 호흡기 등에 치명적인 위험을 가져올 수 있고 발암물질로서 특히 수중 생태계에 위험하다고 되어 있으며, 30여개국 이상에서 다양한 형태로 규제되어 왔다.

11) Case C-41/93, *France v. Commission* [1994] ECR-I 1829.

1987년 독일 정부는 PCP 사용을 국가적 차원에서 규제하기로 하고 이를 EU 집행위원회에 통보했는바, 이에 대하여 위원회는 PCP에 대한 EU 차원의 규제를 위한 지시문을 준비 중에 있으므로 그때까지 독일 정부에 대하여 법안 제정을 보류해 줄 것을 요청했다.

1988년 집행위원회는 각료회의에 PCP 규제를 위한 지시문안을 제출했으나 독일 정부는 독자적으로 1989년 말 PCP 사용을 규제하는 법안을 마련했다.

1991년 3월 각료회의는 EC조약 제95조에 따라 PCP 사용 등을 규제하는 내용의 지시문 91/173(Directive 91/173)을 만들었는데 그 규제의 기준은 독일에서 마련하여 시행 중인 기준보다도 오히려 완화된 것이었다.

1991년 8월 독일정부는 집행위원회에 대하여 공동체의 지시문 91/173 대신 자국의 법률을 계속 적용하겠다고 통고하였고 이에 대하여 집행위원회는 1992년 12월 독일 정부의 안을 수용하는 결정을 내렸다. 환경문제에 관하여 공동체 차원에서 정한 기준보다 엄격한 기준을 적용하는 회원국의 법률을 굳이 배제할 필요가 없다고 판단한 것이다.

그런데 이 결정에 대하여 프랑스가 유럽재판소에 집행위원회의 그와 같은 승인 결정은 조약 제95조를 위반하는 것이라면서 위원회를 상대로 제소하였다.

9.10.2. 판결요지

(조약과 같은 수준으로의) 국내법 개정을 위한 허용기간이 경과하였거나 조약에서 정하는 조치의 효력이 발생된 이후에 특정 회원국이 조약에서 정하는 조치와 다른 내용의 국내법을 계속 적용하기 위해서는 집행위원회에 이를 통고하여야 한다.

집행위원회는 이와 같은 통고를 받은 뒤 그것이 조약 제95조 (4)에서 예외적으로 허용하고 있는 회원국의 독자적 법률이 계속 적용될 만한 사안에 해당되는지 심리하여야 한다. 특히 이 과정에서 위원회는 회원국의 개별 법률 계속적용의 의도가 회원국 간의 일방적 차별행위에 해당하는 것인지, 또는 규제를 가장한 교역 제한조치가 아닌지 따져 보아야 한다.

위 제95조는 어떠한 회원국도 집행위원회의 승인 없이 전 회원국에 대한 공통의 규제(harmonized rules)에서 일탈된 자국법을 적용할 수 없도록 하는 데 그 목적이 있다.

법률, 시행령, 규칙 등 명칭을 불문하고 공동체의 공통조치와 다른 내용의 특정 회원국의 규제가 역내의 교역을 제약하고, 한편으로 그러한 규제를 일방적으로 적용할 권리가 당해 회원국에게 유보되어 있다면 그러한 규제는 무효로 선언되어야 한다.

따라서 회원국은 집행위원회로부터 승인 통고를 받기 전까지는 EU 공통조치와 다른 자국법을 적용할 수 없는 것이다.

또한 집행위원회의 위 결정이 조약 제253조의 요건을 충족하고 있는지 살펴보아야 한다. 당 재판소가 일관하여 판시하여 왔듯이 공동체의 입법기관들은 규정, 지시문 및 결정을 내릴 경우 당해 조치를 취하여야 할 이유를 설시하여 재판소로 하여금 사법적 심사를 가능할 수 있도록 하여야 하고, 회원국들과 역내 이해당사자들이 어떤 상황과 근거로 그와 같은 조치를 취하였는지 알 수 있도록 하여야 하는바, 이 사건에서는 집행위원회가 문제된 독일 개별 법률의 내용과 목적을 기술하면서 조약에 부합된다고만 결정을 내림으로써 위 법이 어떻게 조약 제95조 (4)의 예외적인 개별법률 적용사안에 해당된다는 이유를 설명하지 않았다.

결론적으로 집행위원회의 위 결정은 조약 제253조 소정의 설명의무를 충족하지 못함으로써 필수적인 절차적 요건이 흠결된 무효라고 하지 않을 수 없다.

9.11. 오스트리아 통행료 징수사건[12)]

9.11.1. 사실관계

브레너(Brenner) 고속도로는 오스트리아의 인스부룩과 이탈리아의 베로나를 연결하는데 오스트리아 부분은 이탈리아와의 접경지역인 브레너까지로 되어 있다.

이 도로는 알프스를 관통하는 몇 안 되는 도로 중의 하나로 주로 12톤 이상의 화물차량이 많이 이용하여 왔는데 오스트리아의 인접국가인 스위스가 오래 전부터 알프스 통행에 열차를 이용하는 정책을 써왔기 때문에 1945년 이후부터 꾸준히 증가해 온 화물차량의 통행은 브레너 고속도로에 집중되어 왔고 이로 인해 이 주변에 사는 주민들은 소음, 대기오염, 차량정체 및 기타 여러 환경상의 위험에 노출되어 주민들의 민원과 원성이 잦았다.

오스트리아 정부는 이런 환경문제를 해결하기 위해 통행량을 줄이는 방편의 하나로 브레너 고속도로의 통행료를 인상하기로 하였다.

각료회의는 1993년 지시문 93/89를 통하여 통행료를 일정한 도로기반시설에 사용토록 하고 있는데, 1995년 1월에 공동체에 가입한 오스트리아는 1995년 7월 및 1996년 2월에 위 도로의 통행료를 인상하였다.

이 인상안은 통행료 징수의 기준을 세 가지로 나누어 도로의 전구간 통행, 부분 통행 및 단거리 통행으로 분류하고 전 구간 운행에 따른 통행료 인상의 폭을 가장 높게 책정하였다.

이렇게 인상된 통행료는 오스트리아의 도로 건설, 운영을 담당

12) Case C-205/98, *Commission v. Austria* [2000] ECR-I 7367.

하는 아스피낙(Asfinag) 회사로 넘어가 브레너 고속도로뿐 아니라 다른 도로의 신설, 유지에도 사용되었다.

집행위원회는 오스트리아 정부가 통행료 인상을 통해 다른 회원국들의 화물차량에 대하여 차별을 할 뿐 아니라 브레너 고속도로 통행료를 징수하여 자국 내의 여타 도로에도 사용함으로써 위 지시문 93/89를 위반하였다고 주장하였다.

이에 대하여 오스트리아 정부는 통행료 인상이 다른 회원국 차량에 대한 차별이 될 수 없고, 브레너 도로에서 징수하였다고 해서 반드시 그 통행료를 브레너 고속도로 유지, 보수에만 사용할 의무도 없다고 맞섰다.

9.11.2. 판결요지

집행위원회는 오스트리아의 통행료 인상으로 인해 가장 많은 영향을 받는 것이 다른 회원국 차량들로서 결과적으로 간접적인 차별을 받고 있다고 주장하므로 살피건대, 1995년 7월 1일 이전과 1996년 2월의 상황을 비교할 때 4륜 이상의 차량 중 전구간 통행 차량에서 낮 시간대에는 150%, 밤 시간대에는 283%의 통행료 증가가 있었고, 저소음 및 저공해 차량은 낮 시간대에 130%, 밤 시간대에 360%의 통행료 증가가 있었다. 반면 3륜 차량의 경우는 운행거리와 관계없이 통행료 증가가 없었고 4륜 이상의 차량이라도 부분운행인 경우는 통행료 인상의 영향을 미미하게 받는 것으로 나타났다. 한편 4륜 이상 차량의 84%가 오스트리아 이외의 국가 차량들이고 그 중 99%는 전구간 통행을 하는 것으로 나타났다.

통행료 인상으로 인하여 대다수의 타국 차량이 인상된 통행료를 부담하는 반면, 자국 차량은 그 인상으로 인하여 별다른 영향을 받지 않는다면 이는 차량 통행료의 차별적 징수라 할 것이고, 이는 개별 국가적 차원의 통행정책이나 환경보호라는 측면에서 정당화될 수 없다고 할 것이다. 따라서 공동체 차원의 예외적 허락과 같은 특단의 사정 없이 차량의 국적, 출발지 및 도착지에 따라 통행료 징수에 차별을 두는 것은 허용될 수 없다.

공동체의 통행료 사용에 관한 지시문은 통행료는 징수된 해당 도로의 유지, 보수에 사용되는 것을 원칙으로 하고 있다. 오스트리아 정부의 주장과 같이 징수된 통행료의 사용을 각국 정부의 선택에 맡긴다면 징수된 통행료를 해당 도로에 사용토록 하는 위 조치는 실효를 거두기 어렵게 될 것이고, 또한 결과적으로 브레너 고속도로를 통행하는 12톤 이상의 타국 차량들이 오스트리아의 여타 도로의 유지, 보수 비용까지 부담하는 셈이 된다(오스트리아 정부는 브레나 고속도로에서 징수된 통행료가 위 도로의 개·보수에 들어가는 비용의 150% 정도 된다는 점을 인정하고 있다). 따라서 오스트리아의 위 조치는 공동체의 지시문에 반하는 것으로 허용될 수 없다.

9.12. 공해상의 선박오염사건[13)]

이탈리아 국적의 선박 소유자인 이탈리아인 Peralta는 1990년 초 몇 번에 걸쳐 이탈리아 법률에 의해 유해물질로 규정되고 있던 부식성 소다(caustic soda)를 담았던 선박 탱크를 씻어낸 물을 바다로 배출하였다. 이 배출행위는 이탈리아 영해 밖에서 이루어졌는데 1982년에 제정된 이탈리아 법률은 자국 선적의 배들은 자국 영해는 물론 더 나아가 영해 밖의 수역(outside territorial waters)에서도 유해물질 배출을 금지하고 있었다.

---

13) Case C-379/92, *Italy v. Matteo Peralta* [1994] ECR-I 3453.

벌칙을 부과받은 Peralta는 법원에 제소하였고 담당 재판부는 심리를 유예하고 유럽재판소에 전심결정을 구하였다. 이탈리아 법원은 공동체 법률이 자국 영해 밖의 환경을 보호하기 위해 이탈리아 정부가 특정한 조치를 취하는 것을 허용하는지, 특히 이탈리아 법률이 다른 국적 사람들보다 이탈리아 국적의 소유자를 더 엄격하게 다룸으로써 차별을 하고 있지는 않은 것인지, 또 이 법이 재화와 서비스의 자유이동을 규정하고 있는 공동체의 법률 및 환경에 관한 국제법에 위반되고 있는 것은 아닌지에 관하여 질의하였다.

이에 대하여 유럽재판소는 동일한 사안에 대하여 어떤 회원국에서는 단속하는 법규가 없다든지 또는 관련 법규에서 처벌하는 강도가 상대적으로 약하다든지 하는 것만으로는 입법적으로 차별한다고 할 수 없고, 이탈리아 법률이 선박의 항행 목적(수입 또는 수출)을 불문하고 모든 자국 선박에 대해서만 일관성 있게 적용되는 이상 영해는 물론 영해 밖의 행위에 대하여도 효력을 갖는다 하더라도 이로 인해 특별히 이탈리아 국내 시장에 유리하다고 할 수 없으므로 재화와 서비스의 자유 이동의 원칙에 반하는 것이라 할 수 없다고 판시하였다.

9.13. 텔레마케팅 반독점 위반사건[14)]

X는 텔레마케팅 회사, Y는 룩셈부르크의 RTL 텔레비전 방송국 운영자, 그리고 Z는 위 텔레비전 방송국의 광고물을 독점적으로 취급하는 중개회사로 사실상 Y의 자회사였다.

14) Case 311/84, *CBEM v. CLT & IPB* [1985] ECR 3261.

1978년부터 텔레마케팅 기법을 개발해온 X는 1983년 Z와 12개월 동안 RTL 채널을 통해 베네룩스 시장을 상대로 텔레마케팅을 하기로 하는 독점계약을 체결하였다. 위 기간 동안 방송 화면에 송출되는 광고에는 상품과 함께 X사의 전화번호가 나가고 소비자들은 이 전화번호를 통해 상품을 주문하는 방식이었다.

일년 뒤 계약기간이 만료되자 Z는 광고주들에게 앞으로 텔레마케팅을 위하여 자막에 내보내는 전화번호는 자기회사의 것을 쓸 것이고 이 조건에 따르지 않는 상품에 대하여는 방송 광고물을 받지 않겠다고 통보했다.

이에 반발한 X는 즉각 Z의 그와 같은 행위는 시장지배적 지위의 남용을 금지하고 있는 공동체 조약 제82조(개정전 제86조) 위반이라면서 Y와 Z를 상대로 자국 법원에 부당계약파기금지 가처분을 신청하였다.

이 사건을 심리한 룩셈부르크 법원은 Y와 같은 방송사의 경우 법률적으로 독점적 지위가 인정되어 실질적으로 경쟁이 존재하지 않거나 극히 제한되어 있음에도 시장지배적 지위 또는 우월적 지위의 문제가 생길 수 있는지에 관한 유럽 재판소의 전심결정을 구하였다.

이에 대해 재판소는 조약 제82조는 기업 활동으로 인하여 독점적 지위가 창출되었는지, 법률로 독점 또는 제한적 경쟁을 규정하고 있는 결과로 인해 그와 같은 지위가 생겼는지 불문하고 적용된다고 판시하였다.

또 '우월적 지위의 남용'의 의미에 관하여 "다른 시장의 다른 기업이었다면 마땅히 했을 것으로 기대되는 영업활동을 어느 지배적 기업 또는 그와 같은 그룹에 속한 기업이 객관적 필요성이 없는 상황에서 하지 않고 그것이 다른 기업들과의 경쟁을 방해할 가능성이 있다면 이는 조약 제82조의 우월적 지위의 남용에 해당한다"고 함으로써 그 기준으로 1) 객관적 필요성, 2) 경쟁제거 가능성, 3) 기대 가능성을 제시하였다.

9.14. 재활용쓰레기 수출사건[15)]

9.14.1. 사실관계

뒤셀도르프(Düsseldorf)회사는 네덜란드로부터 250만톤의 오일필터, 공기필터, 플라스틱 및 금속캔 등으로 이루어진 재활용 쓰레기를 독일 내에서 재생하기 위해 수입하기로 하고 네덜란드 당국에 통지했다.

네덜란드 정부의 1993년의 유해쓰레기 처리에 관한 장기계획(Long-term Plan for The Disposal of Dangerous Waste of 1993)에 의하면 다른 나라에서의 쓰레기 처리과정이 더 낫다고 인정되지 않으면 당해 쓰레기의 수출을 금지하고 있었다. 이 계획은 또한 유해물질에 관한 최종 소각기능을 국영 기업인 AVR Chemie CV 사에 독점적으로 맡기고 있었는데 이 회사는 회전식 드럼 소각로에 의하여 쓰레기를 최종 처리하고 있었고, 쓰레기 중에서도 AVR Chemie의 소각로에 의해 처리되어야 할 것으로 분류되는 것들은 수출될 경우에도 위 회사를 통해서만 수출이 허용되었다.

이 계획에 의해 네덜란드 당국은 뒤셀도르프 회사에 대해 쓰레기의 독일 수출을 금지한다고 통고했다.

이 사건이 네덜란드 법원에 제소되자 네덜란드 정부는 '자조와 최근접지 처리의 원칙'(principles of self-sufficiency and proximity)을 내세워 수출금지가 정당하다는 주장을 폈다. 위 원칙은 공동체 시시문(Directive) 75/442와 규정(Regulation) 259/93에 언급되어 있는 것이 있다.

15) Case C-203/96, *Chemische Afvalstoffen Düsseldorf BV and Others v. Netherlands* [1998] ECR-I 4075.

네덜란드 법원은 유럽재판소에 대하여 회원국이 조약 제176조에 근거하여 재활용을 위한 쓰레기 수출을 금지할 수 있는지 여부와 AVR Chemie 사에 대한 쓰레기 처리 독점권 부여가 공동체조약과 양립할 수 있는지 여부에 대하여 질의하였다.

9.14.2. 판결요지

공동체 지시문(Directive) 75/442와 규정(Regulation) 259/93에 규정되어 있는 '자조와 최근접지 처리의 원칙'(principles of self-sufficiency and proximity)은 폐기용 쓰레기(waste for disposal)에만 적용되고 재활용 쓰레기(waste for recovery)에는 적용되지 않는다.

공동체 조약 제176조에 의하면 "조약 제175조의 목적을 달성하기 위한 방어적 조치가 회원국들로 하여금 그보다 더 엄격한 조치를 취하는 것을 막는 것은 아니다. 다만 그러한 조치들은 조약과 양립할 수 있어야 하고 집행위원회에 통지되어야 한다"라고 규정되어 있는바, 네덜란드 정부는 이를 근거로 재활용 쓰레기에 대하여도 보다 엄격한 기준을 자체적으로 적용할 수 있다고 주장한다. 그러나 위 계획안에 따르면 타국에서의 처리 기능이 네덜란드에서의 그것보다 더 우월한 경우에만 수출이 허용된다고 하고 있어 그 목적과 효과가 네덜란드 국내 기업에 유리하게 작용하도록 하고 있음을 알 수 있다. 이러한 순 경제적 속성(aims of a purely economic nature)을 볼 때 이 조치는 재화의 자유이동 원칙을 규정한 조약에 위반된다.

네덜란드 정부도 독일 내에서의 재처리 기능이 네덜란드 내에서의 것보다 더 우월하지는 않더라도 적어도 필적할 만한(comparable) 정도는 된다는 점은 인정하고 있다.

AVR Chemie 사에 대한 네덜란드 정부의 특혜 조치는 조약 제86조가 금하고 있는 독점적 권리부여 행위에 해당된다고 할 것인바, 네덜란드 정부의 위 계획이 정당화되기 위해서는 객관적으로 그와 같은 독점적 지위의 부여 없이는 다른 수단을 통해 (유해쓰레기의 처리)라는 목적을 달성할 수 없다는 점이 입증되어야 한다.

9.15. 슈나이더 독점금지법 위반사건[16)]

9.15.1. 사실관계

Schneider Electric SA와 Legrand SA는 둘 다 프랑스 회사로서 배전에 사용되는 저전압시스템과 빌딩, 공장 및 가정용 전기회로 제어장치를 생산하는 유력한 회사들로서 프랑스뿐만 아니라 유럽의 몇몇 국가에서도 시장을 갖고 있다. 유럽에서 이들의 주요 경쟁사로는 ABB, Hager 및 Siemens를 들 수 있다.

Schneider 사는 2001. 2. Legrand 사의 전 주식을 약 54조 유로에 공개경쟁 입찰방식으로 매수하겠다는 선언을 하고 집행위원회에 공동체 합병규정(EC Merger Regulation)에 따라 이 사실을 통보했다.

원칙적으로 합병은 집행위원회로부터 공동체의 시장질서에 반하지 않는다는 결정을 받아내기 까지는 이루어질 수 없으나 공개경쟁 입찰방식에 의한 합병의 경우에는 집행위원회에 적법하게 통지되고 합병 절차가 종료될 때까지 매수한 주식에 기한 의결권을 행사하지 않는다는 조건하에서 사전매입이 가능하다는 제7조 (3)에 따라 2001. 7. 입찰이 종료된 후 Schneider 사는 Legrand 사의 주식의 98%를 소유하게 되었다.

16) John Temple Lang, "Two important Merger Regulation judgments: The implications of Schneider-Legrand and Tetra Laval-Sidel", European Law Review, vol.2, April 2003, pp.259-272.

한편 집행위원회는 1) 합병으로 인해 프랑스, 이탈리아 및 북유럽 국가들의 시장에서 심대한 상품 중복 및 높은 시장점유율이 초래되는지 여부, 2) Schneider 사가 합병하면서 집행위원회에 제출한 보완 조치가 시장에서의 공정한 경쟁을 위하여 효력이 있는지 여부에 관하여 심리에 착수하였다.

9.15.2. 집행위원회의 결정 요지

집행위원회는 위 사안에 대하여 2001. 10월 합병을 금지하는 결정을 내렸다. 집행위원회의 결정의 요지는 다음과 같다.

덴마크, 스페인, 그리스, 이탈리아, 포르투갈, 영국 및 특별히 프랑스에서 전기 배전반 및 관련 부품(통합 점유율 : 40-70%, 국가에 따라 상이), 배선 부품(통합 점유율: 40-90%) 그리고 특정 산업용 전기부품 및 기타 특정 응용상품(예컨대, 비상 조명등)의 시장에 있어서 합병 당사자들의 행위가 상당 부분 중복되고, 위 상품 시장에는 1) 소비자들, 특히 전기 기술자들의 경우 특정 브랜드에 대한 충성도가 거의 절대적(quasi-absolute fidelity)이고, 2) 공급자들로 하여금 다양한 범위의 관련 부품을 공급토록 할 필요성이 있으며, 3) 전체 건축비용에서 전기관련 비용이 차지하는 비중이 적은 탓에 소비자들이 낮은 가격감수성(low customer price-sensitivity)을 갖는 특징이 있어 합병으로 인한 시장 지위가 더욱 강화될 것으로 판단된다.

위와 같은 요소들은 강력한 시장지배적 공급자의 지위(strong position of leading suppliers)를 공고히 함으로써 거의 넘을 수 없는 진입장벽을 만들 것으로 보인다. 따라서 위 합병은 강력한 시장지배력을 갖는 기업을 탄생시키는 셈이 된다.

Schneider측에서 일부 사업을 포기하겠다고 하는 제안에 대해서는 여전히 Schneider측에서 전기관련 대부분의 기술을 소유하고 있는 상황에서 경쟁을 촉진시키기에는 부족하기에 이를 수용하지 않는다.

Schneider측에서 양사의 사업 중 직접 중복되는 부분을 유럽 시장에서는 제외하겠다고 하지만 이런 조치가 반독점으로서의 실효성을 거두기에는 미진하므로 이 제안도 받아들이지 않는다.

Schneider측은 일정한 기간 내에 최대한 5%의 주식만을 보유하고 나머지 Legrand의 주식은 매각하여야 한다.

9.15.3. 판결요지

프랑스의 경우엔 합병 기업이 당해 시장 내에서 시장독점적 지위를 갖게 될 것으로 보이는 것은 사실이나 집행위원회는 프랑스 이외의 국가들의 경우 합병으로 인하여 시장지배적 지위를 형성 또는 강화시킬 것이라는 구체적인 증거를 제시하지 못하고 있다.

집행위원회의 결정은 개별국가 시장에 대한 구체적인 분석 없이 도매상에 대한 지배적 지위만을 따져 일반적 요인만 고려된 것이다.

집행위원회의 결정은 합병 당사자들의 경쟁사들의 국내판매를 고려하지 않음으로써 시장규모 산출에서 잘못을 범하여 결과적으로 합병 기업의 시장점유율을 과대평가하였다고 보인다.

집행위원회는 이의진술서(Statement of Objection)를 통해 합병 당사자들의 사업중복(overlapping) 문제를 제기하였으나, 결정을 내림에 있어서는 관련 시장에서의 당사자들의 합병으로 인한 지위강화효과에 초점을 맞춤으로써 Schneider측이 집행위원회의 관점을 파악하여 적정한 구제조치를 미리 제안할 수 있는 기회를 빼앗은 셈이 되었다. 이런 절차적 하자로 인해 프랑스 국내 시장에 대한 결정 역시 파기를 면할 수 없다.

9.15.4. 판결의 의의

Schneider 사건은 신속심리절차(expedited procedure)에 의하여 심리된 첫 번째 합병금지 결정 사건이었다. 처음에 제1심법원(CFI)은 Schneider측의 신속심리절차 요청을 거절하였으나 나중에 집행위원회로부터 주식매각처분결정이 나자 Schneider의 요구를 받아들였다. 비록 신속심리절차에 의하여 판정을 받게 되었지만 주식매각처분결정의 시한까지 판정이 내려진다는 보장이 없는 상황에서 Schneider측은 집행위원회에 매각처분결정 유예를 구하였고 위원회는 심리 끝에 주식매각시한을 제1심 법원의 판결 이후로 연기하여 주었다.

이 판결은 유럽재판소가 신속심리절차(expedited procedure)에 의하여 내린 첫 번째 반독점사건 관련 판결이고 합병과 관련된 집행위원회의 결정을 파기한 두 번째 사례이다.

이 판결을 통해 EU 재판소의 사법적극주의와 절차적 정당성, 증거주의, 잠정처분의 인정, 합병 당사자의 독점행위 완화를 위한 보완조치의 제안 등 반독점행위와 관련된 일련의 절차를 엿볼 수 있다.

9.16. 내셔널 파나소닉 사건[17]

집행위원회는 일본 파나소닉의 영국 자회사인 내셔널파나소닉(UK)의 불공정거래행위를 조사하기로 결정을 내린 뒤 불시에 위원회 소속의 조사반원들과 영국의 공정거래관련 행정기관의 직원들을 보냈다.

내셔널 파나소닉측은 집행위원회로부터 사전에 공식, 비공식적으로 조사개시 결정 사실을 통보받지 못한 상태에서 조사반을 맞게

17) Case 136/79, *National Panasonic (UK) Limited v. Commission* [1980] ECR 2033.

되자 회사 자문변호사가 올 때까지 조사를 연기해 줄 것을 요청했으나 거부당하고 바로 현장 조사는 진행되었다.

파나소닉측은 집행위원회의 위와 같은 처사가 조사권한을 부여하고 있는 각료회의 규정의 취지에 반하고 사생활에 관한 기본적 인권을 침해하여 이루어졌다고 주장하며 위법성을 따졌다.

이에 대하여 유럽재판소는 반경쟁행위에 관한 조사를 예정하고 있는 각료회의 규정에는 사전 현장방문에 관한 통지의무에 관한 별도의 언급이 없고 불시 방문이 규정에서 정하고 있는 절차적 적정성에 위반한다고 볼 수 없다는 이유로 파나소닉측의 청구를 기각하였다.

9.17. 룩셈부르크 철강보조금사건[18]

9.17.1. 사실관계

공동체 집행위원회는 1994. 12. 31. 유럽석탄 및 철강공동체조약(ECSC Treaty)에 따라 자국 철강회사인 ARBED SA에 91,950,000 룩셈부르크 프랑을 지원한 룩셈부르크 정부에 대하여 이의를 제기하지 않기로 하는 결정을 내렸다.

이에 대하여 영국철강산업협회는 불공정한 정부지원금에 대하여 이의를 제기하지 않았다면서 위 결정에 대하여 반발하여 집행위원회를 제소하였다. 이 지원금은 Arbed사가 환경보호를 위한 목적으로 새로운 전기로 철강 공장을 신설하는 데 필요한 금액 중 15%에 해당하는 금액이었다. 이 새로운 공장은 룩셈부르크의 새로운 환경보호정책 기준에 맞지 않는 기존 공장을 철거하는 대신에 지어질

18) Case T-150/95, *UK Steel Association v. Commission* [1997]ECR-II 1433.

것이었다.

원고측 주장은 위 지원금이 철강산업계에 대한 정부지원에 관한 내용을 담고 있는 이른바 '5차 철강 지원법'(Fifth Steel Aid Code)이라 불리는 집행위원회의 ECSC 3855/91 결정(Commission Decision 3855/91/ECSC)에 위반된다는 것이었다. 위 결정 제3조 1은 "정부는 새로운 환경규제 기준에 맞추기 위하여 신환경기준이 도입된 때를 기준으로 2년 이상 운영되고 있는 철강공장에 대하여 지원금을 교부할 수 있다"고 규정하고 있었다.

원고는 환경기준 달성을 위한 정부 지원금은 기존 공장에 대한 개선을 위한 투자시에만 가능하고 신규 공장을 만드는 데는 지원할 수 없음에도 룩셈부르크 정부는 자국회사의 공장 신규설립을 지원하여 공동체의 법률을 위반하였음에도 집행위원회가 이를 허용한 것은 잘못이라고 주장하였다.

이에 대하여 집행위원회는 환경보호를 위한 정부 지원은 2년 이상 된 노후 공장을 개량하는 경우뿐만 아니라 낡은 공장을 신공장으로 대치하는 경우에도 가능하다는 반론을 펴면서 원고에 맞섰다.

9.17.2. 판결요지

먼저 ECSC 3855/91 제3조 1이 과연 기존 공장을 신설 공장으로 대체하는 경우에도 정부 지원을 할 수 있다고 규정하고 있는지는 당해 조항의 내용, 문맥 및 목적에 비추어 살펴보아야 할 것인바, 위 조항은 기존 공장을 새로운 환경 기준에 맞추기 위한 투자의 경우가 아닌 때까지, 즉 새로운 공장으로 대체하는 경우에는 설령 신설되는 공장이 신환경기준에 부합한다 하더라도 정부 지원이 가능하도록 한 것은 아니라고 해석된다.

피고 집행위원회는 2년 이상 낙후된 철강공장을 교체하는 경우에 그 정부 지원금의 규모가 단지 기존 공장을 개량할 경우에 지원할 수 있는 범위를 초과하지 않는다면 허용될 수 있다고 주장하나 철강 산업에 대한 정부 보조를 극히 제한적으로 하려는 것이 위 결정의 취지임을 감안할 때 받아들일 수 없다.

이 판결을 전후하여 피고는 기존 공장을 대체하는 경우에도 신환경기준에 부합하는 공장인 경우에는 정부보조가 가능한 쪽으로 가이드라인을 잡아 회원국들에게 지침을 주었고, 나중에는 결국 명문으로 위 조항에 기존 공장의 대체의 경우에도 지원이 가능하도록 수정안을 만들었는바, 가이드라인에 근거하여 피고의 위와 같은 해석이 근거 있다고 할 수 없고 오히려 가이드라인이나 수정안 제출 행위만을 놓고 보면 피고 스스로 위 조항의 해석이 '기존 공장의 개량의 경우에만 정부 보조가 가능하다는 점'을 인정하고 있는 셈이다.

피고는 가이드라인 제시나 수정안은 해석상의 불명료한 점을 명확하게 하기 위한 조치에 불과하였다고 주장하고 있으나 이는 받아들일 수 없다. 수정안의 경우 위 결정 후에 이루어진 것으로서 이 사건에 있어서는 고려될 수 없다.

제10장 주요 용어로 본 유럽연합

10.1. 가입기준(Accession Criteria)

코펜하겐기준(Copenhagen Criteria)이라고도 한다. 1993년 코펜하겐 유럽정상회의(Copenhagen European Council)는 중앙 및 동부 유럽 국가들이 아래의 세 개의 기준을 충족할 경우 EU에 가입할 수 있는 권리를 갖도록 하였다.

1) 정치적으로 민주주의, 법의 지배 원칙, 인권과 소수자 보호를 보장할 수 있는 견고한 제도를 갖출 것
2) 경제적으로 시장경제의 기능을 갖을 것
3) EU의 여러 가지 정치적, 경제적 및 통화 목표를 고수하고 이를 자국 체제 내로 편입시킬 것

이 가입기준은 1995년 12월 마드리드 유럽정상회의(Madrid European Council)에서 재확인되었다. 그러나 이러한 기준은 가입 신청국가의 가입을 자동적으로 보장하는 것이 아니다. 가입기준에 도

달하였다고 하더라도 특정 국가의 가입을 허용할 것인가에 관한 결정권은 유럽연합 자체에 유보되어 있다.

10.2. 가입협력안(Accession Partnership)

가입협력안은 1998년 키프러스, 몰타 및 터키를 제외한 나머지 가입 신청국들과 각료회의 사이에 집행위원회로 하여금 각 신청국들이 가입기준을 맞추는 데 조력하고 각 분야에서 연합의 제도를 편입시킴에 있어 우선 순위를 정하기 위하여 만들어졌다. 이 안에 따르면 각 신청국은 여기에서 다루어진 우선 순위를 이행하기 위해 유럽연합 제도를 자국 내로 편입하기 위한 구체적인 프로그램을 작성하고 이를 위한 일정과 인적 및 물적 자원을 제시하도록 되어 있었다. 이런 프로그램과 협력안은 시간이 지나면서 집행위원회와 관련국 사이에 협상을 통해 탄력적으로 조정될 수 있도록 하였다. 이 가입협력안은 신청국가의 중기 경제정책의 우선순위에 대한 공동평가, 조직범죄에 대한 공동대처협정, 국가개발계획 및 가입 이후의 구조기금(Structural Funds)에의 참여, 가입 전 구조정책의 수단 이행(Instrument for Structural Policies for Pre-Accession: ISPA) 및 농업과 농촌개발을 위한 특별가입프로그램(Special Accession Programme for Agriculture and Rural Development: SAPARD)에 필요한 분야별 프로그램을 지원하는 역할도 해 왔다. 이것은 또한 신청국 내의 행정 및 사법 기능을 개선하기 위한 조치를 시행하는 시금석도 되었다.

10.3. 가입협상(Accession Negotiations)

동부 및 중부 유럽의 10개 국가들의 가입 신청은 1997년 12월 룩셈부르크 유럽정상회의에서 긍정적으로 받아들여졌다. 공식적인 가입 협상은 두 그룹으로 나누어 진행되었다. 첫번째 그룹에 속한 키프러스, 체코, 에스토니아, 헝가리, 폴란드 및 슬로베니아와는 1998년 3월 30일부터, 두번째 그룹에 속한 불가리아, 라트비아, 리투아니아, 몰타, 루마니아 및 슬로바키아와는 2000년 2월에 각 가입협상이 시작되었다. 두 그룹 사이에 협상 개시 시점에 차이가 있는 것은 각 신청국들의 가입기준을 충족시키기 위한 국내 개혁이 어느 정도 만족할 만한 속도로 진척되고 있는지에 대한 판단 때문이었다. 이런 판단의 기준으로는 각 신청국가에서 시행되고 있는 법률을 대상으로 삼았다.

가입 협상에서는 신청국이 유럽연합 회원국으로 요구되는 의무를 이행할 수 있는 능력이 있는지, 가입 시점을 기준으로 연합 법률의 신청국 내로의 편입과 적용이 가능한지 그리고 특별히 단일시장을 신청국으로까지 확대하는 데 필요한 조치가 되어 있는지를 따졌는데 후자의 경우는 가입과 동시에 이행되어야 하는 것이었다. 이 협상에는 신청국의 제도편입을 위해 유럽연합이 가입 전 단계에서 개입, 조력할 수 있는 문제까지 다루어졌다. 그리고 가입 시점까지 유럽연합이 원하는 모든 제도가 신청국에 완전히 편입되어 시행되지 않는다 하더라도 경과 조치를 두어 가입 이후에 실질적으로 적용될 수 있게만 한다면 가입 기준은 충족되는 것으로 인정하였다.

가입 협상은 유럽연합과 신청국 간의 정부간 양자회담의 형식을 빌어 이루어졌는데 각료급 협상단이 6개월마다, 그리고 양측 대사들이 매월 회의를 개최하는 일정을 통해 진행되었다. 유럽연합 차원의 협상 지침은 협상 단계마다 관련된 유럽연합 기관들의 입장을 고려하여 집행위원회가 협상 기준과 안을 만든 뒤 각료회의의 만장일치에 의한 승인을 받은 후 협상 실무진에 전달하였다. 이렇게 만들어진 협상 결과는 가입조약초안에 반영되었는데 이것은 유럽연합의 승인을 받아 회원국들 및 신청국들에서 모두 비준이 되어야만 하는 것이었다.

2002년 12월에 열린 코펜하겐 정상회의에서 집행위원회는 체코, 키프러스, 에스토니아, 헝가리, 라트비아, 리투아니아, 몰타, 폴란드, 슬로바키아 및 슬로베니아 10개국과의 협상을 마무리짓고 이에 따라 이들은 2004년 5월 1일 유럽연합에 가입할 수 있었다. 불가리아와 루마니아의 경우 2007년까지 가입이 이루어질 수 있도록 협상을 종결하는 쪽으로 결론이 났고, 터키의 가입과 관련해서는 2004년 12월에 가입 협상을 개시할 것인지 여부를 결정짓기로 한 바 있다.

《표 3》 유럽연합 가입신청에서 회원국 자격취득에 소요되는 기간[1)]

국가명	가입신청일	협상기간(월)	회원자격취득일	신청-취득기간
영국	1967.5.10	19	1973.1.1	5년 8개월
덴마크	1967.5.11	19	1973.1.1	5년 8개월
아일랜드	1967.5.11	19	1973.1.1	5년 8개월
그리스	1975.6.12	34	1981.1.1	5년 7개월
포르투갈	1977.3.28	80	1986.1.1	8년 9개월
스페인	1977.7.28	76	1986.1.1	8년 5개월
오스트리아	1989.7.17	13	1995.1.1	5년 5개월
스웨덴	1991.7. 1	13	1995.1.1	3년 6개월
핀란드	1992.3.18	13	1995.1.1	2년 9개월

1) Lykke Friis, "EU Enlargement ... And Then There Were 28?" in Elizabeth Bomberg and Alexander Stubb (eds.) *The European Union: How Does it Work?* (Oxford, Oxford University Press, 2003) p.180. 영국의 경우엔 두 번째 가입신청을 기준으로 하였다.

10.4. 가중 다수결(Qualified Majority)

가중 다수결(Qualified majority)이란 공동체 조약 제205조 제2항에 따라 각료회의에서 안건을 채택할 때 요구되는 의결정족수를 말한다. 각료회의 의사결정에 관한 니스조약의 조항이 발효되는 2004년 11월 1일까지 이 정족수는 87표 중 62표의 찬성, 즉 71% 이상의 찬성표를 얻도록 되어 있다. 회원국들이 가지고 있는 투표권은 인구수에 근거하여 가중토록 되어 있고 인구가 적은 국가들에 대하여는 약간 상향 조정하는 방식으로 이루어져 있는데 프랑스, 독일, 이탈리아 및 영국이 각 10표, 스페인이 8표, 벨기에, 그리스, 네덜란드 및 포르투갈이 각 5표, 오스트리아와 스웨덴이 각 4표, 덴마크, 아일랜드 및 핀란드가 각 3표, 룩셈부르크가 2표를 갖고 있었다. 니스 조약은 조건부 다수결에 의한 의사결정 제도를 수정하여 다음과 같은 두 가지 조건이 충족되었을 때 가결이 되도록 하였다. (자세한 내용은 '이중다수결' 참조)

다양한 기구 개편안이 발효되면서 이 가중 다수결 원리는 공동체 정책의 효율적 수행에 장애가 되는 만장일치의 의사결정 원리들을 대치해 오고 있다. 정부간 회담(IGC) 결과 27개의 새로운 조항들이 전부 또는 부분적으로 만장일치제에서 가중 다수결 원리에 따라 통과되고 있다. 이들 분야에는 민사문제에 있어서의 사법공조, 서비스 또는 산업재산권에 관한 상사계약, 단합정책, 산업정책, EU 시민들의 자유이동을 촉진하기 위한 조치, 제3국가들과의 사이의 경제, 재정 및 기술협력, 특정기관에 대한 회원임명 등이 포함된다. 사회정책 및 조세정책에는 이 가중 다수결의 원리가 적용되지 않는다.

10.5. 감사원(European Court of Auditors)

감사원은 룩셈부르크에 본부를 두고 있으며 각료회의에서 유럽의회와의 협의를 거쳐 만장일치에 의하여 6년 임기로 임명하는 25명의 위원들로 구성되어 있다. 감사원은 유럽연합내의 세입 세출의 적법성을 감시하고 재정운영의 건전성을 감독한다. 1977년에 만들어진 이 기구는 1992년 유럽연합조약에 의하여 연내의 완전한 기구로서의 지위를 갖게 되었다.

1997년 이 암스테르담 조약에서 감사원은 유럽의회 및 각료회의의 비행을 보고할 수 있는 권한도 갖게 되었고, 아울러 회계감사에 관한 권한은 공동체의 외부기관과 유럽투자은행에 의하여 운용되는 공동체 기금에까지 확대되었다. 2000년 니스조약은 감사원의 구성을 보다 상세하게 규정하였는데, 여기에 따르면 각 회원국에서 한 명의 위원이 나오고 특정한 의견이나 보고서 작성을 위해 내부적으로 소위원회를 둘 수 있도록 하고 있다.

10.6. 건설적 기권(Constructive /Positive Abstention)

건설적 기권(constructive abstention)이란 회원국으로 하여금 유럽연합 차원에서 공동 외교 및 안보정책(Common foreign and security policy: CFSP)에 관하여 의사결정을 할 때 이에 관하여 이의가 있는 회원국으로 하여금 투표권을 행사하지 않고 기권할 수 있도록 허용하자는 것이다. 이렇게 함으로써 만장일치에 의한 의사결정구조가 특정 회원국에 의하여 봉쇄되는 결과를 막을 수 있다는 것이다. 이러한 조치는 암스테르담 조약 제23조에 의하여 도입되었다. 어느 회원국이 건설적 기권을 행사한 사안이 다른 회원국들에 의하여 공식적으로 채택될 경우 이 결정은 기권 회원국에 대하여는 적용되지 않는다. 즉 당해 회원국은 자신이 기권한 상태에서 이루어진 결정에 따른 의무를 이행할 책임이 없는 것이다. 그러나 기권 국가라 하더라도 그러한 결정이 전 EU 차원에 대한 효력을 지니고 있음은 인정해야 한다. 따라서 기권국가는 그 결정에 기초하여 이루어진 유럽연합의 조치에 반하거나 이해가 충돌할 수 있는 어떠한 행위도 하여서는 안된다.

10.7. 경쟁(Competition)

경쟁법의 규칙은 시장경제적 기반 위에 자리잡은 유럽의 경제분야가 효과적으로 작동하도록 하는 데 있다. 공동체 조약 제81조 내지 제89조에 규정된 유럽공동체의 경쟁정책은 다섯 가지의 주요한 원리를 바탕으로 한다고 할 수 있다.

1) 회원국들 사이의 거래에 영향을 미칠 수 있는 사업자들 간의 담합 및 결탁, 그리고 공동시장 내에서의 경쟁을 방해하고 제한하며 왜곡하는 관행의 방지
2) 회원국간의 거래에 영향을 미치는 한 공동시장내의 우월적 지위 남용의 금지
3) 특정 기업 내지 특정 기업의 상품에 유리하도록 경쟁을 왜곡시킬 염려가 있는 회원국의 보조금이나 회원국의 자원에 관한 감시

4) 예정된 기업 간 결합에 대한 승인 또는 거부를 통한 유럽 차원에서의 방어적 감독
5) 통신, 운송 또는 에너지와 같이 지금까지 독점화되어 온 특정한 분야의 공공 또는 사기업의 자유화

처음 두 가지 원칙에는 기업간 담합이 상품의 생산이나 유통을 장려하고 기술적 진보를 이룰 경우와 같이 특별한 경우에는 예외가 인정된다. 국가보조, 사회부조 또는 문화와 유물보존을 위한 보조 등의 경우에도 역시 엄격한 경쟁법규의 적용의 예외가 될 수 있다. 효과적인 경쟁정책을 추구하는 어려움은 공동체가 내부적으로 완전한 경쟁을 추구하는 것이 때로는 유럽 이외의 시장과의 관계에서 경쟁력을 상실하거나 감소시킬 수 있다는 현실적 모순과 계속하여 직면하기 때문이다. 기업부문의 자유화 내지 민간화는 가장 기본적인 공공복지의 수요를 위협해서는 안 된다.

10.8. 경쟁력(Competitiveness)

「집행위원회의 성장, 경쟁 및 고용에 관한 1994년도 백서」는 글로벌 경쟁과 관련하여 네 가지 주요한 목표를 설정하였다.

1) 유럽의 기업들을 새롭게 글로벌화되고 상호 경쟁적인 환경에 적응하도록 돕는 것
2) 점차 지식기반 경제로 이행할 수 있도록 할 것
3) 지속적으로 발전 가능한 산업의 육성
4) 공급의 변화와 이에 대응하는 수요의 시간적 간극을 줄이는 것

10.9. 경제통화동맹 (Economic and Monetary Union: EMU)

경제통화동맹은 유럽연합국가들 사이에서 유로 단일통화를 사용하는 회원국들 사이에서 경제 및 통화정책을 조정해나가기 위한 과정에서 만들어졌다. 경제통화동맹은 1990년부터 1993년까지 회원국들 사이에 자본의 자유이동을 골자로 하는 제1단계, 1994년부터 1998년까지 경제 및 통화정책의 단일화 및 유럽통화기구(European Monetary Institute: EMI)와 유럽중앙은행(European Central Bank: ECB) 설립을 골자로 한 제2단계, 그리고 고정환율 및 외환시장에서의 단일 통화를 도입하는 것을 내용으로 한 제3단계를 거쳐 2002년 1월 1일 유로화를 도입함으로써 완성되었다. 2004년 5월 1일 신규 회원국 10개국이 가입할 당시 기존 15개국 중에서는 영국, 덴마크 및 스웨덴이 여기에서 빠져 있었다. 신규 회원국들에게는 유로화 채택 여부에 관한 선택권은 없으며, 유로화 사용을 위한 제반 여건이 충족된다고 판단되면 의무적으로 유로화를 사용하여야만 한다.

10.10. 공동농업정책 (Common Agricultural Policy: CAP)

공동농업정책에 관한 문제는 전적으로 유럽 공동체의 소관이다. 공동체 조약 제33조에 의하면 농업정책을 공동으로 펴는 목적은 공동 농산물시장을 조성하고 단일 가격, 재정연대 및 역내 우선의 원칙을 적용함으로써 공동체의 소비자들에 대한 합리적 가격과 농가들에 대한 적정한 소득을 보장하는 데 있다. 공동 농업정책은 가장 중요한 공동체의 정책의 하나로 유럽연합 전 예산의 45%를 농업부문관련 비용이 차지하고 있다. 농업정책은 의회와의 협의를 거쳐 각료회의가 다수결로 결정하게 된다. 공동농업정책을 시행할 당시에는 단기간 내에 유럽연합의 농산물의 자급자족을 목표로 했었으나 유럽 농산물의 가격이 다른 세계 시장의 그것보다 너무 비싼 탓에 투입되는 비용이 점점 더 많아져 부담이 되어 왔었다.

《표 4》 유럽연합 농업예산의 각 회원국별 분배현황 (1998년도 기준)[2)]

회원국	비율(%)	1인당 지출(유로)
프랑스	22.3	164
독일	14.8	78
스페인	14.1	154
이탈리아	11.3	85
영국	10.2	75
그리스	6.8	277
아일랜드	4.8	474
네덜란드	3.2	88
덴마크	2.7	224
포르투갈	2.5	110
오스트리아	2.3	119
벨기에	2.1	88
스웨덴	1.9	94
핀란드	1.6	131
룩셈부르크	0.1	70

2) Alberta Sbragia, *op.cit.*, p.126; Economist 3 Feb. 2001, p.51. 위 자료는 1998년도 EU 공동농업정책(CAP) 관련지출예산 431억 유로가 각 회원국별로 어떻게 분배되었는가를 보여준다.
당시 농업예산은 전 EU 예산의 47%를 차지하고 있었다.

1992년에는 이런 상황을 타개하기 위하여 농산물 보장 가격을 삭감하고 대신 우회적 조치들을 도입하는 등 일련의 개혁 조치를 단행하게 되었다. 1999년에는 2000-2006년 회기 동안 새로운 개선 조치 확대를 염두에 둔 안이 마련되었다. 1997년 7월의 집행위원회의 「행동강령 2000」(Agenda 2000)에 의하여 제시된 접근방법에 따른 위 조치들은 1992년의 개혁방향을 더욱 확실히 하고 식품 안전, 친환경 및 지속 가능한 농업에 주안점을 두었다.

이 조치들은 또한 농업관련 입법 및 시행 단계를 간소화시켜 세계무역기구와의 농업부문 협상에서 유럽연합의 지위를 강화시키고 농업부문 비용을 안정시켜 역내 농산물의 경쟁력을 제고하기 위한 노력도 포함하고 있다. 이러한 정신에 따라 이미 와인, 경작물, 식육우 및 우유관련 공동시장 내에서는 변화가 따르고 있다. 농부들에 대한 보조금과 농촌지역 개발에 따른 비용을 올리는 만큼 시장 개입가격은 감소시키고 있는 것이다.

10.11. 공동보조(Common Position)

공동외교안보정책 속에 들어 있는 공동보조(common position)는 상호 협력을 보다 체계적으로 이루고 조정을 원활하게 하는 데 목적을 두고 만들어진 제도이다. 이에 의하면 회원국들은 각료회의 회의에서 만장일치로 채택된 문제에 관하여는 이를 따르고 지지할 의무가 있다.

10.12. 공동외교안보정책 (Common Foreign and Security Policy: CFSP)

공동외교안보정책은 유럽연합 조약 제5절에 의하여 도입된 것으로 유럽정치협력체제(European Political Cooperation: EPC)를 대체하면서 최종적으로는 집단방위체제로까지 이어질 수도 있는 공동방위정책의 틀을 제공하기 위한 것이다. 유럽연합의 두 번째 기둥인 이 공동외교안보정책의 목적은 유럽연합 조약 제11조에 명시되어 있는데 각료회의의 만장일치에 의한 찬성으로 채택되는 공동행동(joint action), 공동보조(common position) 등과 같은 특정 법률적 수단을 통하여 달성된다. 암스테르담 조약이 발효되면서 유럽연합은 자체적으로 조약 제12조에 따라 공동전략이라는 새로운 수단을 강구할 수 있는 권한을 갖게 되었다. 암스테르담 조약은 일정한 요건 하에서는 이 정책과 관련하여 다수결로도 의결이 가능하도록 해 놓았는데 이 조약 발효 이후 매 유럽 정상회의에서 실제적으로 이 분야를 둘러싼 활발한 논의가 있어 왔다.

니스 조약은 공동외교안보정책 분야의 연합 행동 및 공동보조 조치를 이행하기 위하여 일정한 요건하에서 몇몇 회원국들끼리 부분적 결속(closer cooperation)이 가능하도록 길을 터 놓기도 하였다. 그러나 부분적 결속이 허용된다 하더라도 이는 군사적 또는 방어문제까지 포함하는 것은 아니다. 다시 말해 일부 회원국끼리만 공동방어체제를 취하거나 군사행동을 할 수는 없다.

10.13. 공동운송정책(Common Transport Policy)

공동운송정책의 목적은 비(非)유럽연합 회원국으로부터 회원국으로 또는 회원국으로부터 비유럽연합의 회원국으로의 운송이나, 하나 이상의 회원국을 경유하는 국제적 운송 (공동체 조약 제70-80조)에 적용될 수 있는 공동 규칙을 제정하는 데 있다. 여기에는 비거주자인 운송업자가 회원국 내에서 운송행위를 할 수 있는 요건을 규정하고 아울러 운송의 안전을 담보하는 조치를 두는 것도 포함된다.

암스테르담 조약이 발효되면서부터 이 분야에 관한 결정들은 경제사회위원회(Economic and Social Committee)와 지역위원회(Committee of The Regions)와의 협의를 거친 뒤 공동체 조약 제251조에 정해진 공동의사결정(co-decision procedure)에 의하여 내려지게 된다. 그러나 여기에는 다음과 같은 예외가 있다.

생활기준, 고용 및 운송 수단의 운용에 중요한 영향을 미치는 조치들은 각료회의가 의회와 경제사회위원회와의 협의를 거친 뒤 만장일치에 의하여 채택하고, 해상과 항공 운송에 관하여 특정한 조치를 내릴 경우엔 각료회의가 다수결에 의하여 개별 사안마다 어떤 절차를 적용할 것인지 결정하게 된다.

10.14. 공동전략(Common Strategy)

공동전략은 암스테르담 조약에 의하여 공동외교안보정책의 이행을 위하여 새로 도입된 수단이다. 유럽연합 조약 제13조에 의하면 유럽정상회의는 특정 외교안보정책 부문이 회원국들에게 중요한 공동의 관심사가 되어 있는 경우 이에 적용될 일반적인 원칙과 가이드 라인을 제시하고 유럽연합 차원에서 수행되어야 할 공동전략을 결정하게 된다. 좀더 구체적으로 말한다면 공동전략에서는 유럽연합과 회원국들에게 공히 적용되고 이행되어야 할 목적, 기간 및 수단이 명시되어야 한다. 공동전략은 각료회의가 수행하게 되는데 이때 이용되는 것이 공동행동과 공동보조이다. 각료회의는 유럽정상회의에 공동전략을 제안할 수도 있다.

10.15. 공동체 방식과 정부간 방식 (Community and Intergovernmental Methods)

공동체적 방식(Community Method)이란 유럽연합의 첫 번째 기둥 속에 구현되어 있는 기관들 스스로 능동적, 적극적 주체가 되어 안을 만들고 의사결정을 해 나가는 방식을 말한다. 이 방식은 보충성의 원칙(subsidiarity principle)을 논리적 근거로 하여 전개되는데 두드러진 특징을 보면 다음과 같다.

1) 주도권이 집행위원회에 독점적으로 귀속
2) 각료회의에서의 결의시 다수결 방식 채택
3) 의회의 적극적 기능과 역할
4) 유럽재판소에 의한 공동체 법규의 통일적 해석

위와 같은 특징들은 정부간 협조라는 논리적 틀 속에서 전개되는 둘째 및 셋째 기둥 속에서 이용되는 정부간 방식(Intergovernmental Method)과 대비된다. 그 특징들로는 아래와 같은 것을 들 수 있다.

1) 집행위원회의 주도권이 회원국들과 공유되어 있거나 특정한 영역에 국한
2) 일반적으로 만장일치의 형식에 의한 각료회의에서의 의사결정
3) 의회의 기능이 단순한 협의체에 머묾
4) 유럽재판소 역할의 제한

10.16. 공동체 법률(Community Law)

엄밀한 의미에서 유럽공동체의 법률은 제1차적 법원(法源)이라고 할 수 있는 유럽공동체 창설 조약들과 제2차적 법원(法源)이라고 할 수 있는 공동체의 각 기관들에 의하여 입법화된 법규들을 말한다. 그러나 넓게 보면 공동체 법률이란 법률의 일반원칙, 법원의 판례, 유럽연합이 주체가 되어 체결한 각종 협정으로 인한 법률 관계 및 이를 보충하기 위한 법규들, 창설 조약의 효력에도 영향을 미치게 되는 회원국간의 조약을 포함하는 것이라고 할 수 있다. 이러한 모든 법규는 공동체 체제(Community Acquis)를 구성한다.

10.17. 공동체 체제(Community Acquis)

공동체 체제란 유럽연합 내의 모든 회원국들을 구속하는 공동의 권리와 의무의 집합체를 말한다. 이것은 계속 발전해 왔는데 그 구성을 보면 다음과 같다.

1) 각 조약의 내용, 원리 및 정치적 목적
2) 조약을 적용하는 과정에서 생성된 입법 및 재판소의 판례
3) 유럽연합 차원에서 채택된 각종 선언문 및 결의안
4) 공동외교안보정책에 관련된 조치들
5) 사법 및 치안공조에 관련된 조치들
6) 유럽 공동체에 의하여 체결된 국제 조약들 및 유럽연합의 활동과 관련하여 회원국 상호간에 체결된 조약들

따라서 공동체의 체제란 단순히 엄밀한 의미에서의 공동체의 법률제도만을 뜻하는 것이 아니라 유럽연합의 두 번째 및 세 번째 기둥과 관련되어 채택된 조치들과 조약상에 나타나있는 공동의 목적을 포괄하는 넓은 개념이라고 할 수 있다. 유럽연합 자신은 이 공동체의 체제를 전반적으로 유지하며 계속 발전시켜 오고 있다. 가입 신청국들은 유럽연합에 가입하기 전에 이러한 공동체의 체제를 받아들여야만 한다. 이 체제로부터의 이탈은 극히 예외적인 상황에서 제한적으로만 허용된다. 가입 희망국들은 이 체제를 자국의 법률로 흡수하여 제도화하고 가입한 이후부터 바로 시행하여야만 된다.

10.18. 공동체의 권한(Community Powers)

공동체의 힘은 특정한 영역에서 공동체 내에 허락된 권한을 말한다. 공동체들이 조약의 틀 안에서만 행동할 수 있음은 두말할 나위 없는바, 공동체가 행사하는 권한에는 세 가지 유형이 있다. 첫번째는 명시적 권한으로서 조약상에 명기된 것이고, 두 번째는 묵시적 권한으로서 조약상으로 공동체에 명시적으로 허락된 권한을 대외적

으로 행사함에 있어서 인정되는 권한, 예컨대, 운송 분야에 관하여 공동체 차원에서 대외적인 국제조약을 체결하는 경우와 같은 것이며, 세 번째는 보충적 권한으로서 공동체는 명시적 내지 묵시적 권한을 갖지 못하고 이 때는 조약 제308조에 의하여 각료회의만이 만장일치로 필요한 조치를 취하게 된다.

10.19. 공동통상정책(Common Commercial Policy)

공동체 조약 제133조에 의하면 공동 통상정책에 관한 한 유럽연합만이 전적으로 책임을 지고 있다. 이 정책에 따라 회원국 사이에 관세동맹이 체결되었고, 여기에는 관세율의 변경, 비회원국들과의 관세 및 통상조약 체결, 수입 및 수출정책에 관한 단일기준원리도 제시되어 있다.

암스테르담 조약 제113조는 각료회의로 하여금 만장일치에 의한 의사결정으로 비연합 국가들과 서비스와 지적재산권 분야에 있어서 국제적 협상 및 조약을 체결할 수 있도록 공동통상정책의 범위를 확대시켜 놓았다. 니스 조약은 한 걸음 더 나아가 위 제113조를 개정하여 각료회의의 통상협정 체결시 의결정족수를 만장일치에 의한 찬성에서 다수결에 의한 찬성으로 바꾸어 놓았다. 다만 예외를 인정하여 문화 및 방송서비스와 교육서비스 관련 통상정책과 같이 조약 체결 및 이행의 책임이 회원국들과 유럽연합에 같이 나뉘어져 있는 분야에서는 여전히 만장일치에 의하여 의사를 결정하도록 하였다.

10.20. 공동화(共同化, Communitisation)

공동화란 정부간 방식에 의하여 이루어지는 유럽연합의 두 번째 및 세 번째 기둥과 관련된 사안을 공동체적 방식에 의하여, 즉 유럽연합의 기구라는 틀 내에서 다루어 가자는 것을 말한다. 공동체적 방식은 의사결정을 내림에 있어 회원국 정부들간의 협의가 아닌 공동체의 기구가 보충성의 원리를 염두에 두면서 자체적으로 충분한 역할을 할 때에 역내 주민들의 일반적인 이익이 가장 잘 대변될 수 있다는 전제를 근거로 하고 있다. 유럽연합의 세 번째 기둥인 사법 및 치안공조 분야에서 다루어져 왔었던 사람의 자유 이동에 관한 문제들은 암스테르담 조약의 발효에 따라 공동화(共同化)로 이어진 대표적인 사례인데 따라서 5년간의 경과조치를 거쳐 공동체적 방식에 의하여 다루어지게 된다.

10.21. 관세동맹(Customs Union)

관세동맹은 역내시장을 확립하는 데 가장 핵심적인 요소이다. 관세동맹은 로마조약의 발효 이래 최우선의 목표로서 1968년까지 추진된 바 있다. 가장 중요한 조치들을 보면 다음과 같다.

1) 회원국들 사이의 모든 관세와 규제의 철폐
2) 유럽공동체 전역에 적용되는 공동관세제도(common customs tariff: CCT)를 도입하여 역외의 제3국 상품에 대하여 관세를 부과하고, 이 수입을 공동체의 세원으로 활용

3) 역외 국가들과의 국제적인 관세협상 등에 있어서 한 목소리를 낼 수 있는 공동의 통상정책의 수립

관세동맹을 수립하면서 회원국들 사이에 서로 다른 각 규정을 통폐합하여 단일규정이 제정되었고, 1993년 단일시장에 관한 조약이 발효되면서 관세와 역내의 관행적인 장벽들이 철폐되었다. 따라서 지금 회원국들에게는 자체적으로 관세를 징수할 권한이 없다.

10.22. 그린페이퍼(Green Paper)

집행위원회의 그린페이퍼는 특정한 주제, 예컨대 사회정책, 단일통화, 전자통신 등에 관하여 유럽연합 차원의 협의와 공론을 모으기 위해 작성되는 문서를 말한다. 이를 통해 각 이해관련 당사자들로부터 수집된 자료들은 백서(white Paper)로 발간되고, 공동체 차원의 조치를 취하기 위한 실질적인 제안으로 이어진다.

10.23. 기본권헌장(Charter of Fundamental Rights)

1998년 12월의 인권의 보편적 선언(Universal Declaration of Human Rights) 50주년 기념에 뒤이어 1999년 6월에 열린 콜롱(Cologne) 유럽정상회의는 기본권 헌장의 초안 작업에 들어가기로 결정을 내렸다. 그 목적은 유럽연합 차원에서 적용될 수 있는 기본권을 단일 법안으로 명문화함으로써 기본권에 대한 주의를 환기시키

기 위함이었다. 이 헌장은 유럽연합 관련 조약들, 1950년의 인권에 관한 유럽협정(The 1950 European Convention on Human Rights)과 1989년의 유럽 사회 헌장(The 1989 European Social Charter)과 같은 국제적 협정들, 회원국들에 공통적으로 내려온 헌법적 전통 및 다양한 유럽의회의 선언문 등에 그 근거를 두고 있었다. 이 작업은 64명으로 이루어진 협의체인 특별기구에 위임되었는데 여기에는 각 회원국 정부의 대표자, 집행위원회 위원장, 유럽의회 및 각 회원국 의회의 의원들이 포함되어 있었다. 이와 별도로 유럽 재판소, 각료회의 및 유럽 인권재판소를 대표하는 4명이 옵저버로 여기에 참석할 수 있었다. 협의체의 구성, 진행 방법 및 업무 분담에 관한 사항은 1999년 10월의 탬퍼리(Tampere) 유럽정상회의에서 확정되었다. 초안 작업은 1999년 12월 17일부터 시작되었는데 다양한 의견을 듣기 위하여 경제사회위원회(Economic and Social Committee), 지역위원회(Committee of The Regions), 옴부즈만(Ombudsman), 신규 가입 신청국들, 사회단체 기타 전문가 및 여타 기구들이 여기에 초대되었다. 초안작업의 결과는 2000년 10월의 비아리츠 유럽총회(Biarritz European Council)에 보고되었는데 전 7장 54개 조항으로 이루어진 이 헌장은 인간의 존엄성, 자유, 평등, 단결권, 시민권 및 정의에 관련된 기본권을 개념지었다. 이 헌장은 2000년 12월의 니스 유럽정상회의에서 선포되었으나 정부간회의(IGC)에서 이 헌장을 조약 형태로 만들어 법적 구속력이 있도록 하자는 데 의견통일이 이루어지지 않아 조약화하는 데는 실패하였다. 그렇지만 유럽 재판소가 판결을 내림에 있어 이 헌장을 일종의 지침으로 삼겠다고 천명함으로써 헌장의 기본권은 유럽 재판소의 판결의 주요 원리로 작용하여 오고 있다.

10.24. 기업정책(Enterprise Policy)

유럽연합의 기업정책의 목표는 역내의 기업설립을 촉진하고 산업을 발전시키는 데 있다. 일차적으로는 각 회원국들이 기업과 관련된 정책을 주도하고 연합은 이를 도와주는 방식을 취한다. 구체적으로는 기업들의 구조적 변화, 혁신장려, 기술개발, 신디자인 개발, 새로운 판매유통망 구축, 중소기업의 육성, 경쟁력 확보와 강화 등에 대한 조력을 들 수 있다. 유럽연합은 기업이야말로 지속 가능한 발전과 직업창출의 핵심이라는 전제하에 특별히 2000년 리스본 유럽정상회의를 통해 2010년까지 유럽연합을 가장 경쟁력 있고 역동적인 지식기반경제로 만든다는 목표를 세워놓고 기업정책을 추구하고 있다.

10.25. 기회균등(Equal Opportunities)

기회균등의 일반원칙은 크게 국적에 의한 차별금지와 양성의 평등을 골자로 한다.

암스테르담 조약은 차별금지의 원칙을 강화하였는데, 이에 따라 각료회의는 성별, 인종, 종족, 종교, 장애, 연령 또는 성적 취향에 따른 차별에 맞서 적절한 조치들을 취할 수 있는 권한을 부여받게 되었다. 유럽연합 헌법의 일부로 수용이 되어 있는 「유럽연합기본권헌장」(Charter of Fundamental Rights of European Union) 역시 남성과 여성, 문화적, 종교적, 언어적 상이성으로 인한 차별의 금지를 담고 있고, 여기에는 어린이, 노인 및 장애인들의 권리도 들어 있다.

10.26. 농산물시장의 공동체제 (Common Organisations of The Agricultural Markets: COM)

시장의 공동체제는 유럽연합의 모든 회원국 내의 농산물의 생산과 유통을 공동체 차원에서 다루자는 것이다. 공동농업정책(common agricultural policy: CAP)이 도입된 이래 각 회원국의 시장체제는 필요할 때마다 점진적으로 이 정책에 의하여 대체되어 왔었다. 시장의 공동체제를 취하는 제일 중요한 목적은 공동농업정책에서 정하는 목적을 달성하고 특별히 시장을 안정시키며 농가들에 대하여는 적정한 삶의 수준을 보장하며 농업 생산성을 높이는 데 있다고 할 수 있다.

10.27. 단일통화기준(Convergence Criteria)

유럽연합은 회원국들이 통화연맹(EMU)에 가입하여 단일 통화인 유로를 사용할 수 있는 기준을 다음과 같이 정해 놓은 바 있다.

1) 정부의 재정적자의 비율이 국내 총생산(GDP)의 3%를 초과하지 않을 것
2) 정부 부채가 국내총생산의 60%를 초과하지 않을 것
3) 심사일로부터 일년간 물가안정 및 평균 인플레이션이 물가안정성이 가장 좋은 회원국 3개국의 평균보다 1.5% 이상 높지 않을 것
4) 물가 안정성이 가장 좋은 3개 회원국의 평균과 비교하여

장기명목이자율이 2% 이상 높지 않을 것

5) 심사일로부터 2년 이내에 심각한 장애사유 없이 통상적으로 환율제도가 기능하였을 것

특히 앞의 두 가지, 정부 재정적자 및 국가부채 비율은 단일통화조약에 가입한 이후에도 그 요건이 준수되어야 한다.

10.28. 동물복리(Animal Welfare)

동물의 복리 문제는 1991-1992년의 정치적 통합에 관한 정부간 회담시 공동체 조약에 부속된 선언문의 형태로 최초로 언급되었다. 「동물의 보호 및 복리에 관한 의정서」(Protocol on protection and welfare of animals)를 통해 암스테르담 조약은 이 분야에 관한 연합 차원의 새로운 규정을 만들었다. 이 규정은 동물들이 감정이 있는 존재(sentiment beings)임을 인정하면서 아울러 유럽연합의 기관들에게 정책을 수립하고 집행할 때 동물들의 복리에 필요한 충분한 관심을 기울일 의무를 부과하고 있다. 동물 복리에 관한 유럽연합 법률의 목적은 동물들로 하여금 사육, 운송 및 도살의 주된 세가지 분야에서 동물들이 불필요한 고통을 당하지 않도록 하는데 있다. 음식물의 안전성에 관한 포괄적인 전략의 일환인 농업, 운송, 국내 시장 및 연구에 관한 기타의 유럽연합의 정책들 역시 이러한 동물 복리의 필요성을 고려하여야만 한다. 회원국 정부의 관련 기관의 협조를 얻어 '식품 수의청'(Food and Veterinary Office: FVO)은 이러한 유럽연합의 법률이 이행되고 있는지 불시 점검을 행하고 있다.

10.29. 라켄선언(Laeken Declaration)

2001년 12월 15일 유럽정상회의에서 유럽연합의 민주성, 투명성 및 효율성 제고를 선언하였는데, 이를 라켄선언 또는 유럽연합 미래선언이라고 한다. 이 선언에서는 기관간의 권한분배, 조약의 간소화, 유럽 헌법 마련 등을 중심으로 60여 가지의 핵심 질문들을 던지고 있다.

10.30. 미래토론
(Debate on The future of The European Union)

유럽연합의 확대에 대한 전망이 밝아지자 2000년 정부간회의(IGC 2000)에서는 유럽연합의 미래에 관하여 보다 광범하고 심도 있는 논의가 요구되었다. 이를 위해 니스 조약에 부속된 니스 선언(Nice Declaration)에서는 제반 이해관계 당사자들이 참여하는 광범한 논의를 시작할 것을 천명하였다. 여기에서 말하는 이해 관계자들이란 회원국 및 회원 후보국들의 의회뿐만 아니라 정치, 경제적 주체, 대학 및 시민사회의 대표자들과 같이 공중의 견해를 대변할 수 있는 광범한 오피니언 그룹까지 포함하는 것이다.

이 논의는 2003년 중반까지 유럽의 미래에 관한 주요한 이슈들을 놓고 개별 토론과 인터넷을 통한 토론으로 진행되었었다. 이러한 토의와 의견은 2004년 IGC 협약의 준비와 같이 병행하여 이루어졌는데, 2003년 7월 10일 유럽헌법초안에 대한 합의에 도달함으로써 협약준비 실무작업은 종료되었다. 그리고 2004년 6월 18일 IGC의 국가 대표간 회담에서 위 협약을 통해 준비된 헌법초안이 약간의 협의를 거쳐 확정되었다.

10.31. 민주성의 결여(Democratic Deficit)

민주성의 결여란 주로 유럽연합 및 산하의 다양한 기관들이 민주성의 결핍을 겪고 있고 운영과정과 절차가 지나치게 복잡하여 일반 유럽연합 시민들과는 유리되어 있다는 논쟁에서 촉발되었다.

이런 관점은 공동체의 기관들이 입법과 행정의 기능을 동시에 갖고 있는 각료회의 및 민주적 정당성을 확보했다고 볼 수 없는 집행위원회, 이상 두 가지 기구에 너무 휘둘리고 있다는 지적에서 나온다.

유럽통합의 단계마다 이런 민주적 정당성의 문제는 점점 더 예민하게 대두되어 왔는데, 마스트리히트, 암스테르담 및 니스 조약은 집행위원회의 임명과 통제에 대한 의회의 권한을 강화함으로써 기관 내의 민주적 정당성의 원리를 도입하고, 나아가 공동의사결정의 범위를 넓힘으로써 이에 관한 비판을 해소하려 하였다.

유럽헌법초안에서 민주적 정당성을 제고하기 위해 예정해 두고 있는 주요한 조치들을 보면 다음과 같다.

1) 조약 및 법령의 단순화로 일반 대중의 접근과 이해도를 높임.
2) 유럽연합의 민주적 기초 원리들(다원주의, 자유, 인권, 정의, 법치주의, 법적 안정성, 차별금지 등) 및 헌법에 기본권헌장을 담아냄으로써 기본권에 대한 보다 강력한 보호를 명문화함.

3) 의사결정과정에 회원국의 의회들을 보다 긴밀히 관여시킴.
4) 공동의사결정제도의 일반화 및 각료회의과의 예산절차과정에서의 동등한 권리를 부여함으로써 유럽의회의 권한을 강화함.
5) 유럽연합과 회원국들, 그리고 연합 내 기관 상호간에 권한배분의 명확화.
6) 유럽연합 기구들에 대한 시민 사회에 대한 협의, 투명성, 서류 접근의 보장 등 새로운 의무 부과.
7) 유럽연합 시민들 100만 명 이상의 서명이 있는 경우 집행위원회에 법안 제출을 요구할 수 있는 입법청원권의 보장 등으로 보다 강력한 민주적 참여제도 마련.

《표 5》 회원국 국민들의 유럽연합에 대한 선호도[3)]

국가명	좋다	나쁘다	그저 그렇다
룩셈부르크	81	3	14
아일랜드	78	4	12
네덜란드	71	6	17
이탈리아	69	3	22
스페인	66	5	23
그리스	64	5	27
포르투갈	62	7	24
덴마크	60	16	21
벨기에	58	4	30
독일	52	9	31
프랑스	47	14	35
핀란드	40	18	38
스웨덴	38	27	32
오스트리아	37	16	41
영국	32	21	32
EU 평균	**53**	**11**	**28**

3) 자료출처: Eurobarometer 57, 2002. 6. 20. 설문은 "귀하가 속한 나라가 유럽연합에 가입되어 있는 것이 좋다고 생각하십니까. 나쁘다고 생각하십니

10.32. 방송물(Audio-visual)

유럽연합의 방송정책은 상충되는 다양한 이해관계를 반영하면서 다른 정책이나 원리, 예를 들면 국가보조와 관련된 공정거래 규제, 지적재산권에 관한 규율 및 공공 서비스 원리 등에 우선하기도 한다. 유럽연합의 방송 시장은 많은 문제점에 봉착해 있는데 1) 프로그램의 자유로운 이동을 가로막는 언어의 장벽, 2) 관련 정책을 결정할 때 만장일치를 요구하는 경직된 의사결정제도, 3) 기술적 발전에 따른 상당한 투자 또는 국제적 제휴나 합병의 필요성 등이 그것이다.

방송 영역에서 유럽공동체의 활동은 넓게 보아 두 가지 방향으로 발전해 왔다.

산업적 측면에서 보면 1986년에는 지시문을 채택하여 회원국들이 위성과 케이블을 통한 방송 프로그램을 송출할 때 이용하는 시스템의 표준화를 도모하였다. 1989년에는 고화질 텔레비전(high-definition television)의 개발을 꾀하였고, 1991년에는 고화질 텔레비전 프로그램 제작에 관한 단일 표준과 방송사간의 프로그램 협조를 위한 재정 지원이 도입되었다. 16:9의 포맷을 촉진하기 위한 실천계획이 채택된 것은 1993년이었다.

법률적인 측면에서서는 1989년에 제정되어 1997년에 개정된 바 있는 「국경 없는 텔레비전에 관한 지시문」(Television without Frontiers Directive)을 통해 유럽공동체 텔레비전 프로그램의 자유로운 이동, 제작 및 배급을 촉진하기 위한 틀이 만들어져 왔다. 광고, 후원, 소수자 보호 및 반론권에 관한 공통의 원칙들도 도입되었다. 이 지시문

까. 아니면 좋지도 나쁘지도 않다고 생각하십니까"에 대하여 각 문항에 대한 응답을 백분율로 파악하였다.

에는 텔레비전 채널들로 하여금 방송 시간 중의 일정한 비율 이상을 공동체의 방송사의 제작물을 전송토록 하는 내용도 있었다.

1991년부터는 방송물 제작 산업의 발전을 촉진시키기 위한 조치의 일환으로 공동체 미디어 프로그램(Community MEDIA programme)이 도입되어 EU 제작물의 개발과 배급을 활성화시켜 오고 있다. 이 프로그램에는 관련 산업 종사자들의 전문성 제고 교육에 대한 재정적 지원 내용도 포함되어 있다. 1996-2000년도 회기의 미디어 2 프로그램에 이은 2000-2005년도 회기의 미디어 플러스 프로그램(MEDIA Plus Programme)에 따른 예산은 약 400만 유로로 알려져 있다. 1997년 6월에 채택된 암스테르담 조약은 공동체 조약에 공공 방송제도에 관한 의정서를 추가하였는데 회원국들로 하여금 공영 방송이 공공 서비스의 기능을 수행하고 아울러 보조금 지원으로 인하여 다른 관련 산업에 불공평한 영향이 있거나 경쟁이 저해되지 않는 한 계속하여 공공방송에 대한 재정적 지원을 할 수 있게 하였다.

10.33. 백서(White Paper)

집행위원회에서 발간하는 백서는 유럽공동체 차원에서 다루어질 특정 분야에 대한 제안을 담고 있는 일종의 보고서이다. 백서에서 다루는 내용들의 예로는 역내시장에서의 기업간 경쟁유노, 역내시장확대, 고용문제, 중앙 및 동부유럽 국가들의 국내법을 역내시장 수준에 맞추기 위한 법안조정 등을 들 수 있다. 어떤 경우에는 백서에 앞서 그린페이퍼(Green Paper)가 먼저 간행되어 공동체 차원에서 다루어져야 할 안건들을 상정하여 토의와 협의과정을 거치도록 하기도 하는데 사회정책, 단일통화, 통신문제 등이 그 예이다. 그린 페이퍼에서 제안된 안건들이 충분한 협의와 토론 과정을 거쳐 결론이 나면 구체적인 실행방안이 백서로 담겨져 나오게 된다. 그리고 이 백서가 각료회의에 의하여 채택되면 이것이 유럽연합의 구체적인 행동 프로그램이 되어 실행되는 것이다.

10.34. 부분적 결속(Closer Cooperation)

사회적 문제나 국경 통제 조치 제거 등과 같이 유럽연합 회원국들 중 몇몇 국가들 사이에서 조약이 정하는 수준 이상으로 부분적, 국지적 통합을 꾀하는 국가들을 위해 사회정책협약(Social Policy Agreement)나 쉥겐 협정(Schengen Accords)과 같은 다양한 조치들이 유럽연합 제도 내로 편입되어 왔다. 이런 조치들은 회원국이 유럽연합이라는 제도적 틀 밖에서도 다양한 속도와 목적 하에 통합 과정을 이루어 가도록 허용하는 구실을 해 왔다. 그런데 암스테르담 조약이 발효되면서 이런 조치들은 유럽연합조약(Treaty on European Union: TEU)과 유럽공동체조약(Treaty establishing The European Community: TEC) 상의 "부분적 결속"(closer cooperation)이라는 개념으로 보다 공식화되었다. 이러한 결속의 목적은 특정 회원국들로 하여금 유럽연합의 단일 제도의 틀 안에서 자발적이고 미래지향적으로 유럽 통합을 가속화시키는 데 있다고 할 수 있다. 부분적 결속을 위해서는 여러 가지 충족시켜야 할 조건이 있는데 특별히 중요한 몇 가지를 보면 아래와 같다.

1) 해당 분야가 유럽연합의 기구가 배타적으로 관장하는 분야에 속하지 않을 것

2) 유럽연합의 목적과 배치되지 않을 것
3) 조약과 유럽연합의 제도를 존중할 것
4) 마지막 수단으로만 이용될 것
5) 가담 회원국이 일정한 숫자 이상이 될 것
6) 다른 회원국들에게도 점진적 통합을 허용할 것

부분적 결속은 집행위원회에서 다수결로 의사결정이 되어 안건이 올라오면 각료회의에서 의회와 협의를 거쳐 인준하게 된다. 암스테르담 조약의 규정에 의하면 부분적 결속의 목적은 자유, 안보 및 사법 분야의 발전을 촉진시키는 데 있다고 한다. 한편 위 조약에 의하면 회원국은 언제라도 자국의 정치적 이해관계가 있을 경우 특정한 분야에서의 부분적 결속을 거부할 수 있다고 정해져 있었는데 이 조항은 아래에서 보듯이 니스 조약에 의하여 변경되었다. 니스조약은 부분적 결속의 요건을 간소화시키는 한편 몇 가지 중요한 변화를 가져 왔는데 그 골자는,

1) 부분적 결속을 위해 필요한 회원국의 숫자가 종전 암스테르담 조약의 전 회원국 수의 1/2에서 전 회원국 숫자와 관계없이 8 개국으로 확정되고,
2) 회원국들은 부분적 결속을 방해하는 행위를 할 수 없으며 특정 회원국이 방해를 하는 경우 이 문제는 유럽정상회의에 부의되어 처리되고,
3) 공동의사결정(co-decision)을 요하는 분야와 관련되어 있는 경우엔 의회의 동의를 거쳐야 한다는 것이다.

그리고 여기에 부분적 결속이 유럽연합 역내의 시장이나 경제적 및 사회적 단합을 저해하여서는 안 된다는 조건이 추가되었다. 니스 조약은 군사나 방위 문제를 제외한 일반적 외교 및 안보정책 (CFSP) 분야에서도 부분적 결속이 가능하도록 길을 터 두고 있다.

10.35. 비용의 분류(Classification of Expenditure)

유럽연합 차원에서 지출하는 비용은 필수적 비용(compulsory expenditure)과 선택적비용(non-compulsory expenditure)으로 나누어진다. 전자의 경우 조약, 조약의 하위법령, 협약, 국제 조약 및 사법적(私法的) 계약 등에 의하여 그 지출과 액수 등이 법정되어 있고, 후자의 경우는 예산을 집행하는 부서에서 지출하는 것이 적정하다고 판단될 때 비용을 지출하는 것을 말한다. 비용을 이렇게 나누는 실익은 예산 지출에 대한 의회의 심의를 거쳐야 할 필요가 있는지 파악하는 데 있다. 어느 비용이 필수적인가 또는 선택적인가를 둘러싸고 각료회의와 의회 사이에 마찰이 생기기도 하는데 그 이유는 의회가 비용 지출에 대하여 최종 심의권을 가지는 것은 선택적 비용에 국한되기 때문이다. 농업분야의 비용(agricultural expenditure)을 필수적 비용으로 놓고 보면 전 EU 예산의 45% 이상이 의회의 통제권 범위 밖에 있다고 할 수 있다.

10.36. 상설위원회(Coreper)

상설위원회(Coreper)는 회원국들의 대사와 같은 상설 대표자들이 집행위원회에서 발의된 제안이나 법률초안 등과 같은 특정한 의제를 각료회의가 다루기 전에 사전 협의체로 운용된다.

이 위원회는 상설 대표사들 및 각국의 관련 분야 대표자들 사이의 대화기구로서 실무자들에게는 가이드라인을 제시하고 정치적 통제력을 발휘하는 탓에 공동체의 의사결정 과정에서 가장 중요한 위치를 차지하고 있다. 상설위원회는 두 가지로 나뉘는데 제1상설위원회 (Coreper I)는 상설위원회 사무국(Deputy Permanent Representatives)을 말하고, 제2상설위원회(Coreper II)는 상설 대표자들의 모임 그 자체를 말한다.

10.37. 선택적 유보(Opting Out)

선택적 유보란 공동체 회원국들 중 어느 국가가 특정 분야에 있어 다른 회원국들과 같이 보조를 취하지 않고 독자적인 입장을 견지하고 싶다고 할 경우 당해 회원국으로 하여금 그 분야에 대한 일반적 규제나 정책으로부터 면제되도록 하는 제도를 말한다. 이는 특정 분야에 이해관계를 달리하는 회원국에게 운신의 폭을 넓혀주어서 자칫 이해관계가 갈리는 일부 분야로 인하여 전체적인 의사결정에 곤란을 겪게 하거나 회원 탈퇴 여부와 관련된 심각한 갈등으로까지 이어지지 않게 하려는 배려에서 나온 제도라 할 수 있다. 영국이 유럽연합조약(TEU)을 체결하면서 경제통화연합의 세 번째 단계 이행의무에서 벗어나기 위해 이 제도를 이용한 적이 있고, 덴마크 역시 경제통화동맹, 방위정책 및 유럽연합 시민권 (European Citizenship) 문제와 관련하여 선택적으로 유보한 바 있다.

10.38. 쉔겐협정(Schengen Convention)

1985년 6월 14일 벨기에, 프랑스, 독일, 룩셈부르크와 네덜란드는 국경 통제를 점차로 없애고 체약국들은 물론이고 다른 회원국들이나 제3국의 국민들에게도 국경간 이동의 자유를 주기로 합의하였고, 1990년 6월 19일에 이러한 내용의 협정에 서명하였는데, 이를 쉔겐 협정이라 한다. 그러나 이 협정은 1995년이 되어서야 발효되었다.

암스테르담 조약은 이 쉔겐협정을 조약의 한 체제로 편입시켰다. 위 다섯 나라로 시작한 쉔겐 협정에는 1990년 이탈리아, 1991년 스페인 및 포르투갈, 1992년 그리스, 1995년 오스트리아, 1996년 덴마크, 핀란드 및 스웨덴이 각 회원국으로 가입하였고, 아이슬란드와 노르웨이도 회원국이 되었다. 아일랜드와 영국은 협정 당사자들은 아니지만 암스테르담 조약의 의정서에 따라 쉔겐체제 조항의 전부 또는 일부에 참여할 수 있다. 유럽연합 헌법안 중 자유, 치안 및 사법 분야는 다양한 의정서들, 그 중에서도 특별히 이 쉔겐 체제와 많은 관련을 맺고 있다고 할 수 있다.

10.39. 실무위원회
(Committees and Working Parties)

유럽연합의 기관들을 조력하기 위한 각종 위원회는 입법 과정의 모든 단계에 개입되어 있다. 집행위원회는 입법안을 새로 만들기 전에 정기적으로 위원회의 전문가들과 협의를 거친다. 이런 위원회들은 사안에 따라 민간 또는 회원국 정부 차원에서 보내는 대표자들로 구성되는데 이렇게 함으로써 집행위원회는 해당 법안으로 인해 영향을 받을 당사자들의 이해관계를 고려할 수 있는 길을 터 놓고 있는 셈이다. 전 부문에 걸쳐 약 60개의 자문 위원회가 있는데 이 중 약 절반은 농업분야를 다루고 있다.

의회에는 다양한 상설위원회가 조직되어 의원들의 업무를 돕고 있다. 각료회의 역시 각종 위원회와 실무진의 도움을 받아 결정을 내리고 있다. 위원회 중에는 공동체 조약 제36조에 있는 사법 및 치안 위원회(Committee for Justice and Home Affairs)와 같이 조약에 그 근거를 두고 있는 것도 있고, 문화위원회(Cultural Affairs Committee)와 같이 그때 그때 필요에 따라 만들어지는 위원회도 있다. 이런 위원회들은 회원국들의 대표와 집행위원회에서 파견한 한 명의 위원으로 구성된다. 이와 병행하여 다양한 실무진들이 상임대표위원회(Coreper)의 준비작업을 돕고 있다. 이들 중에서 어떤 실무진은 특정한 법안작업을 위해 임시로 소집된 것도 있는데 약 100여개에 달하는 그룹들이 특정 분야를 맡아 정기적으로 소집되곤 한다.

채택된 법안문서에는 준수되어야 할 원리들이 있는데 이런 원리들이 적용되기 위해서는 보다 면밀한 이행조치가 필요하다. 법안 중에는 집행위원회의 결정을 거쳐야 구체적으로 이행될 수 있는 것이 있는데 이런 경우 적정한 결정을 만들어 내기 위하여 당해 법안에 집행위원회 내에 실무위원회에 관한 설치 규정을 넣게 된다. 이런 방식의 위원회는 회원국들에 의하여 임명된 전문가들로 구성되어 집행위원회 주관으로 운영되는데 일반적으로 「위원회상정제도에 관한 결정」(Comitology Decision)으로 알려진 1987년의 각료회의 결정에서 채택된 규칙이 운영 기준이 된다. 산업, 사회문제, 농업, 환경, 역내 시장, 조사 및 개발, 소비자 보호와 식품안전 분야와 관련된 실무위원회는 약 300여 개에 달한다.

10.40. 예산(Budget)

유럽연합의 모든 세입 및 지출은 연간계획에 터잡은 유럽연합 예산에 들어 있다. 다만 유럽연합 조약 제5절 및 제6절을 이행하기 위한 운영 비용은 예외적으로 회원국들에게 부과된다.

2002년의 경우 유럽연합의 예산은 총 9,863만 유로에 달한 것으로 나타나 있다.

《표 6》 주요 국가 대비 유럽연합의 예산규모 (단위: 10억 유로화)4)

EU	독일 연방정부	프랑스 중앙정부	이탈리아 중앙정부	미국 연방정부
98.6	250	266	389	2,280

1. 위 국가들 중 미국은 2002년도 예산, 나머지 국가들은 2001년도의 자료임.
2. 예산은 각 나라별로 지출 형태가 다양한 탓에 일률적인 비교는 어렵다고 할 수 있다. 위 자료는 정확한 계산에 의한 것이라기보다는 단순 비교를 위하여 개략적으로 산출한 것으로서 연방 또는 중앙정부의 일반지출항목에 사회보장 지출을 더한 것이다. 이탈리아의 경우에는 부채 중 이자지급항목까지 포함되었음.

유럽연합의 예산은 아래와 같은 몇 가지 기본적인 원칙에 자리잡고 있다.

1) 단일성: 모든 수입과 지출은 하나의 문서에 통합 기록되어야 한다.
2) 연간 단위성: 예산 운용은 1회기 년도를 기준으로 한다.
3) 균형성: 지출은 수입을 초과하여서는 안 된다.

집행위원회가 예산안에 관한 초안을 잡아 각료회의에 제출하면 각료회의와 의회가 예산안에 대하여 심의하게 된다. 지출 비용의 항

4) Alberta Sbragia, Key Policies, in Elizabeth Bomberg and Alexander Stubb (eds.) *op.cit.*, p.115; European Economy; International Monetary Fund; Delegation of The European Commission to The United States; Embassy of The Federal Republic of Germany to The United States.

목이 경직성인가 또는 비경직성인가에 따라 예산 심의에 관한 최종 권한이 각료회의에 있는지 의회에 있는지가 가름된다. 경직성 지출인 경우에는 의회에 심의권이 없다.

그렇지만 의회는 예산안 전체에 대하여는 이를 받아들일 것인지, 아니면 부결시킬 것인지에 관한 권한을 갖고 있다.

10.41. 옴부즈만(Ombudsman)

유럽 옴부즈만은 유럽의회의 구성을 위한 선거 후 의회에 의하여 임명된다. 옴부즈만은 자연인이나 법인들을 막론한 유럽연합시민들로부터 유럽재판소를 제외한 여타 공동체의 기관들의 권한 남용에 관한 진정 또는 민원을 접수한다. 진정 등이 이유있다고 판단되면 옴부즈만은 해당 기관에 사안을 알려서 조사 후 구제조치를 취하도록 하며, 경우에 따라서는 권고안을 작성하여 보내기도 하는데 이에 대해 해당 기관은 3개월 이내에 보고서 형식으로 상세한 답변서를 내야 한다. 옴부즈만은 매년 회기말에 유럽의회에 보고서를 제출한다.

10.42. 원방지역(遠方地域: Outermost Regions)

유럽연합의 회원국들인 프랑스와 스페인 및 포르투갈의 해외령 덕분에 유럽연합은 세계에서 가장 넓은 2,500만 평방킬로미터의 경제수역을 갖고 있다. 프랑스의 해외 식민지인 Guadeloupe, French

Guiana, Martiniqu와 Reunion, 스페인의 Canaries, 그리고 포르투갈의 Azores 및 Madeira 지역이 이들이다. 이들 지역은 공동체 조약의 부속선언 및 조약 제299조에 의하여 지역 및 사회발전을 위하여 특별한 원조를 받을 수 있도록 되어 있고, 각료회의는 이에 따라 조약 및 공동체의 정책을 이들 지역에 적용하는 데 필요한 특별한 조치들을 취할 수 있는 권한을 갖고 있다.

10.43. 위원회 상정제도(Comitology)

공동체 조약 제202조에 따르면 유럽연합 차원의 법률안 성안작업은 집행위원회의 권한으로 되어 있다. 실제로 각 법안문서는 집행위원회에 넘겨주는 입법권의 범위 및 집행위원회가 이 권한을 어떻게 사용할 것인가에 관하여 규정하고 있다. 종종 이런 문서에는 집행위원회가 "위원회 상정제도"(Comitology)라고 알려진 절차에 따라 특정한 위원회의 조력을 받도록 하는 규정을 두고 있다. 이런 위원회들은 각 회원국의 대표들로 구성된 토론을 위한 회의체로 집행위원회에서 주관한다. 위원회에서는 집행위원회로 하여금 법안을 채택하기에 앞서 회원국 행정부와 대화를 할 수 있도록 하고, 집행위원회는 이런 과정을 통해 각국의 사정을 최대한 반영하도록 노력한다. 집행위원회와 피상정 위원회들간의 관계를 규율하는 절차는 위원회 상정제도에 관한 각료회의 결정에 근거를 두고 있는데 최초로 이 결정이 만들어진 것은 1987년 7월이었다. 그 후 이 결정은 조약의 변경, 특히 의회의 입법권 강화와 관련된 조약의 변동 및 법안성립 과정이 지나치게 복잡하고 불투명하다는 비판에 따라 1999년 6월 28일의 각료회의 결정으로 대치되었다.

새로운 결정은 공동의사결정과정에 따라 법안성안 과정에서 의회가 감시기능을 발휘할 수 있도록 한 것을 특징으로 꼽을 수 있다. 의회는 입법권이 남용되었다고 판단되는 경우 집행위원회 또는 각료회의로부터 제출받은 안에 대하여 동의하지 않는다는 의사를 표시할 수 있다. 이 결정은 위원회 선정 기준을 명확히 하고 운영절차를 간소화하였다. 피상정 위원회는 집행위원회에서 준비한 초안에 자신들의 의견을 추가할 수 있다. 위원회는 성격에 따라 다음과 같이 분류될 수 있다.

1) 자문 위원회(advisory committees): 여기에서 나온 의견은 집행위원회에서 최대한 고려할 뿐 강제력은 없다. 이 절차는 주로 정치적으로 덜 민감한 사안을 다룰 때 이용된다.
2) 운영 위원회(management committees): 집행위원회의 안이 이 위원회의 의견과 불일치 할 경우 집행위원회는 이 안을 각료회의로 넘겨야 한다. 각료회의에서는 다수결로 집행위원회의 안과 다른 결정을 내릴 수 있다. 이 절차는 통상적인 농업정책, 어업권 및 주요한 공동체의 프로그램의 집행과 관련된 조치와 관련하여 이용된다.
3) 규제 위원회(regulatory committees): 집행위원회는 이 위원회에 속한 회원국들의 다수결에 의한 찬성이 있는 경우에만 법안을 성사시킬 수 있다. 이 요건을 충족하지 못한 경우 집행위원회의 안은 각료회의로 넘겨져 다수결에 의하여 결정되게 된다. 그러나 각료회의가 가부간에 결정을 하지 않게 되면 집행위원회는 스스로 안을 채택할 수 있는데 이 때 각료회의가 이 안에 대하여 다수결로 반대하지 않으면 효력을 발생하게 된다. 이 절차는 사람, 동물 및 식물의 안전과 건강 보호에 관한 조치 그리고 기본적인 법률 조항 중에서 부수적인 조항을 개정하는 경우 이용된다.

위원회 상정제도와 관련하여서는 투명성과 일반 공중의 접근을 높이기 위한 노력이 계속되어 왔다. 위원회에서 작성된 문건 역시 공보에 게재되고 의회에 보고된 문서 중 비밀을 요하지 않는 내용은 인터넷으로 공개되도록 되어 있다. 또 2000년부터 집행위원회는 직전 해의 각종 위원회의 활동을 요약한 연간 보고서를 출간하고 있다.

10.44. 유럽연합시민권(Citizenship of The Union)

유럽연합의 시민권은 회원국 중 어느 한 국가의 국적을 갖고 있는 사람이면 자동적으로 취득된다. 공동체 조약에서 정하고 있는 권리와 의무 외에 유럽연합 시민권으로부터는 네 개의 특별한 권리가 인정된다.

1) 유럽연합 역내에서의 통행과 거주이전의 자유
2) 거주국가에서 해당 정부 또는 유럽 의회의 선거에 참여할 수 있는 권리 및 공무담임권
3) 국적국가(회원국)와 비연합국가 사이에 외교적 관계가 없는 경우 다른 회원국을 통하여 외교적 및 영사적 도움을 받을 수 있는 권리
4) 유럽연합 옴부즈만에 대한 탄원 및 청원권

물론 유럽연합의 시민권은 자국의 시민권을 대체하는 것이 아니라 기존의 국적에 따른 시민권에 유럽연합 차원의 시민권이 부가되는 것이라고 할 수 있다.

10.45. 유럽의 골격(Architecture of Europe)

유럽연합의 골격은 다양한 조직, 기구, 조약 및 회원국들의 이해관계를 구성하는 전통적인 역학관계에 따라 다양하게 정의될 수 있는데 주된 골격은 유럽연합 조약을 통해 확립된 세 개의 주요 기둥을 핵심으로 한다고 할 수 있다. 첫 번째 기둥은 유럽공동체(European Community: EC)이고, 두 번째는 공통 외교 및 안보 정책(common foreign and security policy)이며, 마지막 세 번째 기둥은 사법 및 치안 분야에서의 협력(cooperation in The fields of justice and home affairs)이다. 이 세 가지 기둥이 유럽연합을 지탱하고 있는 것이다. 두 번째와 세 번째 기둥에 해당하는 일들은 유럽정상회의(European Council), 각료회의(Council), 집행위원회(Commission), 의회(European Parliament) 등 공동체의 기구들(Community institutions)이 관장한다. 단 여기엔 초국가적 절차(super-governmental procedures)가 아닌 정부간절차(intergovernmental procedures)가 적용된다.

10.46. 유럽정당(European Political Parties)

유럽연합 차원의 정당의 규제에 관한 규정(Regulations)과 정당 자금에 관한 규칙이 2004년부터 발효되었는데, 여기에서는 유럽 정당으로서 공동체의 보조금을 받을 수 있는 자격을 다음과 같이 정해 놓았다.

1) 정당의 주사무소를 두고 있는 회원국 내에서 법인격을 갖추고 있을 것

2) 참여하는 유럽의회, 회원국 의회 및 각 지방의회 또는 공회 의원들의 국가가 회원국들의 1/4 이상이거나 가장 최근의 유럽의회 선거에서 유효투표수의 3% 이상을 득표한 나라가 전 회원국의 1/4 이상일 것
3) 유럽연합의 기본원칙을 준수할 것
4) 유럽의회의 선거에 참가하거나 또는 참가할 의사를 표시할 것

이상과 같은 기준을 충족하면 연간 약 840만 유로가 정당보조금으로 지급되는데, 보조금을 지급받기 위해서는 정당의 자금원을 공개하여야 하고, 이 때 특정한 유형의 자금원은 허용되지 않는 경우도 있다. 공동체에서 받는 보조금은 정당의 정치활동과 관련하여서만 사용되어야 하고 어떤 경우에도 이 보조금이 회원국들의 정당을 위해 쓰여져서는 안 된다. 현재 이 기준에 따라 유럽연합으로부터 정당보조금을 받고 있는 정당들로는 유럽 인민당(European People's Party: EPP), 유럽사회당(Party of European Socialists: PES), 유럽자유민주동맹(Alliance of Liberals and Democrats for Europe: ALDE), 유럽녹색당(European Green Party: EGP), 유럽좌파연합(European United Left: GUE) 등을 들 수 있다.

10.47. 유럽중앙은행(European Central Bank: ECB)

유럽중앙은행은 1998년 6월에 출범했다. 유럽중앙은행은 역내 통화량의 조절, 외환기능 수행, 회원국들의 외환보유고 조정, 원활한 대외결제 시스템의 주구 등을 그 활동 목적으로 한다. 중앙은행의 이사회는 집행위원회(Executive Board)의 구성원들 및 각국의 중앙은

행 총재들로 이루어지고 일반적으로 의결권은 구성원당 1인 1표가 원칙이며, 의결정족수는 단순 과반수이다.

10.48. 이중다수결(Double Majority)

유럽연합 각료회의 내에서의 의사결정에 있어서 이른바 큰 나라와 작은 나라들 사이의 의결권을 어떻게 정할 것인가는 늘 민감한 문제였다. 2004년 11월 1일부터는 각료회의 결정이 채택되기 위해서는 내부적으로도 가중치에 따른 과반의결권을 확보해야 할 뿐 아니라 의안 찬성 국가들의 숫자 역시 과반이 되어야 하고, 찬성 회원국들의 인구 수를 합산했을 때 유럽연합 전체인구의 62% 이상 될 것을 요구하고 있다. 국가 숫자를 하나의 기준으로 함으로써 작은 국가들의 결정권을 존중하는 한편, 절대적 인구 수도 감안토록 함으로써 인구가 많은 국가들이 갖게 되는 획일적인 1국 1표에 대한 불만을 달래는 구실도 하는 것이다. 유럽연합 헌법안에는 의안 가결 정족수를 회원국들의 55% (최소한 15개국), 유럽연합 주민의 65% 이상으로 해 놓았다.

10.49. 자유, 치안 및 사법 (Area of Freedom, Security and Justice)

1993년 이래 사법과 치안분야에 있어서의 협력 과정에서 나타난 결과는 암스테르담 조약을 통해 더욱 야심찬 목표를 지향하게 되었다. 그 목적은 공동체 역내에서의 개인들의 진정한 이동의 자유를 보장하는 한편 조직적인 강력범죄와 지능범에 대한 효과적인 조치를 취하는 데 있다. 사법과 치안에 관련된 사안들은 유럽연합 조약의 제6절(Title VI)에 규정된 정부간 규제에 의하여만 다루어지도록 되어 있었으나 암스테르담 조약이 발효되면서 이 분야는 나누어지게 되었다. 즉 정부간 규제가 아닌 유럽연합 차원의 규제에 의하여 다루어지는 '사람의 자유 이동에 관한 비자, 망명, 이민 및 기타 정책'(Visas, asylum, immigration and other policies related to free movements of persons)이 공동체 조약 제4절로 추가되었다. 종전의 제6절은 개정되면서 그 범위가 축소되었지만 그 목적은 경찰, 조세 및 사법 공조의 형태로 보다 구체적이고 명료하게 남게 되었다.

유럽헌법 안은 기둥들을 철폐하고 경찰 및 사법분야에서의 공동화(communitises)를 꾀하고 있는데, 영국, 아일랜드 및 덴마크에 대하여는 이 분야에 대한 특별한 선택적 유보권한을 주고 있다.

10.50. 자체재원(Own Resources)

당초 공동체의 예산은 여타 국제 기구들과 마찬가지로 회원국들로부터의 재정적 갹출에 바탕을 두었었다. 그러나 1970년 4월 21일 이러한 예산 구조는 갹출에서 공동체 자체 재원조달 쪽으로 방향이 결정되었고, 이에 따라 1978년 1월 1일부터는 공동체 자체의 예산 재원은 완전히 독립되었다. 공동체 예산 규모는 전 회원국들의 국민총생산(GNP)의 1.27%를 넘어서는 안 된다.

공동체의 자체재원은 크게 네 가지 요소로 이루어진다.

1) 농산품 및 사탕류 제품에 대한 징수
2) 역내 수입제품에 대한 공동관세
3) 부가가치세(VAT) 수입: 회원국 GNP의 50%를 넘지 않는 범위 내에서 결정되는데 1999년도 1%, 2002년 및 2003년 0.75%, 그리고 2004년부터는 0.5%가 모든 회원국에 일률적으로 적용되어 유럽연합의 세입원이 되고 있다.
4) GNP 재원: 1988년도에 도입된 것으로 회원국들의 GNP 등에 일정한 비율을 적용하여 징수하는 재원이다.

2002년의 경우 유럽연합의 예산은 956억 유로인데, 이 중 43%가 GNP 재원에서 나온 것이고, 부가가치세로부터는 38.3%, 공동관세로부터는 14.8%, 농산품 징수로부터는 1.8%의 재원이 조달되었다.

10.51. 전자통신(Telecommunications)

1987년 전자통신 서비스 및 장비의 공동시장 발전을 위한 그린페이퍼는 역내 단일시장의 완성을 위해서는 무엇보다 전자통신의 자유화를 우선순위로 꼽았다. 1988년에 작성된 지시문(Directives)은 전자통신단말기 시장의 경쟁시대를 열었다. 1990년에는 전화보다 전자통신시장의 자유화에 관한 지시문이 채택되었고, 1994년에는 위성통신과 방송서비스로, 이어서 1996년에는 케이블 텔레비전과 이동통신으로까지 자유화의 범위가 넓혀졌다.

1994년에는 정보사회 발전을 기치로 전자통신 분야의 포괄적 자유화가 다양한 멀티 미디어의 개발을 촉진하기 위해 제시되었고,

이동통신의 유럽단일표준 및 위성통신 기준, 그리고 통합디지털서비스네트워크(IDSN)에 관한 다양한 제안서들이 나왔다.

1999년 집행위원회는 전자통신분야에 관한 유럽연합의 규제의 틀을 수정하는 엄청난 일에 착수하였다. 그 목적은 해당분야의 규제와 유럽연합의 경쟁법규 사이의 균형을 통해 정보사회로의 접근을 쉽게 하는 데 있었다.

텔레콤 패키지라고도 불리우는 새로운 규제는 다섯 개의 통합적인 지시문으로 이루어져 있는데, 구체적으로 보면 산업 구조, 접근 및 쌍방향 접속, 권한 위임, 보편적 사용과 이용자 권리, 그리고 사생활 보호에 관한 부문이다.

10.52. 정부간 양자협정 (Bilateral Intergovernmental Conference)

어느 국가가 신규로 유럽연합에 가입하게 될 경우 가입 협상은 유럽연합과 각 가입 신청국 사이에 정부간양자협상의 형식을 띠게 된다. 즉 유럽연합과 가입 신청국들을 포괄한 다자간 협상이 아니다. 체코, 에스토니아, 헝가리, 폴란드, 슬로베니아 및 키프러스와 EU 간의 정부간 가입협상은 1998년 3월 30일에 시작되었고 첫번째 외무 각료급 회담은 1998년 11월 10일에 열렸다. 불가리아, 라트비아, 리투아니아 및 몰타와의 가입협상은 2000년 2월 15일에 개시된 바 있다.

10.53. 정부간회의 (Intergovernmental Conference: IGC)

정부간회의(IGC)는 조약들을 개정하기 위한 목적으로 회원국들 정부 사이에 벌이는 협상을 말한다. 이 회의는 유럽연합의 통합과정에 있어 아주 중요한 역할을 하는데 모든 기관의 개혁과 개편은 이 협상결과에 의하기 때문이다. 이 정부간회의는 어느 회원국 또는 집행위원회가 소집을 요구하면 각료회의가 의회와 협의를 거쳐 단순 과반수의 의결로 열게 된다. 예비 작업은 각 회원국의 대표자들과 관행에 따라 집행위원회의 대표로 구성된 단체에 맡겨지는데 의회는 옵저버 자격으로 참여하고 의장이 토론에 참여하는 방식으로 이 절차에 개입하게 된다. 이 실무단은 정기적으로 진행사항을 각료회의 사무국(General Affairs Council)에 보고하게 된다. 그리고 최종 결정은 각국 정부 수반과 국가 원수들이 참여하는 유럽정상회의에서 이루어진다. 정부간회의를 통해 이루어진 것들 중에 가장 중요한 내용으로는 다음과 같은 것들을 꼽을 수 있다.

1) 단일유럽조약(The Single European Act: SEA, 1996): 1993년 1월 1일까지 역내 공동시장의 완전달성에 필요한 조치들을 도입
2) 마스트리히트조약(The Treaty of Maastricht, 1992): 유럽연합조약(TEU)을 가져온 이 협상은 경제 및 통화연합(economic and monetary union: EMU)과 공동외교안보정책(common foreign and security policy: CFSP) 분야 및 사법치안공조(cooperation on justice and home affairs: CJHA) 분야, 즉 정치적 연합을 다루는 두 부문으로 나누어져 진행되었다.
3) 암스테르담 조약(The Treaty of Amsterdam, 1997): 1996년 투

린(Turin) 유럽정상회의는 유럽연합의 확대에 대비하여 제기되는 문제들과 관련하여 마스트리히트 조약 개정의 필요성으로 인해 정부간회의를 시작하기로 하였다. 그러나 암스테르담 조약에서 유럽연합 확대 이후에 대비한 기구 개편이 충분히 이루어지지 못하자 1999년 6월의 콜롱(Cologne) 유럽정상회의는 위 조약에서 해결되지 않은 문제들을 다루기 위하여 2000년에 새로운 정부간회의를 소집하기로 결정하였다.

4) 니스조약(The Treaty of Nice, 2001): 2000년 2월 15일에 새로 시작된 정부간회의는 같은 해 12월 7-10일에 열린 니스 유럽정상회의에서 매듭지어져 2001년 2월 26일 니스조약을 탄생시켰다. 이 조약에 부속된 유럽연합의 미래에 관한 선언(declaration on The future of The Union)은 제도 개혁과 관련하여 2004년에 시작될 새로운 정부간회의(IGC)를 예정하여 둔 바 있다.

10.54. 조약의 명료화(Clarity of The Treaties)

유럽연합은 점진적으로 발전해 왔는데 그 틀은 다양한 조약들이 수정을 거치고 거치면서 이루어진 결과물이라고 할 수 있다. 그 결과 유럽연합을 구성하는 문서들은 복잡하게 얽혀 명확성이 떨어져 이해하기 어려운 탓에 유럽연합과 일반 공중 사이에는 괴리감이 있어 왔다. 연혁적으로 보면 로마조약(Treaty of Rome)의 뒤를 이은 것이 단일유럽조약(Single European Act)이고, 다시 일명 마스트리히트 조약(Maastricht Treaty)이라고도 하는 EU 조약(Treaty on European Union)

이 그 뒤를 이었다. 이 조약은 기존의 유럽공동체(European Communities)에 부가하여 통합유럽(European Union)이라는 새로운 구조를 만들어 내었는데 이 구조는 유럽 공동체, 통상적인 외교·안보 정책 및 사법과 치안분야에서의 협력이라는 세 가지 기둥을 축으로 하고 있다. 즉 기존의 구조가 유럽 공동체라는 한 개의 기둥 아래 있었다면 이 조약으로 인하여 외교·안보 및 사법과 치안이라는 두 개의 기둥이 더 들어선 셈이다. 니스와 암스테르담 조약들은 기존의 조약들을 수정하면서 기존 조약의 조항들에 새로운 번호를 매겨 놓았다. 다시 말해 같은 내용의 조약 문언이 종전에는 제1조였던 것이 지금은 제2조가 된다는 식으로 바뀌게 된 것이다. 유럽연합을 공부하는 사람들에게조차 이것은 아주 번거로운 일이 되었다. 이런 조약들에는 다시 몇 가지의 의정서들이나 선언문들이 추가되었다.

이렇게 복잡하게 얽혀 있는 조약들을 보다 간소화하여 일반 공중이 쉽게 접하게 하기 위하여 2001년 12월의 라켄 선언문(Laeken Declaration)은 유럽연합의 기구들을 개혁하고 조약들을 하나로 묶기 위한 유럽협의회(European Convention)을 소집하였다. 조약의 간소화와 관련하여 위 선언문은 다음과 같은 질문을 던졌다.

1) 조약들의 재구성: 기본적 조약과 부수적 조약을 구분할 수 있는가?
2) 간소화: 유럽연합(Union)과 공동체(Communities) 사이의 구분이 검토될 수 있는가. 세 기둥 사이의 구분은 어떻게 가능할 것인가?
3) 헌법: 헌법적 문안을 만들어낼 수 있는가?
4) 기본권헌장(The Charter of Fundamental Rights)이 갖는 지위는?

2002년 10월 협의회 의장은 세 부분으로 이루어진 헌법적 조약의 예비 초안을 제출하였는데 첫번째는 기구의 구성, 두 번째는 통합유럽의 정책과 계획, 세 번째는 경과 조치와 최종 조항 및 이러한 헌법적 법률이 갖는 법적인 연속성에 관하여 다루고 있다. 협의회는 2003년 6월 헌법안을 마련하여 제출하였다.

10.55. 조정위원회(Conciliation Committee)

각료회의와 의회의 공동의사결정 절차하에서 조정위원회는 유럽연합 조약 제251조 제4항을 통해 설립되었다. 위원회는 각료회의과 의회의 대표자 동수로 구성되며 두 개의 기관 간의 공동의사결정 과정에서 야기된 의견불일치는 이 위원회로 넘어간 다음 양측이 수용할 수 있게끔 합의초안이 작성된다. 작성된 합의 초안문은 6주 이내에 각료 회의에서는 가중다수결에 의하여, 그리고 의회에서는 절대 다수결로 각 채택되어야 한다. 어느 한 기관에서도 제안이 부결되면 이것은 처음부터 채택되지 않았던 것으로 간주된다.

10.56. 지속 가능한 발전(Sustainable Development)

지속 가능한 발전의 개념은 경제적 성장이라는 형식은 단기, 중기 및 장기 전반에 걸치되 특히 그 중에서도 장기적인 삶의 질이란 관점에서의 사회적 요구도 충족시켜야 됨을 뜻한다. 이것은 발전은 미래 세대의 성장에 위험을 초래하지 않아야 된다는 현재의 요구에 맞아야만 한다는 것을 전제로 한다.

지속 가능한 발전을 달성하는 데 있어서는 환경문제와 여타 정책들과의 연계성이 불가피하다는 원칙이 확립된 것은 마스트리히트 조약에서였고, 1998년 카디프 유럽 정상회의에서는 환경문제를 통합적으로 다루기 위한 공동체의 계획의 근간이 마련되었다. 2002년 요하네스버그에서 열린 지속 가능한 발전을 위한 세계정상회의에서는 물, 어업자원, 해양, 화학, 생물학적 다양성, 에너지, 지속 가능한 생산 및 소비, 지속발전전략 분야의 행동 프로그램과 일정이 승인된 바 있는데, 유럽연합 차원에서는 요하네스버그의 선언을 넘어서는 목표를 수립하여 시행하고 있다.

10.57. 지역위원회(Committee of The Regions: CoR)

1992년의 마스트리히트 조약으로 도입된 지역위원회 (Committee of The Regions: CoR)는 회원국들의 만장일치에 의한 제안을 받아 각료회의에서 4년 임기로 임명하는 지역대표 222명으로 이루어져 있다. 해당 지역에 영향을 미치는 사안, 예를 들면 교육, 청소년, 문화, 보건 및 사회·경제적 단합 문제에 관하여 각료회의, 의회 및 집행위원회가 정책을 결정할 경우 이들과 협의를 거치게 된다. 물론 이들이 스스로 특정 이슈에 관하여 먼저 의견을 발표할 수도 있다. 1999년 암스테르담 조약이 발효되면서부터 이 위원회에 협의를 거쳐야 하는 범위는 환경, 사회 기금, 직업 교육, 월경(越境) 협의와 운송에 이르기까지 더 넓어졌다. 2000년 12월에 채택된 니스 조약은 지역 위원회에 배정할 수 있는 각 회원국의 대표자 숫자를 그대로 유지하면서도 향후 더 늘릴 것을 염두에 두고 위원 정수는 350명을 초과하지 않도록 명기하였다. 위원의 자격에 관하여 위 조약은 해당 지역에서 선거에 의하여 선출되거나 지방의회와 같이 주민의 대의기관에 대하여 정치적 책임을 지는 사람으로 못박아 놓았다.

EU의 가난한 지역들[5)]

EU는 지역을 세분화하여 경제적으로 낙후된 지역을 EU 평균수준으로 맞추기 위하여 특별히 기금을 조성, 이를 분배하여 경제적 발전의 토대를 구축해 주려고 노력하고 있다. 2000-2005년 회기 사이에 EU 평균 GDP의 75% 이하인 지역으로 균형발전정책(Cohesion policy)의 우선 대상이 되는 지역을 보면 다음과 같다.

1. 그리스: 전 지역
2. 스페인: 카탈로니아, 칸타브리아, 바스크, 마드리드를 제외한 전 지역
3. 포르투갈: 리스본을 제외한 전역
4. 서부 및 북서 아일랜드
5. 남부 이탈리아: 사르디나와 시실리 포함. 단 몰리제는 제외
6. 독일 중 옛 동독 지역: 베를린 제외
7. 영국 서해안 지역: 콘월, 서 웨일즈, 발리, 머쉐사이드 및 남부 요크셔
8. 스웨덴 및 핀란드의 오지
9. 오스트리아의 동쪽 국경지역 : 부르겐란트
10. 프랑스의 해외 영토 : 코르시카 제외

---

5) Alberta Sbragia, "Key Policies", in in Elizabeth Bomberg & Alexander Stubb (eds) *The European Union: How Does it Work?* (Oxford, Oxford University Press, 2003), p.127; Hooghe and Marks, G., "European Defence and The Changing Politics of The European Union: Hanging Together or Hanging Separately?", [2001] 39 *Journal of Common Market Studies* 4, p.85

10.58. 집단방위(Collective Defence)

집단방위(Collective Defence)는 브뤼셀 조약과 워싱턴 조약에서 언급된 유럽의 방위체제를 말한다. 여기에 따르면 침략 행위가 있는 경우 조약 가입국은 안보의 회복을 위한 원조행위를 제공할 의무가 있다. 1949년 이래 서유럽에서의 중요한 안보 보장은 NATO에 의하여 지지되어 온 탓에 서유럽동맹(Western European Union: WEU)은 사실상 큰 역할을 하거나 관심을 끌지 못했다. 그렇지만 이것이 중요한 이유는 유럽에서 유사시 회원국의 자동적 전쟁 개입을 가져오는 집단 방위의무 체제를 명시하고 있는 유일한 기구가 바로 이 서유럽동맹이라는 점에 있다. 유럽 안보 및 방위체제의 변화에도 불구하고 실제로 유럽 집단방위의 근간을 제공하는 것은 NATO라고 할 수 있다.

10.59. 투명성(Transparency)

공동체에서 투명성이란 공동체의 기관들의 업무처리는 공개적으로 이루어져야 한다는 것을 뜻한다. 여기서 말하는 공개성에는 유럽연합의 각종 정보 및 문서에 대한 일반대중의 폭넓은 접근, 의사결정과정에서의 보다 깊이 있는 관여, 조약의 간소화, 통일화와 같은 문서해득의 용이성이 포함된다.

유럽연합의 기관들은 대중과 괴리된 채로 밀행적으로 운영되면서 의사결정절차가 일반인들의 수준에서는 이해하기 어렵다는 일반적인 느낌은 투명성 결여라는 불만으로 나올 수밖에 없다.

이러한 점을 감안하여 각료회의와 집행위원회는 1993년 12월 두 기관이 보유하고 있는 문서에 대한 일반인들의 접근을 절차적으로 규정하는 내용의 공동의 행동지침을 만들었다.

암스테르담 조약은 255조를 신설하여 유럽연합의 모든 시민들 뿐 아니라 회원국 내에 거주하거나 사무소를 두고 있는 자연인과 법인에게 유럽의회, 각료회의 및 집행위원회의 서류들에 접근할 수 있는 권리를 부여하고있다.

이 조항은 2001년 5월 30일 규정(Regulations)으로 완성되었는데, 문서 접근권의 원칙을 천명함과 아울러 두 가지 경우에 예외적으로 접근을 불허하고 있는바, 공공의 안전, 안보, 국제관계 등의 이유로 접근이 허용되지 않는 것이 그 첫 번째이고, 두 번째로는 정보공개로 인하여 얻게 되는 이익보다는 이로 인하여 생길 피해가 더 큰 경우이다. 후자의 경우엔 문서나 정보 접근으로 인해 제3자인 자연인이나 법인 사업자의 영업기밀이 침해되는 것을 들 수 있겠다.

10.60. 행동강령 2000(Agenda 2000)

행동강령 2000은 유럽연합의 확대와 정책 개혁 및 1999년 12월 31일 이후의 미래 재정계획에 관한 포괄적 안을 제시하였던 1995년 12월의 마드리드 정상회의의 결정을 구체화하기 위하여 1997년 7월 15일 집행위원회가 채택한 실천계획이다. 이 강령은 21세기 초에 유럽연합이 직면할 모든 문제를 다루고 있다. 이 강령은 세 분야로 나누어진다.

첫 번째로 이것은 연합의 내부적 운영, 특별히 공동의 농업정책 및 경제적, 사회적 단합 정책에 관한 개혁문제를 언급하고 있다. 여기엔 가장 최선의 조건으로 유럽연합 확대를 꾀하는 데 필요한 조언과 2000-2006년 기간의 새로운 재정 틀에 대한 제시도 들어 있다.

두 번째로 이 강령은 가입을 위한 신청국과 유럽연합의 공동 협력안 및 유럽연합의 프로그램에 신청국들의 참여 범위 확대와 유럽연합 제도의 편입을 위한 기술적 문제를 구체화하는 내용의 가입 전 단계의 전략을 제시하고 있다.

마지막 세 번째 부분에서는 유럽연합의 외연적 확대가 유럽연합의 정책에 미치는 영향에 관한 연구가 다루어져 있다.

이 내용들은 1998년 집행위원회에서 제안한 20여 개의 법률안에 구체화되어 있었던 것들로서 1999년 베를린 유럽정상회의에서는 이런 법률안들에 대하여 전반적으로 정치적인 의견 조율이 이루어졌었다. 여기엔 2000-2006년 기간 동안 서로 밀접한 네 가지 분야, 즉 공통의 농업정책에 대한 개혁, 구조적 정책 개혁, 가입 전 단계에서 취하여야 할 수단, 재정의 틀이 망라되어 있다.

참 고 문 헌

Alberta Sbragia, "Key Policies", in Elizabeth Bomberg & Alexander Stubb (eds) *The European Union: How Does it Work?* (Oxford, Oxford University Press, 2003)

Burke, P, "*Did Europe exist before 1700?*" (1980) 1 History of European Ideas 22.

Chris Vincenzi and John Fairhurst, *Law of The European Community* (Longman, 2001)

Derrida, J., *The Other Heading: Reflections on Today's Europe* (Bloomington: Indiana University Press, 1992)

Dusan Sidjanski, *The Federal Future of Europe: From The European Community to The European Union* (Michigan, University of Michigan Press, 2000)

Elizabeth Bomberg, Laura Cram, and David Martin, "The EU's Institutions" in Elizabeth Bomberg & Alexander Stubb (eds) *The European Union: How Does it Work?* (Oxford, Oxford University Press, 2003)

Goyder, D. G., *EC Competition Law*(4th ed., Oxford, Oxford University Press, 2003)

Hayes-Renshaw & Wallace. H., *The Council of Ministers* (Basingstoke and New York, Palgrave, 1997)

Jolyon Howorth, "European Defence and The Changing Politics of The European Union: Hanging Together or Hanging Separately?", [2001] 39 *Journal of Common Market Studies* 4

Karen Davies, *Understanding European Union Law* (2nd ed., London, Cavendish Publishing Limited, 2003)

Lykke Friis, "EU Enlargement...And Then There Were?" in

Elizabeth Bomberg and Alexander Stubb (eds.) *The European Union: How Does it Work?* (Oxford, Oxford University Press, 2003)

Penelope Kent, *Law of The European Union* (3rd ed., London, Pearson Education)

Sidentop, L, *Democracy in Europe* (Penguin, 2000)

Sionaidh Douglas-Scott, *Constitutional Law of The European Union* (Edinburgh, Pearson Education, 2002)

Takis Tridimas, *The General Principles of EC Law* (Oxford, Oxford University Press, 2000)

Tom Kennedy, *Learning European Law* (London, Sweet & Maxwell, 1998)

참 고 판 례

1. Case 15/57, *Compagnie des Hauts Fourneaux de Chasse v. High Authority of ECSC* [1958] ECR 157
2. Joined cases 16/62 and 17/62, *Confederation nationale des producteurs de fruits et legumes v. Council* [1962] ECR 901
3. Case 25/62, *Plaumann v. Commission* [1963] ECR 199
4. Case 26/62, *Van Gend & Loos v. Netherlands* [1963] ECR English special edition 1
5. Joined cases 28 to 30/62, *Da Costa v. Netherlands* [1963] ECR 61
6. Case 31/62 and 33/62, *Milchwerke Heinz Wohrmann & Sohn KG v. Commission* [1962] ECR 965
7. Case 75/63, *Mrs Hoekstra v. Administration of The Industrial Board for Retail Trades and Businesses* [1964] ECR 347
8. Case 6/64, *Flaminio Costa v. ENEL.* [1964] ECR 1141
9. Case 40/64, *Marcello Sgarlata v. Commission* [1965] ECR 279
10. Joined cases 56 and 58/64, *Consten S.a.R.L. and Grundig v. Commission* [1966] ECR 429
11. Case 48/65, *Alfons Lutticke GmbH v. Commission* [1966] ECR 27
12. Case 56/65, *Societe Technique Miniere v. Maschinenbau Ulm GmbH* [1966] ECR 337
13. Case 27/67, *Firma Fink-Frucht GmbH v. Hauptzollamt München-Landsbergerstrasse* [1968] ECR 327
14. Case 7/68, *Commission v. Italy* [1968] ECR 617
15. Joined cases 10 and 18/68, *Societa "Eridania" and others v. Commission* [1969] ECR 459

16. Case 24/68, *Commission v. Italy* [1969] ECR 193

17. Case 5/69, *Franz Volk v. Vervaecke* [1969] ECR 295

18. Case 29/69, *Erich Stauder v. City of Ulm* [1969] ECR 419

19. Case 41/69, *ACF Chemiefarma NV v. Commission* [1970] ECR 661

20. Case 44/69, *Buchler v. Commission* [1970] ECR 733

21. Case 45/69, *Boehringer Mannheim v. Commission* [1970] ECR 769

22. Case 48/69, *Imperial Chemical Industries v. Commission* [1972] ECR 619

23. Case 9/70, *Franz Grad v. Finanzamt Traunstein* [1970]ECR 825

24. Case 11/70, *Internationale Handelsgesellschaft v. Einfuhr* [1970] ECR 1125

25. Case 22/70, *Commission v. Council* [1971] ECR 263

26. Joined cases 41 to 44/70, NV *International Fruit Company and others v. Commission* [1971] ECR 411

27. Case 76/72, *Michel S. v. Fonds* [1973] ECR 457

28. Case 78/70, *Deutsche Grammophon v. Metro-SB-Großmarkte* [1971] ECR 487

29. Case 5/71, *Aktien-Zuckerfabrik Schoppenstedt v. Council* [1971] ECR 975

30. Case 20/71, *Luisa Sabbatini v. European Parliament* [1972] ECR 345

31. Case 72/81, *Commission v. Belgium* [1982] ECR 183

32. Case 2/73, *Riseria Luigi Geddo v. Ente Nazionale Risi* [1973] ECR 865

33. Case 4/73, *Nold v. Commission* [1974] ECR 491

34. Case 6 and 7/73, *Commercial Solvents* [1974] ECR 223

35. Case 34/73, *Fratelli Variola v. Italy* [1973] ECR 981

36. Case 146/73, *Rheinmuhlen-Düsseldorf v. Einfuhr und Vorratsstelle für Getreide und Futtermittel* [1974] ECR 139

37. Case 167/73, *Commission v. France* [1974] ECR 359

38. Case 2/74, *Jean Reyners v. Belgian State* [1974] ECR 631

39. Case 8/74, *Procureur du Roi v. Benoit and Gustave Dassonville* [1974] ECR 837

40. Case 15/74, *Centrafarm BV v. Sterling Drug Inc.* [1974] ECR 1147

41. Case 16/74, *Centrafarm BV v. Winthrop BV* [1974] ECR 1183

42. Case 17/74, *Transocean Marine Paint Association v. Commission* [1974] ECR 1063

43. Case 26/74, *Societe Roquette freres v. Commission* [1976] ECR 677

44. Case 33/74, *Johannes Henricus Maria v. Bestuur van de Bedrijfsvereniging* [1974] ECR 1299

45. Case 41/74, *Yvonne van Duyn v. Home Office (UK)* [1974] ECR 1337

46. Case 67/74, *Carmelo Angelo Bonsignore v. Oberstadtdirektor der Stadt Köln* [1975] ECR 297

47. Case 36/74, *Walrave and Koch v. Association Union* [1974] ECR 1405

48. Case 4/75, *Rewe-Zentralfinanz v. Landwirtschaftskammer* [1975] ECR 843

49. Case 32/75, *Anita Cristini v. Societe nationale des chemins (France)* [1975] ECR 1085

50. Case 48/75, *Jean Noel Royer* [1976] ECR 497

51. Case 130/75, *Vivien Prais v. Council* [1976] ECR 1589
52. Case 43/75, *Gabrielle Defrenne v. Sabena* [1976] ECR 455
53. Case 45/76, *Comet BV v. Produktschap voor Siergewassen* [1976] ECR 2043
54. Case 88/76, *Societe pour l'exportation v. Commission* [1977] ECR 709
55. Case 46/76, *Bauhuis v. Netherlands* [1977] ECR 5
56. Case 71/76, *Jean Thieffry v. Conseil de l'ordre des avocats a la cour de Paris* [1977] ECR 765
57. Case 30/77, *Regina v. Pierre Bouchereau* [1977] ECR 1999
58. Case 106/77, *Amministrazione delle Finanze dello Stato v. Simmenthal SpA* [1978] ECR 629
59. Case 112/77, *August Topfer v. Commission* [1978] ECR 1019
60. Case 7/78, *Regina v. Ernest George Thompson and others* [1978] ECR 2247
61. Case 92/78, *SpA Simmenthal v. Commission* [1979] ECR 777
62. Case 115/78, *Knoors v. Secretary of State for Economic Affairs (Netherlands)* [1979] ECR 399
63. Case 120/78, *Rewe-Zentral AG v. Bundesmonopolverwaltung für Branntwein* [1979] ECR 649
64. Case 128/78, *Commission v. UK* [1979] 419
65. Case 141/78, *France v. UK* [1979] ECR 2923
66. Case 148/78, *Pubblico Ministero v. Ratti* [1979] ECR 1629
67. Case 152/78, *Commission v. France* [1980] ECR 2299
68. Case 171/78, *Commission v. Denmark* [1980] ECR 447
69. Case 170/78, *Commission v. UK* [1983] ECR 2265
70. Case 207/78, *Belgium v. Gilbert Even* [1979] ECR 2019
71. Case 15/79, *Groenveld BV v. Produktschap* [1979] ECR 3409

72. Case 34/79, *Regina v. Maurice Donald Henn and John Frederick Ernest Darby* [1979] ECR 3795
73. Case 52/79, *Procureur du Roi v. Marc J.V.C. Debauve* [1980] ECR 833
74. Case 104/79, *Pasquale Foglia v. Mariella Novello* [1980] ECR 745
75. Case 136/79, *National Panasonic (UK) Limited v. Commission* [1980] ECR 2033
76. Case 138/79, *SA Roquette Freres v. Council* [1980] ECR 3333
77. Case 149/79, *Commission v. Belgium* [1982] ECR 1845
78. Case 788/79, *Italy v. Herbert Gilli and Paul Andres* [1980] ECR 2071
79. Joined cases 789 and 790/79, *Calpak SpA v. Commission* [1980] ECR 1949
80. Case 61/80, *Cooperatieve Stremselen Kleurselfabriek v. Commission* [1981] ECR 851
81. Case 113/80, *Commission v. Ireland* [1981] ECR 1625
82. Case 244/80, *Foglia v. Mariella Novello* [1981]ECR 3045
83. Case 246/80, *Broekmeulen v Huisarts Registratie Commissie* [1981] ECR 2311
84. Case 279/80, *Netherlands v. Alfred John Webb* [1981] ECR 3305
85. Case 53/81, *Levin v. Staatssecretaris van Justitie (Netherlands)* [1982] ECR 1035
86. Case 102/81, *Nordsee Deutsche v. Reederei Mond and others* [1982] ECR 1095
87. Joined cases 115 and 116/81, *Rezguia Adoui v. Belgian State and City of Liege* [1982] ECR 1665

88. Case 124/81, *Commission v. UK* [1983] ECR 203

89. Case 283/81, *Srl CILFIT v. Ministry of Health* [1982] ECR 3415

90. Case 40/82, *Commission v. UK* [1984] ECR 283

91. Case 107/82, *Allgemeine Elektrizitats-Gesellschaft AEG-Telefunken AG v. Commission* [1983] ECR 3151

92. Case 152/82, *Sandro Forcheri and Marisa Forcheri v. Belgium* [1983] ECR 2323

93. Case 174/82, *Netherlands v. Sandoz BV* [1983] ECR 2445

94. Case 191/82, *EEC Seed Crushers' v. Commission* [1983] ECR 2913

95. Case 199/82, *Amministrazione delle Finanze dello Stato v. SpA San Giorgio* [1983] ECR 3595

96. Case 237/82, *Jongeneel Kaas v. Netherlands* [1984] ECR 483

97. Joined cases 286/82 and 26/83, *Graziana Luisi and Giuseppe Carbone v. Ministero del Tesoro* [1984] ECR 377

98. Case 14/83, *Von Colson and Kamann v. Land Nordrhein-Westfalen* [1984] ECR 1891

99. Case 63/83, *Regina v. Kent Kirk* [1984] ECR 2689, "Sea fisheries case"

100. Case 72/83, *Campus Oil Limited and others v. Minister for Industry and Energy* [1984] ECR 2727

101. Joined cases 98/83 and 230/83, *Van Gend & Loos and Expeditiebedrijf Wim Bosman v. Commission* [1984] ECR 3763

102. Case 145/83, *Stanley George Adams v. Commission* [1985] ECR 3539

103. Case 193/83, *Windsurfing International v. Commission* [1986]

ECR 611

104. Case 267/83, *Aissatou Diatta v. Land Berlin* [1985] ECR 567

105. Case 294/83, *Parti ecologiste "Les Verts" v. European Parliament* [1986] ECR 1339

106. Case 18/84, *Commission v. France* [1985] ECR 1339

107. Joined cases 60 and 61/84, *Cinetheque SA and others v. Federation nationale des cinemas francais* [1985] ECR 2605

108. Case 101/84, *Commission v. Italy* [1985] ECR 2629

109. Case 112/84, *Michel Humblot v. Directeur des services fiscaux* [1985] ECR 1367

110. Case 151/84, *Joan Roberts v. Tate & Lyle Industries Ltd.* [1986] ECR 703

111. Case 152/84, *Marshall v. Southampton and South-West Hampshire AHA* [1986] ECR 723

112. Case 178/84, *Commission v. Germany* [1987] ECR 1227

113. Case 222/84, *Marguerite Johnston v. Royal Ulster Constabulary* [1986] ECR 1651

114. Case 311/84, *CBEM v. CLT & IPB* [1985] ECR 3261

115. Case 59/85, *Netherlands v. Ann Florence Reed* [1986] ECR 1283

116. Joined cases C-89/85, C-104/85, C-114/85, C-116/85, C-117/85 and C-125/85 to C-129/85, *Ahlstrom Osakeyhtio and others v. Commission* [1993] ECR-I 1307

117. Case 121/85, *Conegate Limited v. HM Customs & Excise* [1986] ECR 1007

118. Case 131/85, *Emir Gul v. Regierungsprasident Düsseldorf* [1986] ECR 1573

119. Joined cases 133 to 136/85, *Walter Rau Lebensmittelwerke v.*

Bundesanstalt [1987] ECR 2289, "Berlin butter case"

120. Case 139/85, *Kempf v. Staatssecretaris van Justitie (Netherlands)* [1986] ECR 1741
121. Joined cases 227 to 230/85, *Commission v. Belgium* [1988] ECR 1
122. Case 249/85, *Albako Margarinefabrik Maria v. Bundesanstalt* [1987] ECR 2345
123. Case 314/85, *Foto-Frost v. Hauptzollamt Lubeck-Ost* [1987] ECR 4199
124. Case 316/85, *Centre public (Belgium) v. Marie-Christine Lebon* [1987] ECR 2811
125. Case 39/86, *Sylvie Lair v. Universität Hannover* (Germany) [1988] ECR 3161
126. Case 80/86, *Kolpinghuis Nijmegen BV* [1987] ECR 3969
127. Case 197/86, *Steven Malcolm Brown v. The Secretary of State for Scotland* [1988] ECR 3205
128. Case 222/86, *UNECTEF v. Georges Heylens* [1987] ECR 4097
129. Case 302/86, *Commission v. Denmark* [1988] ECR 4607
130. Case 18/87, *Commission v. Germany* [1988] ECR 5427
131. Case 143/87, *Christopher Stanton v. Institut national d'assurances sociales pour travailleurs independants (Inasti)* [1988] ECR 3877
132. Case 186/87, *Ian William Cowan v. Tresor public* [1989] ECR 195
133. Case 190/87, *Oberkreisdirektor and others v. Handelsonderneming Moormann BV* [1988] ECR 4689
134. Case 196/87, *Udo Steymann v. Staatssecretaris van Justitie*

(Netherlands) [1988] ECR 6159

135. Case 344/87, *Bettray v. Staatssecretaris van Justitie* [1989] ECR 1621
136. Case C-379/87, *Anita Groener v. Minister for Education (Ireland)* [1989] ECR 3967
137. Joined cases 389/87 and 390/87, *Echternach and A. Moritz v. Minister van Onderwijs en Wetenschappen* [1989] ECR 723
138. Case C-70/88, *European Parliament v. Council* [1991] ECR-I 4529
139. Case 103/88, *Fratelli Costanzo SpA v. Comune di Milano* [1989] ECR 1839
140. Case C-145/88, *Torfaen Borough Council v. B & Q plc* [1989] ECR 3851
141. Case C-322/88, *Salvatore Grimaldi v. Fonds des maladies professionnelles* [1989] ECR 4407
142. Case C-106/89, *Marleasing SA v. La Comercial Internacional* [1990] ECR-I 4135
143. Case C-188/89, *Foster and others v. British Gas plc* [1990] ECR-I 3313
144. Case C-213/89, *UK v. Secretary of State for Transport, ex parte: Factortame Ltd. and others* [1990] ECR-I 2433
145. Case C-221/89, *The Queen v. Secretary of State for Transport, ex parte Factortame Ltd. and others* [1991] ECR-I 3905
146. Case C-246/89R, *Commission v. UK* [1991] ECR-I 4585
147. Case C-292/89, *UK v. Immigration Appeal Tribunal, ex parte Gustaff Desiderius Antonissen* [1991] ECR-I 745
148. Case C-340/89, *Irene Vlassopoulou v. Ministerium für Justiz*

(Germany) [1991] ECR-I 2357

149. Case C-309/89, *Codorniu SA v. Council* [1994] ECR-I 1853

150. Cases C-6/90 and C-9/90, *Andrea Francovich and others v. Italian Republic* [1991] ECR-I 5357

151. Case C-41/90, *Klaus Hofner and Fritz Elser v. Macrotron GmbH* [1991] ECR-I 1979

152. Case C-204/90, *Hanns-Martin Bachmann v. Belgium* [1992] ECR-I 249

153. Case C-370/90, *UK v. Immigration Appeal Tribunal et Surinder Singh, ex parte Secretary of State for Home Department* [1992] ECR-I 4265

154. Case C-83/91, *Wienand Meilicke v. ADV/ORGA F. A. Meyer AG* [1992] ECR-I 4871

155. Case C-107/91, *Empresa Nacional de Uranio SA v. Commission* [1993] ECR-I 599

156. Case C-228/91, *Commission v. Italy* [1993] ECR-I 2701

157. Joined cases C-267/91 and C-268/91, *France v. Bernard Keck and Daniel Mithouard* [1993] ECR-I 6097

158. Case C-271/91, *Helen Marshall v. Southampton and South-West Hampshire AHA* [1993] ECR-I 4367

159. Case C-137/92 P, *Commission v. BASF AG* [1994] ECR-I 2555

160. Case C-292/92, *Ruth Hunermund and others v. Landesapotheker-kammer Baden* [1993] ECR-I 6787

161. Case C-379/92, *Italy v. Matteo Peralta* [1994] ECR-I 3453

162. Joined cases C-401/92 and C-402/92, *Netherlands v. Tankstation and Boermans* [1994] ECR-I 2199

163. Case C-41/93, *France v. Commission* [1994] ECR-I 1829

164. Joined cases C-46/93 and C-48/93, *Brasserie SA v. Deutschland and UK v. Secretary of State for Transport, ex parte: Factortame Ltd.* [1996] ECR-I 1029

165. Case C-279/93, *Finanzamt Koln-Altstadt v. Roland Schumacker* [1995] ECR-I 225

166. Case 384/93, *Alpine Investments BV v. Minister van Financien* [1995] ECR-I 1141

167. Case C-392/93, *The Queen v. H. M. Treasury, ex parte British Telecommunications plc* [1996] ECR-I 1631

168. Case C-415/93, *Union royale belge des societes de football association v. Jean-Marc Bosman* [1995] ECR-I 4921

169. Case C-5/94, *UK v. Ministry of Agriculture, Fisheries and Food, ex parte: Hedley Lomas (Ireland) Ltd.* [1996] ECR-I 2553

170. Case C-7/94, *Landesamt für Ausbildungsforderung Nordrhein-Westfalen v. Lubor Gaal* [1995] ECR-I 1031

171. Case C-55/94, *Reinhard Gebhard v. Consiglio dell'Ordine (Italy)* [1995] ECR-I 4165

172. Joined cases C-178/94, C-179/94, C-188/94, C-189/94 and C-190/94, *Erich Dillenkofer and others v. Germany* [1996] ECR-I 4845

173. Case C-194/94, *CIA Security International SA v. Signalson SA and Securitel SPRL* [1996] ECR-I 2201

174. Case C-237/94, *John O'Flynn v. Adjudication Officer (UK)* [1996] ECR-I 2617

175. Case C-72/95, *Aannemersbedrijf P.K. Kraaijeveld BV e.a. v. Gedeputeerde Staten van Zuid-Holland* [1996] ECR-I 5403

176. Joined cases C-192/95 to C-218/95, [1997] ECR-I 165 *Societe*

Comateb (C-192/95), *Societe Panigua* (C-193/95), *Societe Edouard et fils* (C-194/95), *Societe de distribution de vins et liqueurs* (C-195/95), *Etablissements Andre Haan* (C-196/95), *Societe Diffusion generale de quincaillerie* (C-197/95), *Societe Diffusion generale* (C-198/95), *Societe Cama Renault (C-199/95), Scp Ovide et Dorville* (C-200/95), *Societe Ducros Guadeloupe* (C-201/95), *Societe Comptoir commercial Caraibes* (C-202/95), *Societe Giafa* (C-203/95), *Societe LVS* (C-204/95), *Societe Catherine et Jean-Claude Tabar Nouval* (C-205/95), *Societe L'Heure et L'Or* (C-206/95), *Societe General bazar bricolage* (C-207/95), *Societe Grain d'or* (C-208/95), *Societe Cash Service* (C-209/95), *Etablissements Efira* (C-210/95), *Societe Farandole* (C-211/95), *Societe Carat* (C-212/95), *Societe Rio* (C-213/95), *Societe guadeloupeenne de distribution moderne* (SGDM) (C-214/95), *Martinique automobiles SA* (C-215/95), *Socovi SARL* (C-216/95), *Etablissements Gabriel Vangour et Cie SARL* (C-217/95), *Simat Guadeloupe SARL* (C-218/95) *v. Directeur general des douanes et droits indirects.*

177. Case C-265/95, *Commission v. France* [1997] ECR-I 6959
178. Case C-203/96, *Chemische Afvalstoffen Düsseldorp BV and Others v. Netherlands* [1998] ECR-I 4075
179. Case C-249/96, *Lisa Jacqueline Grant v. South-West Trains Ltd.* [1998] ECR-I 621
180. Joined cases C-369/96 and C-376/96, *Belgium v. Jean-Claude Arblade and others* [1999] ECR-I 8453
181. Joined cases C-164/97 and C-165/97, *European Parliament v. Council* [1999] ECR-I 1139

182. Case C-435/97, *World Wildlife Fund (WWF) and Others v. Italy* [1999] ECR-I 5613
183. Case C-205/98, *Commission v. Austria* [2000] ECR-I 7367
184. Case C-282/98 P, *Enso Espanola SA v. Commission* [2000] ECR-I 9817
185. Case C-379/98, *Preussen Elektra AG v. Schhleswag AG* [2001] ECR-I 2099
186. Case C-405/98, *Konsumentombudsmannen (KO) v. Gourmet International Products AB (GIP)* [2002] ECR-I 1795
187. Case C-456/98, *Centrosteel v. Adipol GmbH* [2000] ECR-I 6007
188. Case C-50/00P, *Union de Pequenos Agricultores v. Council* [2002] ECR-I 6677
189. Case T-177/01, *Jego-Quere & Cie SA v. Commission* [2002] ECR-II 2365

찾 아 보 기

[ㄹ]

[ㅁ]

[ㅂ]

[ㅅ]

[ㅎ]

저자 약력

≫ 이호선

- 1964년 강원도 평창 출생.
- 1989년 제31회 사법시험에 합격, 1992년부터 변호사 업무 수행.
- 영국 리즈 대학교에서 '유럽연합(EU) 비즈니스 및 국제통상법' 전공(LL.M)
- 현재 국민대학교 법과대학의 조교수로 회사법 등 상사 및 기업 관련 법률을 강의하고 있다.

저서로는 소설 『빅딜 1. 2 2018 한반도 리포트(2005, 친구미디어)』가 있으며 주요 논문으로 "The Commission's power to enforce EC antitrust law and policy under the Articles 81 and 82 of TEC," "국제물품매매계약에 관한 유엔협약(CISG)상의 권리구제조치," "EU 회원국들의 조약위반에 관한 EU 법률상의 시정 및 이행강제조치," "주식회사 이사의 채권자들에 대한 책임" 등이 있다.

≫ 홈페이지 http://www.lawhere.co.kr · 이메일 hslee1427@yahoo.co.kr

유럽연합의 법과 제도

2006년 8월 15일 초판 인쇄
2006년 8월 20일 초판 발행

저 자 이 호 선
발행인 이 방 원
발행처 세창출판사
서울 종로구 송월동 64-1 2층
전화 723-8660 팩스 720-4579
E-mail: sc1992@empal.com
homepage: www.sechangpub.co.kr
등 록 1990. 10. 8 제2-1068호(윤)

정가 23,000 원

ISBN 89-8411-152-X 93360